Le musée, demain

Patrimoines et sociétés

Collection dirigée par Catherine Ballé, Elisabeth caillet, Françoise Dubost et Dominique Poulot

Cette collection présente les travaux de sciences humaines qui explorent le phénomène de patrimonialisation dans les sociétés contemporaines. A cet intérêt pour l'héritage artistique, culturel et naturel, la collection associe la réflexion sur la création contemporaine, patrimoine de demain.

Déjà parus

Petit (im)précis de culture scientifique, 2009.
Stratégies pour l'action culturelle, 2004.
L'art contemporain et son exposition (1), 2003.
Politique et musées, 2002.
Le patrimoine à l'ère du document numérique, 2001.
Publics et projets culturels, un enjeu des musées en Europe, 2000.

Sous la direction de
Emmanuelle Amsellem et Isabelle Limousin

Le musée, demain

L'Harmattan

Actes du colloque organisé
au Centre culturel international de Cerisy
du 12 au 19 juin 2014

COLLOQUE
DE CERISY

5-7, rue de l'Ecole-Polytechnique, 75005 Paris

http://www.editions-harmattan.fr

ISBN : 978-2-343-12951-8
EAN : 9782343129518

Sommaire

Introduction 9
Avant-propos 13

Partie 1. Pourquoi le musée aujourd'hui ? 21

Cartographie des musées dans le monde 23
Crépuscules du musée ? 35
Le musée de demain : ruptures et continuités 47

Partie 2. Nouveaux modèles 55

Le Carnegie Museum of Art : un musée américain au XXIe siècle (un travail en cours) 57
Le musée du futur : espace public ou espace privé ? 69
Tchernobyl, l'impossible muséographie du temps 77

Partie 3. Nouveaux publics 97

Du peuple aux publics. Formes et consécration de la figure du visiteur 99
Des musées pour qui ? Entre volonté des décideurs et attentes sociétales 115
Archives, musées, réseaux sociaux : la relation mutante 125

Partie 4. Mondialisation 141

De la mobilité des collections 143
Des cultures numériques à la capacité de symbolisation 161
La mise en réseau : de nouvelles perspectives pour les musées ? 173

Partie 5. Les musées imaginaires 183

Arts et musées : 2014-2064 185
Musées à venir : que prévoit la science-fiction ? 197
TH.2058. Le musée du futur selon Dominique Gonzalez-Foerster 211

Les directrices 225
Les auteurs 227
Le Centre Culturel International de CERISY 233
Sélection de colloques depuis 1953 237
Remerciements 241

Introduction

En 2016, une nouvelle ère de la représentation symbolique de la culture s'ouvre dans une société fragilisée en quête de repères. Malgré la crise du financement public en France, les musées sont parmi les acteurs majeurs d'une nouvelle économie de la connaissance, qui est autant une formidable source d'espoir et de progrès, qu'une puissante force de transformation provoquant une réflexion sur le nécessaire renouveau de cette institution.

Inutile de revenir sur les doléances apocalyptiques d'un Jean Clair annonçant « l'hiver de la culture » et l'extinction de musées moribonds[1], même si son opposition ferme à la marchandisation de l'art fut d'un secours précieux. Nous sommes convaincues que le lointain héritier de l'antique *mouseion* d'Alexandrie peut maintenir le cap d'une civilisation, à condition d'en étudier lucidement les perspectives.

Loin d'avoir disparu, le musée semble en effet ne s'être jamais mieux porté. De sa réapparition dans l'Italie de la Renaissance à son développement continu depuis lors, d'abord sur les terres européennes, puis occidentales, il est devenu, plutôt que la bibliothèque, l'institution culturelle de référence. À partir des années 1980, une nouvelle phase de développement et de modernisation s'engagea. En France, de nouveaux musées ouvrirent tandis que les institutions, parfois centenaires, entamaient d'ambitieux programmes de rénovation. L'institution, jusqu'alors jugée désuète, commença de s'inscrire dans la contemporanéité de son époque. Depuis le nouveau millénaire, cette impulsion s'est déplacée en Europe de l'Est, en Asie, dans les Pays du Golfe et en Amérique du Sud et les vagues spectaculaires de projets ont déferlé. Le Brésil, où dix musées sont en chantier, et la Chine, où 395 nouveaux établissements ont ouvert en 2011, sont à ce titre exemplaires d'un développement mondialisé flamboyant.

Dans ce contexte complexe, il nous a paru indispensable de consacrer à Cerisy un colloque au musée et à son devenir et d'y rassembler les points de vue les plus éclairés. Également parce que le champ de l'étude muséologique n'y avait jamais été abordé auparavant et que ce colloque est le premier à l'introduire dans ce lieu unique de la pensée vivante. Parce qu'ensuite, en tant que professionnelles de la culture et des musées, nous avons été saisies autant que fascinées par l'ampleur et la complexité de ce qui apparaît déjà comme une profonde mutation à l'œuvre.

Le musée est en effet le lieu d'une catalyse complexe et extraordinaire, à l'image de la révolution culturelle à l'œuvre, dont les chercheurs, Idriss

[1] L'avenir du musée fut ainsi annoncé dès 1971 par Jean Clair dans un article de la revue Chroniques de l'art vivant, n°24 : « Tout laisse à penser que le XXe [siècle] verra son déclin, sinon sa disparition ».

Aberkane notamment[2], démontrent actuellement qu'elle est une seconde Renaissance démultipliée. Aujourd'hui, l'institution se renouvelle sous l'influence conjuguée de multiples facteurs comme l'accroissement des collections, les politiques de développement, d'extension et d'internationalisation, la mondialisation, les nouvelles modalités de gestion et de l'emploi des technologies les plus récentes. Loin de l'image caricaturale, poussiéreuse et passéiste qui était la sienne jusqu'aux années 1970, époque à laquelle Jean Clair émettait un jugement pessimiste sur son devenir, le musée est devenu une institution culturelle très active, mieux ancrée dans le présent, jouissant d'une importante visibilité, de crédit intellectuel et de prestige.

Son devenir, véritable sujet de recherche en muséologie, bénéficie par ailleurs d'une attention soutenue depuis le début des années 2000. En précurseur, l'ancien Service des musées de France avait anticipé cette question d'une manière inattendue lorsqu'il lança en 1998 un concours de nouvelles. Quelques lignes de Stefan Wul, auteur de science-fiction français, avaient été proposées aux jeunes auteurs comme amorce de leurs textes : « D'un coup d'œil par-dessus son épaule, Joss s'assura qu'il (elle) avait semé ses poursuivants et poussa la lourde porte. Il (elle) était à présent dans la place, à l'abri, au cœur même du musée, devant la pièce maîtresse du département de… ». Sur les 191 nouvelles reçues, 15 furent sélectionnées et publiées l'année suivante dans un recueil intitulé *Musées, des mondes énigmatiques*. En préface de cet ouvrage, Françoise Cachin, à l'époque directrice des musées de France, et Jean-Sébastien Dupuit, directeur du livre et de la lecture, présentèrent ce projet original qui consistait à : « Proposer à de jeunes talents, âgés de 18 à 30 ans, d'explorer le musée comme territoire du fantastique ou de la science-fiction, d'y projeter des rêves ou des cauchemars sur un espace-temps soumis au seul empire de l'imagination, et par le truchement de l'écriture leur demander en quelque sorte de s'approprier une institution qui, a priori, ne leur est guère familière, était une entreprise déconcertante, même un peu risquée en un sens. » Comme étonnés de leur propre audace, ils conclurent la relation de ce projet par le constat de son résultat : « le musée a conquis un véritable pouvoir de fascination ».

Outre cette initiative particulièrement atypique, depuis une quinzaine d'années, les études, publications et séminaires sur le sujet se sont multipliés en France comme à l'étranger, témoignant à la fois de l'intensité de cette préoccupation comme de la volonté pressante d'y répondre. Après le colloque fondateur intitulé « L'Avenir des musées », qui s'est tenu au Louvre sous la direction de Jean Gallard en l'an 2000, ont suivi, en Grande-Bretagne, *Understanding the future museums and 21st century life*, rapport de

---

[2] La vidéo « l'économie de la connaissance » d'Idriss Aberkane : https://www.youtube.com/watch?v=dM_JivN3HvI

l'United Kingdom Department for Culture, Media and Sport paru en 2005 ; aux États-Unis, *2030 Vision : Anticipating the needs and expectations of museum visitors of the future*, rapport de l'Office of Policy and analysis, à la Smithsonian Institution, publié en 2007 ; la création en 2008 du Center for the Future of Museum à l'initiative de l'American Association of Museums, qui publia la même année le rapport, *Museum and society 2034 : trends and potential future* ; en France, en 2010, un rapport thématique de la Cour des comptes, *Les musées nationaux après une décennie de transformations (2000-2010),* alors que le Département des études, de la prospective et des statistiques du ministère de la Culture et de la Communication faisait paraître *Culture et médias 2030 : quels scénarios et quels facteurs du devenir et de la politique culturels d'ici 2030* ; en 2012, un dossier sur l'avenir des musées fut consacré par la revue de l'association internationale des professionnels des musées, *Les nouvelles de l'ICOM*, et paraissait l'ouvrage de Graham Black, *Transforming Museums in the XXIst century* ; l'année suivante, en 2013, celui de Catherine Grenier, *La Fin des musées,* tandis que la Tate Modern organisait le séminaire, « Towards tomorrow's museum » et que les journées Museum Next étaient organisées à Amsterdam.

Si le musée est en mouvement, se développe et se renouvelle, il ne cesse de s'interroger sur lui-même, son identité et ses valeurs fondamentales. Quels sont les nouveaux territoires de son essor? Quelles voies inédites les établissements pionniers commencent-ils d'emprunter? Quels nouveaux modèles de musées sont-ils en passe d'émerger? Quelles typologies de collection de se développer ? Avec quels outils de gestion, de valorisation et de médiation ? Et pour quels publics et quels nouveaux usages ?

Lors de ce colloque, qui s'inscrit à la suite de ces études, nous avons souhaité nourrir cette réflexion et réunir des contributeurs étrangers et français. En premier lieu, des professionnels des musées, des archives, des bibliothèques, du patrimoine et de la recherche représentant des institutions privées ou publiques, de petites et grandes tailles et, plus largement, des élus, chercheurs, universitaires, historiens, historiens de l'art, archéologues, spécialistes du numérique, des relations internationales et de littérature anglo-saxonne, journalistes, éditeurs, économistes, sociologues, juristes, entrepreneurs, représentants d'association et usagers, chacun composant une riche palette de métiers et de spécialités, donc de points de vue, et tous animés d'un même profond intérêt pour l'institution. Nos échanges ont aussi été enrichis par la présence d'auteurs et d'artistes qui ont exploré l'imaginaire du musée dans la variété de ses expressions artistiques et littéraires.

Pendant les sept journées qu'a duré le colloque, les enjeux auxquels l'institution muséale fait et fera face dans les décennies à venir ont été présentés, analysés et débattus au cours de discussions qui ont mêlé approches territoriales, nationales et internationales autant qu'interdisciplinaires afin de contribuer à dessiner, dans l'esprit ouvert, constructif et prospectif qui caractérise la qualité des échanges entretenus à Cerisy, les contours du musée que nous voulons bâtir ensemble pour demain.

Emmanuelle Amsellem et Isabelle Limousin

Avant-propos

Développement mondial du marché de l'art, prolifération de nouveaux musées, architectures singulières, muséographies expérimentales et toujours ces longues files patientes d'amoureux de l'art, de curieux, de touristes qui veulent voir l'exposition dont on parle, découvrir le dernier événement artistique, parcourir le nouvel espace muséal. Les musées, la muséographie et la muséologie sont des sujets d'étude, de débat comme de controverse car les fonctions du musée et son importance dans la vie de la cité ont profondément évolué. À son rôle primordial de conservation et de mise en valeur du patrimoine, se sont ajoutées des missions nouvelles, assorties d'interrogations : dans quels espaces, quelles architectures présenter les œuvres ? Dans quelles conditions de confort et de sécurité accueillir un public toujours plus nombreux ? Comment médiatiser telle exposition, tel événement culturel ? Quelle part réserver aux produits dérivés et à leur diffusion ?

Mais cette dynamique de l'institution est freinée par une crise importante de la culture, qui se traduit par une éducation artistique et culturelle de base naufragée, une décentralisation, source d'hétérogénéité de comportement des pouvoirs publics, un affaiblissement de l'intérêt général dans une économie marchande, une envahissante « culture du chiffre », une équation budgétaire, source de dérives mercantiles, une emprise croissante du concept tourisme/loisirs/événements ainsi qu'une faible prise en compte du développement durable.

Origine et histoire des musées

Étymologiquement, le mot « musée » vient du grec *museion*. Il était donné à un temple dédié aux muses, bâti sur la colline de l'Helicon à Athènes. Le premier « musée », écrin d'une collection d'œuvres d'art et lieu de recherche et d'étude, est celui que construisit Ptolémée Ier dans son palais d'Alexandrie, vers 280 av. J.-C. Le musée est-il encore un « mal nécessaire » selon F.H.Taylor ou bien un « asile posthume » (Thoré) ? La question reste ouverte avec de multiples réponses depuis deux millénaires.

Le concept de musée apparaît à Rome au moment de la conquête de la Grèce par les légions. Pillages et butins de guerre obligent les Romains à créer des dépôts en plein air, à accrocher les tableaux aux murs des forums.

Le duc de Berry est l'un des premiers, avec le duc d'Urbin, à constituer un cabinet d'œuvres d'art et une bibliothèque qui le suivent lors de ses déplacements de château en résidence. Vitrine de la puissance princière et outil pédagogique, le concept du musée prend forme.

À la Renaissance, la découverte de l'art antique s'accompagne d'une institutionnalisation de la collection avec le renouveau de l'idée de musée. Les familles princières italiennes envisagent la présentation de leurs collections dans des espaces architecturaux conçus spécifiquement, les galeries, qui préfigurent le musée des arts. Les galeries Doria à Gênes, Este à Modène, Gonzague à Mantoue, Farnèse et Borghèse à Rome font référence. En 1521, Paul Jove expose sa collection de quatre cents portraits dans un bâtiment construit pour cet usage à Borgovico, près de Côme. En référence au *museion* de l'Antiquité, il baptise ce lieu « musée ». Les patriciens des pays septentrionaux s'en inspirent à leur tour : si les cabinets de curiosités Függer à Augsbourg ou Amerbach à Bâle sont remarquables, ils connaissent leur apogée avec la galerie fondée par l'électeur de Saxe à Dresde en 1560.

En 1471, le pape Sixte IV fonde un *antiquarium* ouvert au public au Capitole. Réorganisé par Benoît XIV, il devient en 1734 le musée du Capitole, ouvert au public. Cet *antiquarium* est à rapprocher de celui d'Albert III à Munich, considéré comme le plus ancien des édifices muséographiques.

Les musées fleurissent dans toute l'Europe. Au début du XVIe siècle, Jules II installe ses collections dans les salles et les jardins du Belvédère. À partir de 1760, Clément XIII, Clément XIV et Pie V réunissent leurs collections en un musée aménagé en 1782 sous le nom de Musée Pio-Clémentin. La galerie des Offices à Florence est inaugurée en 1765. En Angleterre, l'ère des musées est inaugurée par Lord Arundel qui, jusqu'en 1678, ouvrit deux galeries où l'on pouvait voir des objets classés par genre. C'est à Oxford qu'on assiste à la naissance d'un musée d'esprit moderne, au but éducatif, avec le cabinet de John Tradescant inauguré en 1683 par le futur Jacques II. En réaction à cet esprit pédagogique fut ouvert en 1759 le British Museum. À Vienne, le palais du Belvédère est ouvert au public en 1783 sur ordre de Joseph II. En Espagne, le Musée du Prado, construit dans un style néo-antique, ouvre en 1819.

En France, après François Ier, il faut attendre Louis XIV, nouveau roi-mécène. Dans l'esprit de son Premier ministre, Colbert, la collection royale devait servir aux artistes et aux étudiants. À cette fin, il aménage au palais du Louvre la galerie d'Apollon et sept salles contiguës qui furent ouvertes au public en 1681. À partir de 1750, les tableaux de la collection royale sont installés au palais du Luxembourg dans une galerie où le public est admis à les voir ainsi que les vingt-quatre toiles de la galerie Médicis peintes par Rubens. L'exemple est suivi en Europe par Frédéric II qui admet le public à Postdam en 1755 et par l'électeur palatin dans sa résidence de Düsseldorf en 1778.

C'est le comte d'Angiviller qui a l'idée de consacrer la grande galerie du Louvre à un muséum royal des Arts. Ce sont les assemblées révolutionnaires qui réalisent le projet monarchique et créent en 1792 le Muséum central des

Arts en même temps que le Muséum d'histoire naturelle, le Muséum des monuments français en 1795 et le Muséum des arts et métiers en 1794. Le Muséum des Arts est inauguré le 10 août 1793. Un décret consulaire de septembre 1800 crée quinze musées, dans quinze villes de province, destinés à recevoir les collections publiques dans des hôtels particuliers transformés en musées.

En 1795, Alexandre Lenoir est nommé administrateur du musée des monuments français, créé par décret de la Convention. Présenté au couvent des Petits-Augustins, le dépôt des biens aliénés du clergé et de la Couronne de France (les tombeaux de la nécropole royale de Saint-Denis notamment) est ouvert au public. Ce musée de la sculpture française, très visité, restera dans ce lieu jusqu'en 1816, année où il est intégré à l'École des beaux-arts. Il s'agit d'un exemple d'installation réussie puisqu'en 1879, Viollet-le-Duc fonde un second musée des Monuments français.

Du rôle de dépôt, le musée est passé à celui de promoteur des recherches historiques. Klenze édifie la Glyptothèque de Munich pour y préserver les marbres d'Égine. À Berlin, l'Altes Museum (1824-1838), dont la grande rotonde est inspirée de celle du Panthéon, est le premier musée installé dans un bâtiment spécialement conçu pour cet usage. À Paris, l'ancien hôtel des abbés de Cluny, à la suite de son achat par l'État en 1843, devient le musée du Moyen-Âge et de la Renaissance, présentant les collections du marquis de Sommerard.

La création de musées rejoint des fins politiques : Louis-Philippe crée à Versailles un Musée de l'Histoire de France quand Napoléon III fonde au château de Saint-Germain-en-Laye le Musée des Antiquités nationales. En 1879, Viollet-le-Duc, défenseur de l'art médiéval, crée le musée de sculpture comparée au palais du Trocadéro.

Une fièvre muséale s'empare de toute l'Europe. En Allemagne, des musées nationaux s'ouvrent à Nuremberg, le Musée germanique (1853) et, à Munich, le Musée bavarois (1854). À Londres, le Victoria and Albert Museum ouvre en 1857 la voie, à Paris, de l'Union centrale des Arts décoratifs en 1863 et, à Bruxelles, en 1884, du Musée du Cinquantenaire. Un des derniers grands musées ouverts au XIXe siècle est celui de l'Ermitage à Saint-Pétersbourg en 1852.

Vers les années 1920-1930, architectes et conservateurs s'interrogent sur les fonctions et le public du musée. Pour Le Corbusier, le musée doit être « une machine à conserver et à exposer des œuvres d'art ». Le Centre Pompidou de Renzo Piano, Richard Rogers et Peter Rice répond à cette attente. Les leçons dispensées par l'école du Bauhaus, à Weimar, avec Gropius, vont « abattre la barrière qui sépare l'œuvre de la collectivité locale ». Une ère nouvelle s'ouvre avec le musée Guggenheim de New York de Frank Lloyd Wright (1956), qui inaugure une suite de bâtiments iconiques, dont l'enveloppe devient à son tour une œuvre d'art qu'il précède.

En 1997, le Guggenheim de Bilbao de Frank Gehry entérine cette position muséographique. Le Louvre-Lens, le Centre Pompidou-Metz apportent la démonstration inverse en se mettant au service des collections pour une plus grande accessibilité du public.

Missions des musées : acquérir, conserver, exposer, éduquer

Depuis une trentaine d'années, la fréquentation des musées n'a cessé d'augmenter. Les raisons en sont aussi diverses que connues : la « politique du chiffre » des institutions, l'engouement des publics pour les grandes expositions, la compétition pour justifier des subventions et surtout l'accroissement de la fréquentation par les touristes (provenant du Japon, de la Chine, ou des pays de l'Est, notamment).

Pourtant, si l'on se réfère aux statistiques du ministère de la Culture et de la Communication, on remarque que sur 100 Français âgés de plus de 15 ans, en 1973, 33 avaient visité un musée ou une exposition au cours des douze derniers mois, chiffre qui passe à 37 en 2008 (date de la dernière statistique disponible) mais ils étaient 40 en 1997. Ces chiffres sont plus élevés, si l'on ne prend en compte que les 18-24 ans. Ils le sont encore plus pour Paris intra-muros : 55 Parisiens sur 100 en 1973, 74 en 2008 auraient visité un musée ou une exposition.

À l'heure où l'on sent poindre, dans les rangs des professionnels, après une longue période d'euphorie, l'inquiétude ; à l'heure où la course à l'événement l'emporte bien souvent sur la consolidation des acquis ; à l'heure où la prime à la fréquentation prend le pas sur la question de la formation des publics, Jean-Michel Tobelem affirme haut et fort que les musées ont devant eux de beaux jours. À la condition qu'ils soient correctement gérés et que soient bien réparties les tâches entre les « vieux métiers », essentiellement les conservateurs, et les nouvelles professions des musées, dont on sait qu'elles sont en plein essor et dont on connaît les ambitions et parfois la volonté – on ne pourra qu'approuver la mise en garde de Jean-Michel Tobelem – de se substituer à ceux qui ont pour mission de conserver, d'étudier, d'enrichir et de transmettre les collections dont ils ont la charge, voire de les supplanter. Outre s'interroger sur l'argent, les hommes (la diversification et la multiplication des métiers liés aux musées), la « gouvernance » (il s'agit de l'évolution du statut des musées vers une plus grande autonomie), la production et enfin les « stratégies », Jean-Michel Tobelem s'interroge : « La question qui se pose est de savoir comment [le musée] valorise au mieux ce capital par la définition d'une stratégie différenciatrice et la mise en œuvre de moyens appropriés ». Le mot essentiel de la phrase, on l'aura compris, n'est pas ce « capital » constitué par les collections du musée, ses œuvres exceptionnelles, son architecture ancienne ou moderne (il n'est pas d'architecte contemporain qui n'ait construit un musée ou qui ne souhaite le faire. Par fortune, les architectes de génie sont de nos jours légion. De tous les arts, c'est aujourd'hui, incontestablement, le plus florissant et il faut remonter à la Renaissance italienne pour pouvoir dresser une liste comparable de grands architectes), son histoire, son passé et son présent, mais le verbe « valoriser ».

Des musées pour quels publics ?

C'est un fait, le public des musées ne se renouvelle pas suffisamment. Hormis le public scolaire et les touristes, les jeunes adultes sont peu présents dans nos musées. Ce n'est qu'à la cinquantaine qu'on les retrouve. Même si, de ce point de vue, l'art contemporain est plus attractif que l'art classique ou moderne, il s'agit toujours d'un public prévisible.

Aujourd'hui, l'offre muséale est très diversifiée. Il y a un demi-siècle à peine, le musée présentait des collections permanentes ; de nos jours on y trouve aussi des créations « sur mesure », des installations ou des performances. Le musée est devenu un lieu culturel au sens large, un lieu de partage et de passerelles entre les différentes formes d'expression artistique : beaux-arts, mais aussi photographie, cinéma, danse, musique, littérature, théâtre… Tout ceci dans un souci de satisfaction mais aussi de diversification des publics. Car la priorité des musées reste, et restera, d'attirer des visiteurs qui n'y seraient pas venus sans cette offre nouvelle.

L'institution développe de nouvelles techniques pour attirer et retenir un public : définir ce public (ou ces publics), le catégoriser, l'allécher, le faire venir et le faire revenir (ce second point, essentiel, est peut- être parfois trop négligé). Les titres de sections de ce chapitre, dans l'ouvrage de Jean-Michel Tobelem, sont indicatifs et révélateurs : « Le tourisme culturel » (où l'on apprend que le musée Grévin reçoit autant de visiteurs que le musée national Picasso et Disneyland cinq fois plus que le château de Versailles), « Entre loisir et divertissement » où l'auteur s'interroge, à juste raison, sur le risque de « disneylandisation » des musées et sur la confusion entre culture et loisir ou, comme disent les Anglo-Saxons, entre « éducation » et *entertainment.*

Aujourd'hui plus que jamais, les musées ne sont pas faciles d'accès. L'absence de toute éducation religieuse, la dégradation des études classiques et bien d'autres facteurs encore rendent la lecture des musées hermétique. Vouloir en augmenter la fréquentation est, certes, louable et tout doit être fait en ce sens. Les initiatives de toute nature prises à tous les niveaux doivent être encouragées. Mais, comme les enquêtes le confirment, et dans tous les pays, la principale solution, pour ne pas dire l'unique solution, à long terme, à la question de la fréquentation des musées, passe par l'école. On ne le répétera jamais assez et je le répéterai jusqu'à mon dernier souffle, l'école apprend à lire, elle n'apprend pas – du moins en France – à voir. Toute réflexion sur l'avenir des musées qui ne prendrait pas en compte la question de l'enseignement de l'histoire de l'art au lycée sera vouée à l'échec.

Musées et révolution numérique

À l'heure où la numérisation des inventaires et des catalogues de collections se développe de plus en plus, il est essentiel de les rendre disponibles au sein d'une seule et même ressource, à tous les publics. Les musées se trouvent aux toutes premières loges pour tirer parti des possibilités du numérique, lequel offre un prolongement naturel des moyens dont ils disposent pour atteindre leurs objectifs essentiels. Toutefois, le passage au numérique influera sur la manière dont les conservateurs conçoivent leur tâche et sur le mode de répartition des ressources des musées. Vu leur complexité, les banques de données demanderont un personnel spécialisé. Dans toutes les sphères du musée, il faudra renforcer les compétences en informatique des professionnels, lesquels formeront des équipes qui collaborent entre elles, comme c'est déjà le cas pour l'édition de publications et le montage d'expositions.

La question de la détention des droits de propriété intellectuelle sera fondamentale, et l'actuel statut quasi public des musées dans de nombreux pays compliquera encore davantage la situation. Certains musées sont déjà en train de passer des accords quant aux droits sur l'image, etc., avec des sociétés commerciales. Le passage au numérique sera-t-il décisif pour la survie des musées ?

Place des nouveaux outils de médiation

Toutes nos institutions ont des développements numériques très importants, avec des visites virtuelles. Mais il s'agit avant tout de préparer ou de prolonger la visite réelle. Je ne pense pas qu'une visite virtuelle puisse se substituer à une visite réelle, mais plutôt donner ou renforcer l'envie de la faire. Les développements numériques apportent une aide à la visite effective, ou fonctionnent comme une sorte de *teasing*, pour en donner l'avant-goût, sans la concurrencer, tout comme le catalogue ne remplace pas l'œuvre. Le fait que les images soient disponibles, sous un format qui en empêche la reproduction à des fins commerciales, et puissent circuler sur les réseaux sociaux, est très important car nous savons tous qu'aujourd'hui les pratiques culturelles se nourrissent beaucoup des réseaux sociaux. Un visiteur peut diffuser sur son réseau l'image d'une œuvre qu'il a vue et aimée, et inciter ses amis à aller la voir. Ce partage d'expérience est bénéfique pour tous. Par ailleurs, de nombreuses applications sont proposées pour les différents supports (ordinateurs, tablettes, smartphones), permettant d'approfondir le rapport à une œuvre, au moment de la visite ou quand on le souhaite. L'utilisation quotidienne des nouvelles technologies aura pour effet de mieux accompagner les visites et de densifier les publics.

L'usage des nouvelles technologies entraîne une conséquence, à savoir que la communication et l'interprétation muséologique ne se situeront plus uniquement dans l'espace muséal, mais partout.

Quelle gestion et quelle gouvernance pour nos musées ? Comment faire évoluer leurs différents modèles, et notamment le modèle français par rapport aux autres, les modèles anglais, américains, canadiens, etc. ? Et avec quels hommes ? Quel financement ?

Le musée est un lieu unique de notre société qui est toujours en train de se reconstituer, de se recomposer, de se redéfinir. Il doit participer à la co-construction des savoirs entre les spécialistes et le public. C'est en cela que le numérique prendra toute son importance car il pourra précéder l'exposition, l'accompagner avec toutes sortes d'applications et perdurer après sa fermeture.

Jean-Paul Ollivier

Partie 1. Pourquoi le musée aujourd'hui ?

Cartographie des musées dans le monde

Résumé

Avec ses 33 000 membres dans le monde entier, l'ICOM, le Conseil international des musées, est surtout connu pour sa lutte permanente contre le trafic illicite de biens culturels, son programme d'urgence pour les musées (en cas de catastrophe naturelle, de guerre...) ou son code de déontologie, qui fait autorité. Mais l'ICOM s'interroge aussi en permanence, dans ses comités nationaux et internationaux, sur l'impact que les changements de nos sociétés et des circonstances de vie sur la planète auront et ont déjà sur les musées d'aujourd'hui et de demain. L'ICOM plaide pour des liens forts entre les musées et les communautés qui les entourent, met l'accent sur l'accessibilité dans tous les sens du terme et sur l'inclusivité, plaide pour que des musées s'ouvrent à de nouvelles perspectives, cherche des réponses aux enjeux de la mondialisation et souhaite que les technologies du virtuel soient utilisées pour un meilleur retour au réel.

Mots-clés : organisation internationale, mondialisation, accessibilité, ouverture, communautés.

C'est un honneur pour le Conseil international des musées (ICOM) d'être associé à ce colloque portant sur « le musée, demain » et de pouvoir y ouvrir la discussion sur une problématique centrale pour nos musées et institutions culturelles : quel est le rôle du musée dans la société contemporaine et quels sont les contours du musée que nous voulons bâtir pour demain ?

L'ICOM[3] est une organisation internationale qui représente les musées et les professionnels des musées. Créée en 1946, au Louvre, cette association a pour mission, d'une part, de promouvoir et de protéger le patrimoine culturel et naturel, présent et futur, tangible et intangible, dans les musées et en dehors des musées. D'autre part, l'ICOM organise en permanence le dialogue entre les professionnels de musées, et cela à l'échelle mondiale.

Avec presque 33 000 membres répartis dans 135 pays, l'ICOM est un réseau unique de professionnels de musées, dont le périmètre d'action comprend de nombreux domaines liés aux musées et au patrimoine. En termes d'adhérents, l'ICOM est l'une des plus grandes associations culturelles dans le monde.

Les comités nationaux sont l'épine dorsale de l'ICOM pour l'organisation d'un service proche des adhérents et pour coordonner l'activité entre les membres individuels ou institutionnels, et les activités des comités nationaux

[3] http://icom.museum

eux-mêmes ou des comités internationaux. Ces 31 comités internationaux sont parfois appelés le trésor de l'ICOM. Ils offrent un large éventail d'activités, de la théorie sur les musées jusqu'à des aspects hautement pratiques du travail dans les musées, du travail éducatif jusqu'à la gestion, des collections jusqu'à la documentation pour tous types de musées confondus. Les Alliances régionales regroupent les comités nationaux de certaines régions du monde (Europe, Sud-Est de l'Europe, Asie et Pacifique, monde arabe, Amérique latine et Caraïbes) et les Organisations affiliées de l'ICOM (comme celles des musées en plein air, des musées de droits humains, des musées des enfants, comme le mouvement international pour une nouvelle muséologie, comme celle des musées de la région de l'océan Indien, comme AFRICOM-le Conseil international des musées africains...) sont autant de structures qui renforcent la position de l'organisation au sein de la communauté muséale internationale.

L'ICOM, dans toutes les actions de ses comités, se concentre sur quelques angles d'approche qui reviennent souvent : a) la *lutte contre le trafic illicite* (avec les listes rouges, le site web « Observatory Illicit Trafic » qui est un observatoire international[4]... ; b) le *programme d'urgences* pour les musées (avec le groupe permanent « Disaster Relief Task Force ») ; c) le *code de déontologie* (depuis 1986), qui est un instrument moral plutôt que légal et qui constitue un fil rouge pour les actions de professionnels de musées dans des situations de conflit, des situations délicates... Dans les pays où une loi sur les musées n'existe pas, ce code est souvent un cadre de référence pour le travail mené dans les musées. Le « Comité international pour les musées et collections de sciences naturelles » a élaboré un code de déontologie pour les musées d'histoire naturelle, et le « Comité international pour la documentation » insiste beaucoup sur la dimension déontologique du travail de documentation dans les musées.

Le thème du colloque et le titre de cette contribution inciteraient à donner une vue d'ensemble des tendances dans les musées contemporains dans le monde et des défis auxquels les musées d'aujourd'hui doivent faire face. Le grand réseau de l'ICOM est un terrain d'étude par excellence pour ces sujets. Les lignes qui suivent ne sauraient creuser en détail tous les aspects de cette problématique, mais entendent présenter quelques tendances que nous croyons prédominantes dans les musées d'aujourd'hui, et qui le seront probablement aussi, et peut-être davantage, dans le musée de demain.

L'ICOM est souvent partie prenante dans des débats concernant les enjeux de la politique de développement, d'extension et d'accessibilité, ainsi que ceux de la mondialisation et de l'emploi des technologies les plus récentes. Les musées veulent et doivent jouer un rôle central dans une société en mutation rapide et profonde. Les musées d'aujourd'hui sont

[4] http://obs-traffic.museum

constamment confrontés à des changements qui les poussent à repenser leur mandat traditionnel et trouver de nouvelles stratégies pour attirer les visiteurs vers des collections plus accessibles. *Mais il en a toujours été ainsi.*

Si nous ouvrons une petite parenthèse d'histoire (qui, dans ce cadre-ci, ne saurait être que schématique et généralisatrice), les musées, tels que nous les imaginons quand nous entendons le mot « musée », avaient pour but, surtout depuis le XIXe siècle, d'aider les gens à réfléchir, à prendre un certain recul dans une ère d'industrialisation croissante et de changements sociaux, à retrouver une identité au niveau d'une ville, d'une nation et de changements sociaux, pour qu'ils soient fiers d'appartenir à une certaine nation... L'on peut y ajouter les musées coloniaux en Europe et même des musées dans les capitales des colonies, qui préconisaient les bienfaits et parfois la gloire des pouvoirs coloniaux.

Or, maintenant, nous quittons de plus en plus ce paradigme du XIXe siècle, parfois présenté comme l'âge d'or des musées, et l'actuelle direction prise n'est absolument pas claire. Nous constatons que, depuis les années 1980, dans beaucoup de pays, le citoyen perd confiance dans les structures politiques existantes comme dans les valeurs sociales et sociétales prédominantes, à cause de changements ultrarapides et d'incertitudes. Et, comme au XIXe siècle, les politiques culturelles et muséales ont aussi fourni des réponses ou sont en train de les fournir, tous les jours, en ce moment.

Les pages suivantes essaieront de saisir cinq tendances, surtout à travers des exemples, de ce paysage muséal en fermentation, en gestation, en ébullition. Ces tendances sont : des liens forts avec les communautés ; l'accessibilité, l'inclusivité et les connexions avec les visiteurs ; l'ouverture aux nouvelles perspectives ; la mondialisation ; les défis posés par les nouvelles technologies.

Ces tendances ne sont pas des catégories fixes, elles se recoupent, ce sont des exemples pris sur le vif. Chaque région de la planète a d'ailleurs ses propres mouvements, tendances et défis qui influencent le paysage muséal, et chaque région évolue à son propre rythme. Le lecteur voudra bien trouver des exemples des activités et programmes des musées partout dans le monde.

Liens forts avec la communauté

Comme thème de la Journée internationale des musées en 2014, célébrée le 18 mai, l'ICOM avait choisi : « Les liens créés par les collections des musées » (*Collections make connections*).

Tout en racontant une histoire sur le patrimoine culturel d'une communauté et sur sa mémoire collective, les musées contribuent au développement de leur société en tissant des liens entre les visiteurs et différents types d'objets. Les musées d'aujourd'hui cherchent à renouveler les méthodes traditionnelles afin d'impliquer leur communauté et de rester en phase avec leur public. On trouve des *Community Museums* dans de nombreuses villes ou communes, et elles jouent un rôle important dans des zones avec un taux d'immigration élevé, avec des minorités. Ces musées ne se concentrent pas sur une histoire qu'on pourrait qualifier de *mainstream society*, le « narratif de la société dominante », mais les nouveaux habitants racontent leurs histoires, sans que les histoires des groupes qui sont là depuis des générations soient oubliées. Ainsi, par les expositions présentées, mais aussi (et peut-être surtout de plus en plus) grâce aux activités organisées, les musées deviennent des lieux de rencontre et des acteurs d'intégration.

L'ICOM a joué un rôle décisif dans ce processus en mettant un accent très fort sur le patrimoine immatériel, en considérant que ce patrimoine est pour le moins aussi important que le passé matérialisé. Le patrimoine immatériel a été le sujet de la Conférence Générale de l'ICOM qui s'est tenue à Séoul, en Corée, dès 2004. L'ICOM édite aussi le *International Journal on Intangible Heritage*. Celui-ci stimule le travail avec le public, avec les détenteurs de savoir et de traditions, qui peut être associé aux activités du Musée et mène à un « archivage », ce qui sauve de l'oubli des traditions en voie de disparition ou tombées en désuétude.

Des musées accomplissant un travail remarquable avec des communautés locales ont été à l'honneur parmi les candidats nominés au *European Museum of the Year Award*[5] au cours de ces dernières années. Citons, parmi de nombreux autres, le *Museum of Liverpool* au Royaume-Uni (lauréat du Prix des Musées du Conseil de l'Europe en 2013) ; le *Fellbacher Stadtmuseum* en Allemagne ; et encore le *Saurer Museum Arbon* en Suisse.

Qu'il nous soit permis de citer *in extenso* deux exemples de musées qui impliquent, de façon systématique et très poussée, la communauté locale.

Le musée Baksı à Bayburt en Turquie (Anatolie orientale), qui a remporté le Prix du Musée du Conseil de l'Europe en 2014, a pour objectif de combler le fossé entre le centre et la périphérie du pays, tout en aidant la population locale à rester culturellement et économiquement ancrée dans son territoire et à perpétuer sa mémoire culturelle par la relance de fabrication de textiles et de tissages traditionnels. La mission du musée consiste à : 1) proposer une pensée alternative contre l'idéalisation de la vie urbaine ; 2) être un point de résistance culturelle qui valorise les traditions locales et permet à la population de gagner sa vie sur sa propre terre ; 3) être au centre d'une interaction culturelle pour l'art traditionnel et contemporain, pour les artistes, les chercheurs et la population locale ; 4) stimuler la vie économique dans la région. Le fondateur, le professeur d'université et peintre Hüsamettin Koçan n'expose guère ses propres œuvres dans le musée. Le musée organise des ateliers d'art et enseigne des savoir-faire, surtout en matière d'artisanat traditionnel, aux habitants de la communauté pour gagner leur vie.

---

[5] www.europeanmuseumforum.org

Le Musée de la Favela à Rio de Janeiro au Brésil est un exemple inspirant de musée avec une structure de gouvernance originale qui est très liée à la communauté locale : les personnes qui ont fondé le musée vivent en grande majorité dans les favelas, et un organigramme où les différents quartiers sont représentés dans les structures de gouvernance est en cours de rédaction. Son modèle communautaire attire des visiteurs de partout dans le monde. Il a été fondé en 2008 par les leaders communautaires de la favela Pavão-Pavãozinho-do Cantagalo, et possède le statut d'association communautaire non gouvernementale. Le musée cherche à honorer la mémoire collective de la population des favelas de Rio de Janeiro et l'aide à construire une identité commune. Le musée fournit des ateliers culturels sur la photographie, l'art, le graffiti, la musique et l'entrepreneuriat pour les habitants des favelas (avec vente de produits locaux dans les boutiques), ainsi que des visites guidées régulières pour les visiteurs.

Accessibilité, inclusivité, connexions avec les visiteurs

Un musée veut être un endroit où chacun se sent le bienvenu. Les musées offrent des expositions et des actions diversifiées, pour différents publics, mais dans un esprit qui pourrait être résumé par « nous ne sommes pas des annexes à la société, nous sommes la société ». Un musée travaille pour différents groupes sociaux, mais en se gardant d'ériger des cloisons entre eux. Les musées ne parlent pas d'« eux », ne parlent pas des « autres », ils parlent de « nous » : nous, les humains, sur notre planète commune. C'est une tendance de plus en plus forte. On la voit à l'œuvre dans les activités organisées dans le musée, et quand les musées vont dans les écoles, les maisons de retraite, les prisons... C'est ce qui arrive quand un musée apprend d'anciennes techniques artisanales aux habitants de quartiers difficiles (William Morris Gallery à Londres), quand un musée met les photos d'élèves qui ont bien travaillé à l'école dans une de ses salles (Waterford Treasures Museum, Waterford en Irlande), quand un musée laisse une salle vide pour les propositions de son public...(Grazmuseum, Graz, Autriche), ou quand un musée développe des activités toutes spécifiques pour des personnes malades ou handicapées (énormément d'exemples dans le monde actuel des musées...). Ainsi, au cœur de la société, les musées donnent une dimension supplémentaire à des activités pour des groupes cibles spécifiques.

Ces dernières années, des musées, souvent de très grands musées, ont développé des programmes spécifiques pour des personnes atteintes de la maladie d'Alzheimer. Ainsi, le Louvre l'a fait depuis 2011, le Stedelijk Museum à Amsterdam depuis 2012. Le programme « Art and Alzheimer's » à la Galerie Nationale d'Australie (à Canberra), a été établi dès 2007 : il propose aux personnes atteintes de la maladie d'Alzheimer de se reconnecter avec le monde d'une façon positive et enrichissante, ce qui évite l'isolement ressenti par beaucoup de personnes souffrant de cette maladie. Une visite des collections d'art de la galerie, basée sur la discussion, offre de la stimulation intellectuelle et de l'inclusion sociale. Les participants peuvent apporter leurs connaissances, interpréter les œuvres, exprimer leurs émotions et se rappeler des souvenirs. La participation à ce programme peut mener à reconnecter les personnes malades avec leur identité, à plus de bien-être et une meilleure qualité de la vie. En outre, ce programme contribuera à créer des partenariats dans la communauté qui lient l'art et la santé pour améliorer le soin des personnes atteintes d'Alzheimer. Il sensibilisera le public et diminuera la stigmatisation associée à cette maladie.

De nombreux musées recourent aux acquis de la technologie pour que des personnes malentendantes puissent profiter au maximum de leur visite. Ainsi, le Museo Egizio, à Turin, en Italie, a été le premier à utiliser une application de Google Glass qui permet aux visiteurs sourds d'accéder à l'expérience intégrale du musée à travers un appareil portable qui traduit des informations sur les collections du musée en langue des signes. Parmi les Musées Royaux des Beaux-Arts de Belgique, le Musée Magritte propose une visite guidée en langage des signes qui est disponible sur un iPad.

Ouverture (problématique ?) aux nouvelles perspectives

Les musées sont de plus en plus ouverts à des points de vue multiples dans la présentation de leurs sujets et, en cela, ils jouent aussi un rôle important dans la naissance ou la croissance de sociétés plus harmonieuses, tolérantes...

Au cours des dernières décennies, plusieurs institutions sont de plus en plus devenues des endroits de réconciliation : réconciliation avec le passé et entre des parties opposées, sans essayer de lisser l'histoire. Dans certaines régions, les musées fonctionnent déjà comme des pionniers dans ce travail très important pour les sociétés.

Ainsi, en Afrique du Sud, les musées jouent un rôle important dans le processus de réconciliation, en fournissant et en disséminant de l'information sur l'apartheid et la structure injuste de ce système afin d'aider la société à guérir ses plaies après cette période tragique de l'histoire. Le Musée de l'Apartheid à Johannesburg, par exemple, cherche à communiquer aux visiteurs la vraie expérience de l'apartheid en Afrique du Sud pour aider la société à comprendre son passé oppressif et se diriger vers un avenir paisible.

Il y a quelques années et pour la première fois au Japon, le Musée national d'histoire japonaise a ouvert une galerie sur le XXe siècle, qui aborde les thèmes du colonialisme, de l'occupation des territoires étrangers et de la Seconde Guerre mondiale, et cela dans un pays où il n'y avait pas eu précédemment l'espace suffisant à la discussion ouverte sur ces aspects de l'histoire.

À l'heure actuelle, plusieurs musées australiens proposent des galeries aborigènes, dans lesquelles le visiteur peut découvrir comment les minorités ont été traitées par la société dominante, cela raconté de la perspective des populations natives présentes sur le continent pendant des milliers d'années avant l'arrivée des Européens.

De plus en plus, en Europe, des mémoriaux, d'anciens camps de concentration ou des lieux liés à l'Holocauste, s'ouvrent aux visiteurs et racontent l'histoire, basée sur un travail scientifique, en n'oubliant pas d'indiquer par exemple les liens très forts qui peuvent avoir existé entre l'oppresseur nazi et les habitants locaux, ou en indiquant comment la persécution des juifs dès les années 30, progressant au pas par pas, n'est en son origine pas fort différente de ce qui se passe quand des enfants sont harcelés et exclus dans la cour de récréation. Deux musées - mémoriaux ont été couronnés en mai 2014 par le Forum européen des Musées pour le travail profond et courageux accompli dans ce sens : la caserne Dossin à Malines (Belgique) et le Mémorial de Flossenbürg. Illustratif à l'égard de cette prise en compte du passé, avec une distance plus critique, est le pavillon autrichien à Auschwitz, où l'on peut toujours voir, dans l'exposition en place depuis 1978, que l'Autriche a été la première victime du nazisme, mais où l'on voit en même temps un panneau disant que de nouvelles recherches en cours mèneront à changer le narratif de ce pavillon, opération actuellement en cours[6] .

En Belgique, le Musée royal de l'Afrique centrale, fondé au début du XXe siècle comme musée colonial, aborde des sujets sensibles comme la colonisation et propose des activités à ce sujet pour des publics variés. Il met l'accent sur la diversité de l'Afrique centrale contemporaine. Il organise des ateliers où les participants entrent en contact avec la culture africaine du passé mais aussi la vie culturelle actuelle en Afrique subsaharienne. Le musée est actuellement en phase de rénovation, et des associations africaines en Belgique comme des artistes sont impliqués dans le projet de rénovation.

Ce qui reste malgré tout un genre très difficile, c'est le genre du musée national. Ce genre est à la croisée des chemins entre une vue globale et l'importance d'un pays, ce qui provoque des tensions évidentes. En 2011, un nouveau Musée national d'Écosse a été ouvert, qui met l'accent sur la diversité des cultures mondiales. Mais, dans d'autres pays, malgré de longs débats et des projets concrets et avancés, le projet de musée national ne démarre pas : en France, aux Pays-Bas, en Pologne (en chantier depuis 2006), en Corée... Et dans les pays de l'ex-Yougoslavie, des musées

---

[6] Voir à ce propos : http://www.en.nationalfonds.org/sites/dynamic0fea.html?id=news200802 07115228084

nationaux ou des musées d'histoire nationale sont fermés parce que la perspective à adopter n'est pas claire : celle du pays (relativement jeune), celle des Balkans, ou celle de l'Europe du Sud-Est dans une perspective internationale...

Si les musées cherchent à favoriser la compréhension mutuelle, la durabilité et une meilleure connaissance du passé de leurs nations et sociétés respectives, ainsi que la culture et l'histoire des autres, il est essentiel qu'ils expliquent l'histoire et la culture de leur pays et ses populations diverses. Mais il est également important de réfléchir à l'impact de l'histoire des pays et sociétés voisins sur notre propre développement, et vice versa, afin de créer une vue internationale du passé.

Mondialisation

Les musées entendent contribuer au développement de la société dans un monde qui change rapidement, qui est à la recherche de scénarios pour l'avenir ou de valeurs. C'est pour cela que beaucoup de musées se donnent comme tâche de fournir des produits de « haute qualité » qui permettent aux visiteurs / utilisateurs de comprendre mieux le monde. Et ces produits de « haute qualité » supposent une recherche scientifique sans faille, et une liberté scientifique / académique dans leur choix. Les initiatives des musées tiennent compte du cadre global d'aujourd'hui, où il faut chercher des modèles de croissance durable, où l'on réalise qu'il y a des limites à la croissance, que les problèmes écologiques provoquent déjà des diminutions de la qualité de vie ; où l'on sait que le modèle du mariage classique n'est pas le seul, que les traditions se perdent, et que, de plus en plus, l'être humain peut vivre en individu et moins en groupe.

Nous sommes également dans un monde qui devient de plus en plus connecté grâce à la technologie et d'autres forces de mondialisation, ce qui permet aux musées de collaborer de plus en plus avec des institutions et des collègues du monde entier.

Dans cette ère de la mondialisation, les musées développent toujours plus de projets sur la présentation de l'histoire mondiale ou des aspects d'expressions culturelles communes internationalement, un sujet que les universités ont découvert depuis longtemps. Il est important de considérer le cadre global, le *global village*, car c'est dans ce contexte-ci, que désormais, nous vivons.

Contrairement aux expositions dans les musées du XIXe siècle, de nombreux nouveaux musées présentent une vue diversifiée de la culture et de l'histoire, à travers des comparaisons internationales et une attention croissante portée à l'histoire politique, en utilisant toujours — dans la plupart des cas — les moyens les plus courants pour les musées : la présentation d'objets historiques originaux.

Parmi les nouveaux musées qui ont opté pour une perspective très internationale, on peut citer : le MuCEM, à Marseille, le Musée du quai Branly, à Paris, le Musée des Confluences, à Lyon, le Musée national de l'histoire japonaise (qui met aussi un accent sur la vie quotidienne), le Musée canadien de l'histoire dont la dénomination précédente est « Musée canadien des civilisations », le musée Te Papa en Nouvelle-Zélande, le Musée national de l'Australie, le Musée historique allemand à Berlin, ou encore le musée Rautenstrauch-Joest, à Cologne, en Allemagne (lauréat du Prix des Musées du Conseil de l'Europe en 2012) ; et le MAS, à Anvers, en Belgique.

L'exposition itinérante « Imaginer les Balkans. Identités et Mémoire durant le long XIXe siècle » porte sur la constitution et l'évolution des nations modernes d'Europe du Sud-Est. Inspirée par le livre *Imaginer les Balkans,* de Maria Todorova[7], l'exposition itinérante a été présentée en 2013 par l'UNESCO à Venise, impliquant la collaboration entre des collections nationales de tous les pays ou presque des Balkans. L'exposition a été conçue avec la conviction que l'histoire des nations ne devrait pas être vue comme un sujet de division, mais comme l'opportunité de replacer les histoires nationales dans un contexte plus global, de comparer des visions opposées et de reconstruire des mémoires collectives. Les musées communiquent (la plupart du temps indirectement, par leurs initiatives) sur le fait que le repli sur soi n'apportera pas de perspectives d'avenir.

Technologies du virtuel pour un meilleur retour au réel ?

Un des facteurs qui facilite et accélère la mondialisation est le développement des nouvelles technologies. Nous habitons de plus en plus dans un monde numérique, et les musées n'y font pas exception. La technologie n'est pas seulement utilisée pour communiquer avec des collègues dans des pays lointains, mais également pour engager le dialogue avec les visiteurs, en créant des expositions interactives, et avec le reste du grand public par des expositions virtuelles, et pour faciliter l'accès à des collections numérisées.

La nouvelle galerie interactive du Musée d'art de Cleveland est un exemple notable. Cette galerie lancée en 2013 montre des images de plus de 3 500 objets de la collection permanente du musée et propose le plus grand écran *multi-touch* aux États-Unis, comme introduction à la visite.

Le Musée d'anthropologie de Xalapa (au Mexique) a également terminé la numérisation de 70 % des objets préhispaniques du musée, ce qui rend la collection du musée plus accessible au public.

---

[7] Todorova (Maria), *Imaginer les Balkans*, Paris, École des Hautes Études en Sciences sociales, 2011.

Le Musée de Brooklyn a développé de nombreux programmes pour interagir avec ses visiteurs. Comme d'innombrables autres musées, le musée est actif sur plusieurs réseaux sociaux, y compris Facebook, Twitter, Tumblr, Instagram et YouTube, et il organise régulièrement des projets qui invitent à la participation du public dans le développement des expositions. Par exemple, une de ses expositions, *Split Second*, a invité le public à partager ses réponses personnelles aux peintures de la collection permanente du musée via son site web. Le projet a mené à la présentation des peintures qui avaient suscité les réactions les plus intenses, conjointement avec la représentation visuelle des données collectées.

Mais un défi majeur pour les musées, aussi bien par rapport aux bailleurs de fonds que par rapport au public, reste de convaincre que la présentation de l'objet réel, l'expérimentation par les cinq sens, et cela seul mais aussi en groupe, représente un atout irremplaçable pour une société. *The real thing* est tellement important pour se différencier de l'interminable flux d'informations qui nous bombarde sans cesse et que nous devons constamment apprendre à utiliser de façon judicieuse. Les musées sont là pour nous rappeler et pour signaler qu'il y a une réalité en dehors du virtuel (tout en utilisant les possibilités de ce virtuel) et que cette réalité peut être de qualité, riche et pluridimensionnelle.

En guise de conclusion

À l'issue de ce survol de quelques tendances majeures, il convient de partager le constat que les musées passent de plus en plus pour des endroits « branchés », où les gens aiment se retrouver, et où tout n'est « qu'ordre et beauté, luxe, calme et volupté »[8]. Les musées sont des lieux à l'importance symbolique et réelle. Il convient d'y ajouter (en restant vigilants aux atteintes à la liberté académique ou scientifique) que, de nos jours, beaucoup de musées sont imaginés et construits par des architectes très connus. Ce sont vraiment des « cathédrales du XXIe siècle » qui génèrent un retour effectif en matière de croissance du tourisme et de développement urbain. Les musées peuvent ainsi devenir des facteurs de croissance durable pour une ville. Un musée est une infrastructure vivante, essentielle pour les sociétés de l'avenir. À cet égard, la dernière journée internationale des musées, célébrée le 18 mai 2014, autour du thème « Les liens créés par les collections des musées », a été l'occasion, dans le monde entier, de mettre en avant l'importance des musées, en tant que lieux de rencontre autour du patrimoine et des traditions, lieux qui incitent à la conscience de soi et de l'autre. C'est en Zambie que le président de l'ICOM a choisi de célébrer la Journée internationale des

[8] D'après le poème « L'invitation au Voyage », paru dans *Les Fleurs du Mal* de Charles Baudelaire (1857 - 1861).

Musées en 2014. Il y a rencontré une fierté du patrimoine, un enthousiasme populaire et une ambiance de fête contagieux. À l'image des musées de Zambie, le succès des musées de demain se mesurera aussi à l'enthousiasme de ses communautés et de ses visiteurs.

Wim de Vos

Crépuscules du musée ?

Résumé

Nous vivons l'âge des musées : rien n'échappe désormais à la muséification. Mais peut-être le musée est-il déjà une forme usée. Paupérisation, marchandisation, privatisation progressive, perte d'influence au sein du monde de l'art au bénéfice des nouveaux acteurs du marché, architectures dispendieuses, inappropriées et qui tendent à ne valoir que pour elles-mêmes, révolution numérique qui accélère le devenir-image du réel, rupture anthropologique en cours dans le nouveau monde numérique, autant de facteurs qui affaiblissent le musée. S'y ajoutent la globalisation, la multipolarisation du monde et, pour les musées d'art contemporain, la multiplication exponentielle des artistes et des lieux de production et de monstration de l'art.

Mots-clés : musée, marchandisation, marché de l'art, architecture, numérique, art moderne, art contemporain, exposition.

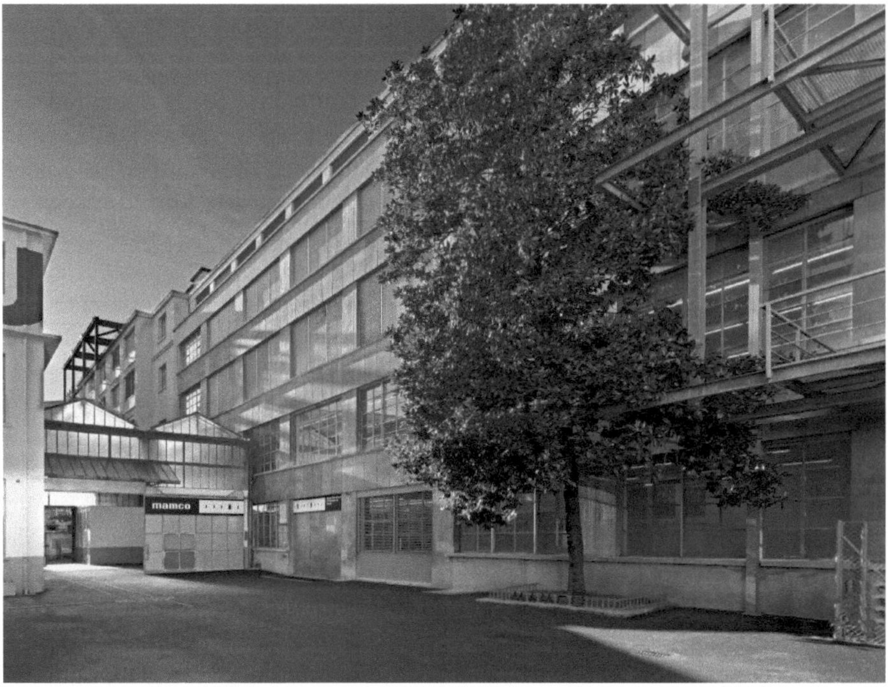

Le Mamco, image d'Ilmari Kalkkinen

Dans ce contexte de crise généralisée, le Mamco (Musée d'art moderne et contemporain de Genève), fait le pari, à l'ère de l'art exposé, de pratiquer le musée comme une fabrique de situations expositionnelles, un processus de production d'une ontophanie de l'œuvre dans l'unique apparaître de ses expériences concrètes, continûment renouvelée. En pensant la collection comme l'ensemble des items disponibles pour l'exposition et des anamnèses qui nourrissent l'imaginaire de ses visiteurs récurrents, le Mamco développe une économie institutionnelle et artistique visant à nouer un lien incarné, profane et démocratique avec ceux-ci — et la cité.

Dans une époque qui a vu se multiplier les musées et leurs visiteurs, une période où le champ du muséifiable s'est progressivement étendu à l'ensemble des choses, à tel point que l'on peut définir cette époque comme l'âge des musées, comment songer à parler de « crépuscules » du musée ? « Toute idée qui triomphe court à sa perte » remarquait André Breton. Peut-être nous faut-il redouter que sous ce triomphe mondial des musées se trame déjà la ruine de son idée.

Quelle est donc aujourd'hui la condition du musée et, en particulier, du musée d'art contemporain, à quels problèmes est-il confronté, à quelles questions doit-il répondre, quel est en somme son horizon déterminant ? J'en brosserai grossièrement la description, sans m'attarder sur aucun de ses aspects, d'ailleurs bien connus.

La crise et ses remèdes

La crise économique mondiale, son traitement libéral par la réduction des dépenses publiques et son impact mécanique sur le financement public de la culture, la corollaire privatisation progressive des activités culturelles et leur consécutif infléchissement marchand, l'injonction faite aux institutions de se comprendre et de se comporter comme des entreprises, de développer la part de leur autofinancement, leur évaluation essentiellement quantitative et médiatique, la tendance de musées de plus en plus nombreux à externaliser leurs charges en facturant des frais de dossiers de prêts exorbitants, en conditionnant les prêts au financement des restaurations curatives, en imposant (c'est la rançon de la dictature de la conservation préventive) la fabrication de caisses toujours plus onéreuses et sans offrir le choix du fabricant, en exigeant des convoyeurs bien souvent inutiles mais aussi parfois des transporteurs et des assureurs, à la limite du mercantilisme quand ce n'est pas du conflit d'intérêts, l'affaiblissement sinon l'affaissement de l'esprit de service public et de solidarité entre pairs dont cette évolution fait symptôme, tout comme la segmentation des visiteurs en publics cibles et la transformation des usagers en clients — autant de données qui contribuent à la paupérisation des musées et attestent l'évolution idéologique qui en modifie l'image, la pratique et jusqu'au projet.

Qu'attendent aujourd'hui du musée le politique et son double technocrate ? Qu'il soit un facteur d'attractivité et donc de développement économique. Là s'évalue sa vraie légitimité, d'où découle son aptitude à drainer les crédits d'investissement et de fonctionnement. Qui songerait encore à évaluer la rentabilité scientifique ou artistique d'un musée ? On estime d'abord les programmes à l'aune des retours sur investissement.

Le nouveau monde de l'art

À ce contexte, il faut ajouter l'évolution récente du monde de l'art qui reflète les nouveaux rapports de force économiques et financiers à l'échelle globale et se traduit par une redistribution des positions d'influence. Les collectionneurs, ou du moins les acheteurs d'art moderne ou contemporain, de plus en plus nombreux, de plus en plus riches, ont conquis une place centrale et une capacité à valoriser du point de vue monétaire *et* artistique leurs investissements spéculatifs. Jouets ou acteurs des maisons de vente et des galeries internationales, ils produisent une histoire malthusienne de l'art contemporain, le plus souvent constituée d'objets classiques, aisément déplaçables, stockables dans les ports francs ou présentables dans leurs vastes espaces domestiques. Les galeries, à part quelques entreprises d'échelle mondiale, ont cédé du terrain aux maisons de vente qui sont devenues opératrices du premier marché. L'historien, le critique, le conservateur, l'expert ont cédé la place au conseiller de collections privées et au curateur indépendant qui « squatte » les institutions en mal d'imagination ou d'événement.

Le développement exponentiel du marché de l'art contemporain, les moyens, sans commune mesure avec ceux des musées, déployés par les maisons de vente, les grands marchands, les prétendus « grands collectionneurs », étranglent les possibilités d'acquisition des collections publiques. D'autres acteurs, souvent de grande qualité professionnelle, sont apparus ou se sont développés dans la période récente : les collections régionales qui inventent en France une nouvelle sorte de musée, les centres d'art de tous gabarits, les écoles d'art qui se dotent d'espaces d'exposition, les biennales ainsi que les foires et salons qui surgissent partout dans le monde. Les lieux et les types de monstration et de validation de l'art se sont donc multipliés, réduisant d'autant la vocation référentielle du musée. Ainsi, les musées d'art contemporain glissent-ils progressivement vers la périphérie du monde de l'art, sauf à relayer les prescriptions de ses nouveaux acteurs économiques et symboliques, seule garantie pour eux de visibilité médiatique et de mansuétude politique.

Le primat de l'architecture

Pour mesurer cette perte d'influence, demandons-nous par exemple combien, parmi les musées construits dans le monde ces quarante dernières années, sont des bâtiments réellement adéquats à leur fonction ? Combien ne sont pas d'abord des gestes somptuaires de politiciens, emphatisés par des gestes d'architectes égotistes, arrogants et ignorants des besoins muséologiques et surtout artistiques ? L'emblème de ce dédain des œuvres, des artistes et des conservateurs n'est-il pas le si fameux musée de Bilbao par Frank Gehry que Zaha Hadid est pourtant parvenue à dépasser dans l'inapproprié dispendieux avec le MAXXI de Rome ? Le pire n'étant jamais à exclure, le futur LACMA de Peter Zumthor ne s'annonce que comme le signe architectural identifiant qui faisait jusqu'alors défaut à Los Angeles, ville qui, sans cette « fleur noire » de 650 millions de dollars, courrait le risque de perdre sa réputation de centre de l'architecture innovante, je cite le LACMA.

Le triomphe mondial des musées et, en particulier, des musées d'art contemporain n'est-il pas une amère victoire quand le contenant ne vise plus qu'à valoir pour lui-même, son contenu contingent n'ayant plus de rôle qu'anecdotique ?

Le musée émietté

Comme les grandes religions, le musée a connu ses phases de gestation confidentielle, d'émergence innovante, de déploiement dominant avant de traverser la séquence d'émiettements schismatiques et sectaires. Depuis l'avènement du grand musée encyclopédique du XIXe siècle, acmé de l'idée de musée, notre institution a connu de nombreuses péripéties : le démembrement du musée unique dans sa dissémination à travers les musées spécialisés, thématiques, chronologiques ou monographiques (l'inauguration à Rodez du mausolée consacré à Soulages en est, en France , la plus récente illustration), cette parcellisation institutionnelle s'est vue amplifiée par la multiplication des musées privés de fondations, de collectionneurs ou d'artistes.

Si l'offre d'art en est accrue, si la diversité des points de vue en est multipliée, les intérêts particuliers et les effets de vanité narcissique des musées de collectionneurs et de fondations, comme les illusions historiques diffusées par les musées monographiques, brouillent considérablement la perception et la compréhension du travail scientifique, historiographique et expositionnel des musées publics.

Un corpus infini

L'élargissement du champ des objets reçus au nom de l'art (ou de la poésie) depuis les surréalistes (objets trouvés, objets issus des artisanats populaires, œuvres résultant de jeux collectifs, art des enfants, des « fous », des « sauvages », des « singuliers », des « inspirés » et autres *outsiders*), dans le cadre d'une pensée refusant de séparer et de hiérarchiser les formes d'expression, a constitué un premier assaut contre le canon muséal classique, mettant à mal, de concert avec les expressionnismes et les réalismes de l'entre-deux-guerres, le récit moderne. La fin du bloc soviétique, le développement des pensées post-coloniales, des conceptions LGBT, des affirmations ethniques et la mondialisation ont achevé de battre en brèche la vision machiste, blanche, européano et américano-centrée du monde et de l'art.

L'effondrement du canon moderniste sur fond d'épuisement des grands récits, l'effacement des critères historico-formalistes au profit des arguments dits anthropologiques, ce basculement de l'histoire de l'art dans la géographie, pour reprendre une célèbre formule de Kim Levin, la multiplication exponentielle des artistes et la multipolarisation de la scène artistique, placent désormais le musée d'art contemporain devant l'impossibilité de relever le défi du présent.

Le temps confortable où le MoMA pouvait penser et donner à croire qu'il embrassait tout le champ de la modernité au XXe siècle est depuis longtemps révolu. Ses nouveaux accrochages, encore hésitants, et ceux du MNAM — il faut à cet égard rendre justice à Catherine Grenier — ne sont encore que des essais de redistribution des cartes historiques, de dédommagement symbolique à l'intention des artistes minorés ou ignorés. Les nouveaux enjeux de l'historiographie du moment moderne sont encore loin d'avoir été explorés. Ajoutons qu'à cette crise quantitative, historique et paradigmatique s'ajoute le retour de formes artistiques critiques, construites contre l'institution (et souvent en dehors d'elle) ou simplement rétives à la muséification, la performance par exemple, ou aux procédures esthétiques de l'exposition.

Le musée numérisé

Mais l'horizon contemporain du musée, c'est aussi, et peut-être surtout, ce que l'on pourrait appeler la mutation anthropo-numérique en cours. Nous croyons encore que le musée est la maison des objets concrets, des choses matérielles qui adviennent dans l'espace et dont les dispositifs de co-présence sont tout le travail du musée en tant que fabrique de situations expositionnelles à caractère esthético-herméneutique. Dans le musée comme dans l'histoire, une œuvre n'est jamais seule, elle est toujours inscrite dans une chaîne syntaxique, quel qu'en soit le niveau d'élaboration.

Voici que Google s'est engagé dans la constitution progressive de la version numérique du déjà vieux rêve du musée universel. Cette entreprise offre assurément au regardeur de nombreux avantages sauf qu'il n'y a plus d'œuvres, plus que de petites ombres chatoyantes sans matérialité : les référents de ces images inexposées (et sans négatif, c'est-à-dire sans preuve tangible d'un *a-été* infalsifié) continuent de subsister quelque part où ils finiront, peut-être, par devenir des choses encombrantes qu'il suffira d'entreposer à l'abri du jour et des regards jusqu'à ce qu'il paraisse superflu et trop coûteux de conserver ces stocks de choses devenues par prodige les fantômes de leurs images.

Plus que la gravure ou la photographie, qui ont miné ou atténué le régime auratique des œuvres d'art, leurs fascinants ectoplasmes numériques, parfois étirés sur des murs d'écrans, sans relation avec les formats et les contextes originaux, ont un mode d'existence technico-spectaculaire radicalement différent de l'unique apparaître des œuvres matérielles, insuperposables, irréductibles à la reproduction dans ces milliards de pixels lumineux qu'un interrupteur suffit à néantiser.

La rupture anthropo-numérique

Ce n'est probablement pas cette concurrence des apparaître antinomiques qui fragilise le plus le musée, mais l'ensemble des changements anthropologiques qu'induit le monde numérique. Cette véritable révolution coïncide avec la globalisation des échanges, l'accompagne et la structure, transforme en profondeur notre sensibilité, nos comportements, notre vie quotidienne et, progressivement, notre manière d'être au monde. On a parlé de rupture anthropologique à propos des effets de la multiplication des écrans, d'Internet et de ce qu'on nomme les réseaux sociaux. Notre usage du temps en est complètement modifié, comme nos relations avec autrui, mais c'est aussi notre économie mémorielle qui s'en trouve bouleversée. Quand presque toutes les informations — quel que soit leur coefficient de vérité — sont à la portée d'un clic, la mémoire tend à s'externaliser. Sans remonter jusqu'au procès platonicien de l'écriture, on peut conjecturer que ce que l'apparition et la diffusion du livre imprimé ont changé, il y a quelques siècles, dans notre rapport à la mémoire et au savoir, Internet en accélère et en démultiplie les conséquences. Nous sommes de plus en plus « accros » à nos écrans, dépendants des machines que nous avons imaginées pour nous libérer.

Toute la culture en est reconfigurée. Et la relation vivante aux œuvres réelles risque d'apparaître de moins en moins nécessaire devant la prolifération de leurs doubles numériques. Ne voit-on pas se répandre dans les musées des visiteurs qui ne regardent plus que la tablette avec laquelle ils filment en plan séquence les murs entre lesquels ils passent sans s'arrêter, sauf quand ils cherchent sur leur smartphone des indications à propos de l'œuvre qu'ils auraient sous les yeux, s'ils songeaient encore à la contempler ?

Outre le caractère chronophage de nos prothèses informatiques qui a pour conséquence une réduction du temps disponible pour les anciennes activités culturelles, c'est la construction d'un univers d'interconnexions entre objets augmentés et humains augmentés, entre néo-objets et posthumains, qui commence à modifier en profondeur notre activité perceptive et cognitive, notre être-dans-le-monde. Dans *L'Être et l'Écran*, Stéphane Vial affirme que : « notre faculté de percevoir, autrefois confondue avec une procédure naturelle, dépend des appareils du système technique dans lequel nous vivons. La révolution numérique, loin d'être seulement une révolution technologique dans les objets, est avant tout une révolution phénoménologique dans les sujets : elle produit une nouvelle coulée phénoménotechnique du monde et refonde la capacité des humains à en faire l'expérience ».

Cependant, quand il analyse ce qu'il appelle l'ontophanie numérique, Stéphane Vial ne lui reconnaît qu'un « assez bas degré d'aura phénoménologique » à l'opposé de l'indépassable ontophanie du face-à-face (co-présence authentique — corps et âmes — de deux personnes).

De même que les montagnes qui entourent Genève ou le magnolia qui grandit devant le Mamco auront peut-être toujours, si l'on en croit Walter Benjamin, une aura plus forte que la photographie que je vous en montre, de même peut-on espérer que le musée, comme appareil ontophanique du face-à-face avec les œuvres, prévale durablement sur les résidus auratiques de nos diaporamas numériques. Encore faudra-t-il que notre capacité d'expérience du réel ne se soit pas atrophiée dans le labyrinthe de ses semblants.

Limites non-frontières du Mamco

L'horizon que je viens d'esquisser à trop grands traits n'était évidemment pas le même, il y a vingt ans, alors que je cherchais à définir une conception et une pratique renouvelées du musée d'art contemporain.

La césure moderne / contemporain

Quand j'ai commencé à réfléchir au projet du Mamco, au début des années 90, j'avais proposé de le nommer *Macom*, c'est-à-dire Musée d'art contemporain et moderne. Les autorités municipales d'alors ont refusé sans débat cette formule inédite. Notre musée est donc dénommé musée d'art moderne et contemporain bien qu'il n'ait que très rarement montré des œuvres modernes, tandis qu'il lui est arrivé de présenter, certes aussi parcimonieusement, des œuvres des XVIe, XVIIe, XVIIIe et XIXe siècles. L'art moderne, l'art créé entre 1905 et 1945, voire jusqu'en 1960, est le grand absent des collections publiques genevoises — elles sont loin d'être les seules.

Mais la notion de modernité ne s'applique pas seulement à une période de l'activité artistique. On peut y entendre, par exemple, un ensemble de concepts et de valeurs qui en ont fait un projet général, le rêve d'une refondation de la vie morale et matérielle. En d'autres termes, un projet politique et esthétique. C'est à cette idée du moderne que je songeais en inversant les termes moderne et contemporain. Contemporain ne signifie pas grand-chose, ne porte en tout cas ni valeur ni projet. C'est une condition temporaire, presque un destin. Si nous l'avons jamais été, nous ne sommes plus modernes ; il ne nous échoit plus que d'être contemporains.

Proposer un musée d'art contemporain et moderne, c'était indiquer que nous regardions le contemporain *avec* le moderne, dans son adossement problématique au moment moderne, dans l'horizon et à l'aune de son projet interrompu, inabouti, échoué. Depuis aussi ce que nous ne pourrions pas montrer, faute de collections *ad hoc*. C'était la première limite du Mamco.

Qu'est-ce qu'une collection ?

Des limites, il y en avait d'autres, nombreuses et intéressantes. Quand nous avons ouvert le musée en 1994, sa collection propre se réduisait à celle, modeste, que lui avait offerte l'association de ses Amis. Ce fut notre chance, celle qui nous permit de pratiquer le musée à nouveaux frais. Au lieu d'y voir le réceptacle d'un trésor destiné à être conservé, inventorié, décrit, étudié et, pour partie, montré, je me suis placé du point de vue de l'expérience du visiteur.

Et de même que, pour la géographie humaine, les Alpes ne sont pas seulement un massif montagneux qui dresse un vaste obstacle au cœur de l'Europe mais également un système de vallées communiquant entre elles, de même le musée peut-il être regardé, et donc élaboré, comme un système d'expositions communiquant entre elles, quel que soit le statut des œuvres présentées — qui n'importe pas en l'occurrence.

En retournant le regard sur le musée et en mettant l'accent sur la question de l'exposition, du musée comme appareil expositionnel, nous n'avons pas seulement surmonté le handicap de notre déficit initial, mais nous avons fait de l'exposition, de l'exploration des enjeux et des formes des situations expositionnelles, le moteur du développement du Mamco et, subsidiairement, de sa collection. Aujourd'hui, cette collection est riche de plus de 3 000 items qui sont la mémoire de nos expositions et, bien sûr, notre inaliénable bien public. Mais ce n'est pas ainsi que je définirais ce qu'est notre collection. Elle n'est pas quantifiable. Aux œuvres acquises par achats et dons, s'ajoutent les 3 000 dépôts d'artistes, de collectionneurs, de fondations publiques et privées, de plus de 100 provenances suisses, européennes et américaines. Ces dépôts sont sans conditions. À ces deux ensembles, s'ajoutent aussi les œuvres auxquelles nous avons un accès privilégié : celles, publiques, des musées et fonds de Genève, celles, privées, des amis du Mamco qui nous ouvrent leurs collections.

Mais ces milliers d'œuvres disponibles pour notre travail d'exposition du musée ne font pas encore le tout de *nos* collections. Les centaines d'expositions que nous avons créées, en bientôt vingt ans, au Mamco, qu'il s'agisse d'expositions temporaires, le plus souvent monographiques, ou d'expositions *avec* les collections, ce que nous appelons maintenant les « expositions *dans* la collection », ont multiplié les formes et les situations expositionnelles conçues comme une réflexion critique continue sur l'œuvre, le musée et l'exposition. Et c'est cet ensemble de formes, de situations, et donc d'idées et d'affects, qui constitue à mes yeux la véritable collection du Mamco.

Ce sont ces diverses modalités expositionnelles qui s'impriment dans la mémoire de nos visiteurs réguliers et qui, plus ou moins consciemment, ressurgissent à chacune de leurs visites. La collection vivante du Mamco est celle des souvenirs qu'en emportent nos visiteurs fidèles, ceux qui regardent les œuvres que nous leur montrons, toujours autrement, avec la double vue de leur mémoire et de leurs yeux. Avec eux, le Mamco sort des limites de ses murs et se diffuse dans la cité, et au-delà, selon la capillarité des conversations communes et le caprice des réminiscences solitaires.

Plus concrètement, le Mamco déborde régulièrement de ses murs, non seulement à travers les prêts des œuvres de sa collection, mais surtout par sa capacité à opérer à l'extérieur. En organisant des expositions en Suisse et à l'étranger ou en assurant la direction artistique de différentes commandes publiques, le Mamco s'est projeté au-delà de ses frontières physiques et institutionnelles pour définir son site partout où il pouvait agir en son nom, selon ses choix, ses méthodes, son style de travail.

Le trésor est (dans) le processus

Mais c'est d'abord à l'intérieur de son propre bâtiment que notre musée s'est employé à faire bouger les lignes de la pratique muséale traditionnelle. En renouvelant, trois fois l'an, environ 80 % de son offre expositionnelle, en ne dissociant pas les expositions temporaires de celles des collections, en les faisant au contraire retentir les unes sur les autres, en pensant leur tressage comme un processus dialectique offrant un parcours cohérent dans l'espace et dans le temps, en concevant, dès l'origine, le musée comme un théâtre de mémoire, en refusant de hiérarchiser les œuvres ou d'en distribuer la présentation par écoles nationales ou régionales, par générations, par groupes constitués ou par schèmes thématiques, en dessinant ses espaces de telle sorte qu'ils soient très différenciés mais qu'ils demeurent proches des volumes domestiques, qu'ils favorisent la proximité, sinon la promiscuité, des œuvres entre elles et avec les regardeurs, en travaillant l'accrochage *in progress* selon les logiques multiples du bon voisinage warburgien, en choisissant de toujours accrocher les œuvres à hauteur de regard, en sorte qu'elles ne toisent jamais les visiteurs ni que ceux-ci ne les dominent, en gardant l'espoir d'une horizontalité et d'une familiarité démocratiques avec les œuvres traitées selon une volonté résolument profane, hostile à toute emphase ou affèterie sacralisante, le Mamco a cherché à modifier la conception globale du musée d'art contemporain. À l'écart des modes de l'époque, il a tenté d'en changer le rythme et le style de vie, la morale et la passion.

Aux limites que nous avions identifiées se sont donc ajoutées celles générées par l'évolution idéologique, politique et technique du monde et qui ont assombri notre histoire. Nous n'avions d'autre choix que d'en faire une chance. La multitude de l'offre, la profusion et l'ubiquité de l'information en temps réel, la disqualification des critères, leur conflit ou leur neutralisation, l'explosion des coûts, tout ce qui interdit le rêve d'exhaustivité ou même de représentativité suffisante, tout cela est en fait occasion de liberté et de spécificité.

L'exposition, matrice de la mémoire

En décidant, par exemple, de concentrer, dans la durée, notre attention sur un nombre restreint d'artistes choisis pour leur caractère emblématique de certaines positions dans le champ artistique, théorique et muséographique, en maintenant et enrichissant nos ensembles monographiques évolutifs, en insistant ainsi sur nos orientations théoriques et politiques initiales, en accueillant cependant des propositions nouvelles, parfois contradictoires, nous avons fait le choix d'une identité en devenir, indépendante de la pression des circonstances et de l'actualité.

En plaçant le travail de l'exposition au centre de notre pratique, nous avons fait le choix d'un objet non déplaçable — du moins tel que nous le concevons — et non reproductible. En travaillant à la production d'une mémoire collective par l'enchaînement constant des transformations globales du musée, faisant fonds des souvenirs accumulés et des anamnèses suscitées par les effets d'écho ou de résurgences fantomatiques, nous avons fait le choix de la construction d'un musée réel, infusé dans l'imaginaire collectif de ses visiteurs récurrents. En misant sur l'émotion du réel plutôt que sur l'information de l'écran, en concevant nos séquences comme des parcours dessinés pour offrir aux regardeurs d'infinies occasions de montages personnels, nous avons tâché de fabriquer un univers affectif commun où logerait une idée de l'art comme expérience de l'unique, jusque dans la variation et la répétition — et si désuète, ténue ou improbable que fût cette expérience.

En cela, le musée physique réaffirme d'ailleurs sa vocation majeure de conservatoire de ce qui mérite de ne pas disparaître. Et c'est bien cette expérience de l'unique qui fait qu'il y a autant de Mamco que d'esprits qui se nourrissent des souvenirs insuperposables qu'ils y ont construits contre l'oubli de l'art au profit des images, en y flânant parmi les œuvres en dialogue dans l'espace-temps de leurs visites toujours inachevées. À l'heure de la vampirisation numérique des regardeurs et du monde, il est peut-être de plus grises ontophanies, de pires couchers de soleil.

Christian Bernard

Références bibliographiques

BESNIER Jean-Michel, *Demain les posthumains. Le Futur a-t-il encore besoin de nous ?*, Paris, Hachette, 2009.

Critique, n°s 805-806, juin-juillet 2014, « Le musée, sous réserve d'inventaire ».

GRENIER Catherine, *La Fin des musées ?*, Paris, Éditions du Regard, 2013.

SIMONE Raffaele, *Pris dans la toile. L'esprit aux temps du web*, traduit de l'italien par Gérald Larché, Paris, Gallimard, 2012.

VIAL Stéphane, *L'Être et l'Écran. Comment le numérique change la perception*, Paris, PUF, 2013.

Le musée de demain : ruptures et continuités

Résumé

Grand voyageur et visiteur inlassable de musées dans le monde, Alejandro Abbud livre sa vision du musée de demain. En partant de son expérience d'usager virtuel et réel et d'accompagnateur de groupes de visiteurs, il partage son expérience sur des sujets qui lui tiennent à cœur : technologies multimédia, insertion dans le territoire, patrimoine immatériel, domaines croisés et interactivité.

Mots-clés : musée, innovation, contextualisation, patrimoine immatériel, ouverture, coopération

S'interroger sur le musée de demain me semble une invitation à penser le musée d'aujourd'hui dans ses possibles évolutions futures, mais surtout à réfléchir au musée idéal. Cependant, étant donné la diversité des types de musées, qu'ils soient publics ou privés, à vocation internationale, nationale, voire locale, avec des missions orientées vers l'éducation ou la sauvegarde de grandes collections, et ancrés dans des contextes différents, métropoles ou provinces, peut-on véritablement envisager le musée idéal au singulier ? Il me semble plus pertinent de parler de musées au pluriel, tant leurs enjeux sont différents.

Cette intervention, qui est la présentation d'attentes personnelles et de grandes orientations que j'aimerais voir se développer dans l'avenir, se nourrit de mon expérience d'usager qui, je l'espère, pourra enrichir la réflexion engagée dans ce colloque en présentant le point de vue d'un passionné de culture, celui d'un étranger éloigné du milieu professionnel des musées.

Je suis Mexicain. J'ai vécu dix-neuf ans à l'étranger dont deux aux États-Unis et dix-sept en Europe, principalement à Paris. J'ai aussi fait de longs séjours à Berlin, Vienne, Rome, Munich et Saint-Pétersbourg. Je suis musicien. J'ai suivi des études en guitare classique au conservatoire, des études de langues et de finances ainsi qu'un master à Sciences Po Paris en affaires internationales. Professionnellement, j'ai surtout travaillé dans la diplomatie, auprès de l'UNESCO, de l'OCDE et à l'ambassade du Mexique en Allemagne. Depuis sept ans, j'organise des séminaires internationaux en Europe pour des universités et des administrations mexicaines et chiliennes, principalement dans les capitales européennes, Paris, Amsterdam, Copenhague et Berlin. Enfin, je donne des cours à Sciences Po Poitiers sur le lien existant entre « Musique et pouvoir ».

Comme organisateur de séminaires, j'ai souvent joué le rôle de médiateur culturel, de passeur entre cultures différentes. Certaines réflexions sont issues de ces expériences et sont marquées par les sujets de prédilection qui sont les miens : l'histoire, la littérature et la musique. C'est donc de ce point de vue multidisciplinaire, celui d'un usager, d'un médiateur et d'un passionné de culture, que je soumets à votre considération les réflexions suivantes sur le musée de demain.

Pour commencer mon intervention, j'aimerais comparer les projets architecturaux d'envergure qui ont été réalisés dans les grands musées européens. Depuis la deuxième partie du XXe siècle, les grands musées ont fait l'objet d'importants chantiers de modernisation : de la construction de la pyramide du Louvre, de la rénovation du musée d'Histoire allemande à Berlin à la réaffectation de la gare d'Orsay, mais également la réalisation de bâtiments qui se distinguent par une architecture novatrice, comme le musée juif à Berlin de Daniel Liebeskind ou le musée Guggenheim à Bilbao qui, grâce à leurs architectures uniques, sont devenus des musées emblématiques, visités aussi pour leurs bâtiments.

Ces chantiers, réinterprétations de l'architecture des musées, me semblent être la métaphore des transformations qu'il serait possible d'opérer sur le fonctionnement et le rôle socioculturel de ces institutions. Ils résument d'emblée les fondamentaux propres à cette institution : la rénovation et la conservation, tant matérielle que culturelle, des œuvres et objets confiés ; le dialogue entre la tradition et la modernité au bénéfice de publics de plus en plus variés.

Le titre de ma contribution, ruptures et continuités, relève d'une dynamique qui me semble essentielle. Pour être vivante, une culture doit être tournée vers l'avenir, mais enracinée dans ses traditions, et demeurer ouverte pour continuer à s'enrichir. Les exemples de musées que je vais citer au fil de cet exposé sont situés dans des villes où j'ai pu vivre : des capitales ou des lieux d'histoire.

À mes yeux, cinq axes de développement sont fondamentaux pour les musées de demain : innovation ; contextualisation ; patrimoine immatériel ; ouverture ; coopération. Ces axes qui peuvent être en concurrence les uns avec les autres, voire en opposition, se développent le plus souvent dans une tension créatrice. Ma présentation les analysera successivement, en les illustrant d'exemples et de recommandations.

Innovation et tradition

Quand on pense à la technologie, on pense souvent à une technologie de pointe, qu'elle soit numérique ou autre. Plus qu'une technologie très sophistiquée, l'essentiel me semble être de proposer dans les musées des applications créatives qui rendent la transmission de la connaissance, mais surtout l'expérience de l'art, agréable et facile. L'alliance de savoirs et de la technologie favorise leur exploitation pratique par l'usager, donne plus de lisibilité aux œuvres et objets exposés, et suscite une plus grande curiosité pour la culture.

Au musée d'Histoire allemande, à Berlin, des cartes de l'Europe à intervalle de quarante ans sont projetées sur une surface en relief afin de mieux saisir l'ampleur des changements frontaliers survenus au fil des siècles. En dix minutes, 2000 ans d'histoire défilent sous nos yeux et, même si les visiteurs ne sont pas intéressés par la géographie, leur attention est captée de manière ludique : la technologie rend rapidement accessibles de nombreuses informations complexes. Au Musée de la Marine, à Amsterdam, un même procédé illustre les transformations du territoire hollandais à travers les siècles. Reprenant le fameux proverbe des Hollandais qui disent que « Dieu a créé le monde et [que] les Hollandais ont créé les Pays-Bas », l'évolution du territoire à travers le temps, par la poldérisation et l'assèchement de marais, est rendue visible par ce moyen.

Un autre dispositif, plus ancien sans pour autant être généralisé, celui du film introductif, permet de préciser les enjeux d'un sujet et d'en faire une synthèse. Pédagogiques et appréciés, ils suscitent l'envie d'en savoir plus. La visite du Capitole à Washington par exemple débute par un film. Lorsque j'accompagne des touristes à la découverte de Paris, je commence toujours par leur montrer un documentaire intitulé *Paris story*.

Les ressources en ligne sont par ailleurs foisonnantes ; les dossiers pédagogiques et dossiers de presse souvent très intéressants. Mais leur diffusion est restreinte et ils sont majoritairement rédigés en français. Ces documents permettraient pourtant d'accroître l'intérêt du public, de préparer les visites ou de les approfondir. C'est en préparant des séminaires, que je les ai découverts. À Berlin, les plaques commémoratives numériques, disponibles pour tous les arrondissements de la ville, sont des ressources intéressantes. Autre exemple, celui du site Internet du prix Nobel, très complet, qui propose une chronologie de ce prix ainsi que, pour chaque lauréat, des discours et entretiens disponibles en audio, en vidéo, en langue originale et en anglais.

Ces supports de médiation, animations cartographiques, films ou ressources en ligne, facilitent la visite par des outils technologiques peu sophistiqués mais utiles, même s'ils ne remplacent pas la qualité du contact humain.

Un musée dans la ville

Pourquoi se déplacer au musée quand une information se trouve ailleurs, sur Internet ? Pour l'institution, il est absolument nécessaire de valoriser son ancrage topographique, qu'il s'agisse de son quartier, de sa ville, voire de son pays.

La Maison des canaux à Amsterdam, Het Grachtenhuis, présente l'histoire des Pays-Bas et de ses canaux. Des extraits documentaires montrent des images d'archives liées à leur histoire : des gens qui patinent en hiver lorsqu'il gèle ; des victoires de football, la fête de la reine, etc. On y apprend aussi un peu d'histoire internationale à travers la figure de John Adams notamment, deuxième président américain qui a vécu à Amsterdam. Il avait alors sollicité des prêts auprès des banquiers de la ville, faisant d'eux les premiers financeurs du nouvel État américain. Puis s'ouvre une page d'histoire locale à travers la famille Vinboon, qui vécut dans le bâtiment devenu musée. Il s'agit d'une famille de grands architectes et de cartographes de l'âge d'or de cette discipline au XVIIe siècle.

Les cartes me semblent très utiles comme moyen de contextualisation, surtout si elles sont en adéquation avec le lieu, comme au Musée d'Histoire allemande. Au musée Het Grachtenhuis, c'est en effet grâce aux plans de la ville que l'on comprend comment celle-ci s'est développée à travers l'histoire et comment les canaux, désormais portés sur la liste du patrimoine mondial de l'UNESCO, ont été tracés. Comme j'organise des colloques pour les collectivités locales d'Amérique latine et que ce musée présentait de manière ludique et culturelle plusieurs sujets que nous avions abordés lors de nos discussions avec les partenaires néerlandais, cette présentation m'a beaucoup frappé et m'a paru très efficace. Cette manière de concentrer, dans un même lieu science, économie, rôle international du pays à travers des exemples concrets et associés à de très beaux objets, est très riche.

Autre expérience de visite patrimoniale : après avoir visité la Villa Savoye avec un groupe d'étudiants mexicains en architecture, nous nous sommes arrêtés à l'église Saint-Louis à Poissy. Si le roi Saint Louis est bien connu des Français, l'est-il auprès de jeunes Mexicains ? Après avoir apprécié l'architecture de l'église, les jeunes visiteurs se sont arrêtés devant une carte mentionnant toutes les villes nommées Saint-Louis en Afrique, en Amérique du Nord, etc. Cette carte leur a permis d'établir un lien entre ce nom et des villes et des lieux qu'ils connaissaient déjà et a éveillé un intérêt jusqu'alors insoupçonné pour ce roi français.

À Paris, le plan du quartier de l'Odéon pendant la Révolution française est affiché dans la station de métro, avec localisation du couvent des Cordeliers et des logements de Marat, de Danton, de Camille Desmoulins et d'autres protagonistes. Cet outil mis à disposition dans l'espace public permet de découvrir un lieu de mémoire grâce à une carte qui crée dans ce lieu un lien par-delà le temps.

Proust écrivait que le véritable voyage n'était pas un changement de lieu, mais un changement de regard et le musée me plaît plus par le regard qu'il me permet de renouveler que par les objets qu'il expose. La première fois que je suis allé aux Pays-Bas, j'étais peu intéressé par les tulipes et m'attendais à une présentation conventionnelle des différentes variétés. À Amsterdam, j'ai été agréablement surpris par le musée consacré à ce sujet en découvrant qu'à travers l'histoire de cette fleur, plusieurs histoires sont racontées : économie, innovations technologiques, crises financières, exportations, création du premier jardin botanique néerlandais, esthétique des arts décoratifs, actualité de ce secteur d'activité, tous ces sujets furent abordés à l'occasion. Il y avait également des chronologies thématiques et comparées permettant de faire le lien entre des sujets peu connus et des événements célèbres. Finalement, j'ai été séduit par cette approche interdisciplinaire à la vision holistique et élargie. En effet, le Musée de la tulipe permet de découvrir la culture et l'histoire hollandaises depuis de multiples points de vue.

Valorisation du patrimoine immatériel

La musique fournit de nombreux exemples de valorisation du patrimoine immatériel. Au Musée des canaux d'Amsterdam, j'ai découvert Wim Sonneveld, un grand chanteur néerlandais, dont une très belle chanson, dédiée aux canaux d'Amsterdam, est diffusée à la fin du parcours. J'ai découvert par hasard qu'elle évoquait ce sujet et trouvé intéressant de créer un lien musical avec le lieu visité. Néanmoins, le musée n'a mentionné ni le titre, ni le compositeur et n'a pas traduit les paroles de cette chanson. Ce que je trouve dommage. Ce sont des références que j'ai dû chercher ailleurs et qui échappent aux visiteurs étrangers de passage.

Lors d'une visite au panthéon des grands hommes allemands, le Walhalla, à Regensburg, sur le Danube, j'ai fait une découverte inattendue. Une chorale chantait dans ce lieu chargé d'histoire, *Die Gedanken sind frei* (« Les pensées sont libres »). En tant que germanophone, musicien et passionné d'histoire politique, cette chanson m'a profondément marqué, car elle a résonné d'une manière très personnelle lors de cette visite et m'a permis de créer un lien avec ce lieu, l'histoire et plusieurs personnages qui y sont honorés. Lorsqu'un musée parvient à toucher les visiteurs avec des rencontres comme celles-ci, le dialogue devient personnalisé, et l'expérience s'approfondit.

La frontière entre le musée et la ville qui l'entoure tend à disparaître. Je pense à certaines formes d'architecture où extérieur et intérieur communiquent et se confondent, où espace public et espace privé se connectent harmonieusement. Le musée peut lui aussi s'inscrire dans cette dialectique de plusieurs manières. L'Institut Cervantès, par exemple, propose des parcours littéraires sur les traces des grands écrivains hispanophones. Cette démarche me semble intéressante car elle change à la fois le regard sur la ville, sur des lieux et sur les œuvres des écrivains. C'est une manière de rendre vivants un héritage et une histoire intangibles, et de permettre des échanges culturels. La connaissance change fondamentalement la perception du lieu.

À Auvers-sur-Oise, encore, les promenades liées au séjour de Van Gogh mettent en valeur ses lieux de vie et permettent la meilleure découverte d'une œuvre, d'une époque et d'un artiste.

Ouverture

Je rêve d'un musée qui, comme la ville, proposerait différentes lectures, facilitant les liens, fournissant des ressources. Ce serait un lieu vivant, et non seulement une réserve d'informations, un lieu où l'individuel et le particulier auraient une portée universelle.

L'expression « ville-musée » a souvent une connotation négative, renvoyant à une sorte de fixation passéiste. Mais on peut l'utiliser en un sens positif pour illustrer la richesse historique d'une ville qui nourrit son présent. En effet, les villes qui possèdent un très riche patrimoine, comme Paris, ressemblent à une encyclopédie. Elles se prêtent à des lectures très diverses ou à être visitées comme un immense musée.

Paris est aussi le lieu d'histoire d'autres nations : russe, mexicaine, arabe, etc. L'histoire de leur présence dans la capitale et de leur influence sur la culture française est immensément riche. Les plus grands artistes et intellectuels y ont fait de nombreux séjours d'étude. Elle est pourtant souvent méconnue. Seuls la France et les pays concernés en ont le souvenir. Concernant le Mexique et l'Amérique latine, certaines figures ont eu un lien fort avec Paris : le peintre Diego Rivera s'était installé à Montparnasse et Manuel Ponce, compositeur mexicain, est parmi les plus importants à avoir écrit pour la guitare classique au XXe siècle. Heitor Villa-Lobos et Astor Piazzolla, entre autres, ont également étudié à Paris. Plusieurs sont passés par l'École Normale de Musique ; j'y ai étudié moi-même et n'ai trouvé pratiquement aucune information à ce sujet.

Des hommes politiques tels que José de San Martin, Simón Bolívar, José Maria Luís Mora, Porfirio Díqaz ont aussi longuement séjourné à Paris. Le boom latino-américain a éclos à Paris. Julio Cortázar, Alejo Carpentier, Gabriel García Márquez, Carlos Fuentes, Miguel Ángel Asturias, Octavio Paz, Pablo Neruda et, avant eux, Rubén Darío, Amado Nervo... Tous ont vécu et écrit à Paris.

Ces liens fascinent tous les Latino-Américains que j'ai rencontrés et reçus à Paris depuis de nombreuses années. Cette grande ville cosmopolite permet à chacun d'y retrouver une partie de soi-même et de son histoire. Je pense que le musée idéal devrait aspirer à faire de même avec tous ses visiteurs et réussir à transmettre ces liens profonds.

À Saint-Pétersbourg, on compte au moins une dizaine de musées littéraires mais peu sur les canaux malgré leur grand intérêt et leur histoire, tout aussi riche que celle d'Amsterdam. Pouchkine, Dostoïevski, Nikolaï Nekrassov, Alexandre Blok, Anna Akhmatova, Andreï Biély et tant d'autres, ont pourtant vécu sur leurs rives et les ont décrits dans leurs œuvres. Ils sont également liés à des figures mondialement connues comme Raspoutine et Alexandre II.

À Paris, au musée d'Orsay, peu d'information sur l'histoire du musée est disponible. Il serait pourtant passionnant d'en savoir plus au sujet de l'Exposition universelle de 1900, des gares parisiennes, de la Commune, du film d'Orson Welles, *Le Procès*, tourné dans l'ancienne gare ferroviaire... Ou encore sur les artistes impressionnistes. Le visiteur voit des tableaux, il est à Paris mais glane peu d'information en lien avec la ville et les artistes qui y sont exposés. Où était alors le Salon des refusés ? Où avaient lieu les expositions ? Où étaient situés les ateliers des artistes ? Il y a des plaques commémoratives posées sur les immeubles concernés (Manet est né rue Bonaparte, Renoir dans le 9e arrondissement, etc.), mais l'information est méconnue et le musée ne la relaie pas.

Au Louvre, ces informations sont disponibles mais noyées dans la masse, considérable, de ce qui est présenté. Quand j'y vais avec des groupes, des questions me sont souvent posées sur le palais. Mais une fois à l'intérieur, ces groupes se perdent et, lorsqu'ils sortent, ont l'impression d'avoir visité uniquement un musée de peinture, d'arts décoratifs et d'archéologie. Alors que les salles consacrées à l'histoire du palais du Louvre sont bien faites, ils ne les voient même pas. Il s'agit pourtant d'un lieu marquant de l'histoire de l'architecture (avec la présence des ruines de l'ancien château fort, la tour du roi Charles V et les projets du Bernin) et de l'histoire de France (la Saint-Barthélémy y débute ; la Bibliothèque nationale y est fondée). Des anecdotes fourmillent à son sujet telles que le vol de la Joconde. Les visiteurs aimeraient savoir comment on vivait au Louvre avant la Révolution... À l'observation des plans, il paraît évident que le château s'est énormément transformé tout au long des siècles et que la place belle et dégagée que l'on voit aujourd'hui était perdue au milieu de bâtiments et de petites ruelles. Le carrousel de Louis XIV devrait y avoir une place. Un film, des chronologies, des documents multilingues en ligne. Comment rendre ces informations plus accessibles et plus vivantes ?

La situation est la même au musée de l'Ermitage, à Saint-Pétersbourg. Son histoire est incroyable. Alors que beaucoup d'auteurs, d'Eisenstein à John Reed, ont écrit et filmé ce lieu mythique de la Révolution russe, le musée ne l'évoque pas. Un film d'Alexandre Sokourov, *L'Arche russe*, sorti en 2002, présente une visite au musée qui raconte toute l'histoire russe. Ce concept me paraît très intéressant et le musée pourrait explorer ce type de pistes. Car, dépositaire d'événements historiques, il ne doit pas seulement garder des œuvres mais aussi transmettre l'histoire de ces événements et articuler la mémoire du lieu avec le présent.

Je suis peut-être sensible à cette question car, avant de venir à Paris, j'avais beaucoup lu sur la ville. En étudiant la musique, la culture des salons et des salles de concert parisiennes était évoquée. Quand je suis arrivé à Paris, j'ai cherché ces lieux et je me suis rendu compte qu'ils étaient souvent méconnus. Il y a donc une histoire événementielle d'un côté, et une histoire des monuments de l'autre. Ces histoires ont souvent été séparées. À mon sens, il serait intéressant d'en tisser plus étroitement les liens. Doit-on se concentrer seulement sur ce qui reste et qui est encore visible ? Le musée devrait être le lieu qui relaie l'information pour permettre à chacun d'y lire son histoire.

Coopération, participation, éducation

Même si beaucoup d'efforts ont été faits dans la mise en place de dispositifs interactifs, il est important de les faire évoluer pour faire sortir le visiteur de sa position de spectateur.

Lors de répétitions ou de concerts, le spectateur voit l'orchestre sans en faire partie. Dans quelle mesure le musée peut-il être plus inclusif dans sa programmation ? Comment favoriser les expériences d'immersion artistique et culturelle ? Pourquoi ne pas le penser sur le modèle de l'immersion linguistique employée pour l'apprentissage des langues ? Quand j'avais dix-sept ans, j'ai participé à la production du ballet *Casse-Noisette* de Tchaïkovski à Interlochen aux États-Unis. Plusieurs jeunes étudiants pouvaient se joindre à la production. Cette expérience a été très riche car à l'époque je débutais la musique. Elle m'a permis de faire partie d'une équipe pendant six mois, d'écouter les répétitions. Cela a vraiment éveillé mon intérêt pour la musique classique. Lorsque je suis arrivé à Paris, riche de cette expérience, j'aurais aimé participer d'une quelconque manière à la vie des institutions culturelles, l'Opéra, le musée du Louvre ou les salles de concert. Quelle surprise de découvrir des mondes séparés, voire hermétiques pour un étranger, même mélomane. J'aimerais aussi proposer une bibliothèque avec prêt d'instruments afin de promouvoir la culture musicale.

En guise de conclusion, je souhaite citer le projet de la nouvelle gare d'Amsterdam. Se trouve, dans ce lieu très moderne, une présentation des vestiges archéologiques mis au jour lors des travaux de rénovation. Ce projet patrimonial, dans un lieu public de transit très fréquenté, fait le lien entre le passé et l'époque actuelle. Et constitue à mon sens un bel exemple de transmission réussie.

Alejandro Abbud Torres Torija

Partie 2. Nouveaux modèles

Le Carnegie Museum of Art : un musée américain au XXIe siècle (un travail en cours)

Résumé

Cette intervention traite de problèmes actuellement rencontrés par beaucoup de musées américains par le prisme d'une institution, le Carnegie Museum of Art de Pittsburgh, en Pennsylvanie. À l'exception de quelques grands musées qui sont des attractions touristiques ou qui sont extrêmement bien pourvus en budgets de fonctionnement, la plupart des musées aux États-Unis doivent faire face à un public vieillissant, une fréquentation et un mécénat moins importants, une génération plus jeune (de vingt à quarante ans) qui voit et utilise la culture autrement que les générations précédentes et ne pense pas au musée pour ses activités de loisir, et des budgets de fonctionnement qui ne suivent pas l'augmentation des coûts. Cette intervention aborde les défis économiques et sociaux relevés par le Carnegie Museum of Art, les récents changements d'organisation interne et externe effectués, comme les programmes expérimentaux employés pour résoudre ces difficultés.

Mots-clés : musée, publics, réseaux sociaux, photographie, organisation interne.

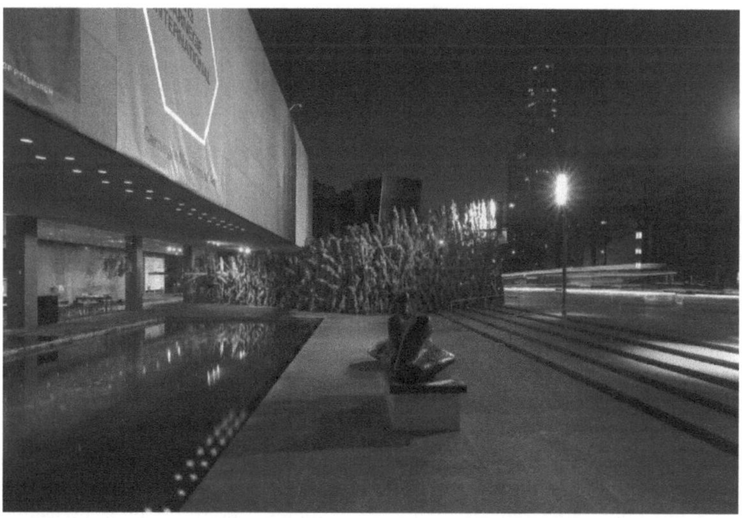

CI13, Barlow

Peut-on s'accorder sur le fait que l'avenir des musées soit un sujet brûlant de nos jours parce que les musées tels que nous les connaissons semblent être en péril ? Cela est vrai au moins aux États-Unis, où les anciens modèles de soutien financier disparaissent, où les musées sont taxés d'« élitisme » à droite comme à gauche, et où la classe moyenne, soutien indéfectible des musées, se réduit tandis que la jeune génération émergente ne semble guère avoir d'intérêt pour le modèle traditionnel du musée[9].

Comme il en va de l'ensemble de la population américaine, il y a dans le monde des musées une disparité grandissante entre les institutions riches et celles qui manquent de ressources, et le point de vue porté sur ce sujet depuis les principaux centres économiques et culturels peut être très différent de celui d'autres régions. Le 21 décembre 2013, le journal *The Economist*, adoptant une approche internationale, a publié un dossier plutôt optimiste sur les musées. La bonne nouvelle, c'est que les musées n'y ont plus l'air aussi vieux, poussiéreux et ennuyeux. Aujourd'hui, ceux qui ont du succès sont des « centres de débat populaire et des lieux où les enfants vont passer la nuit ». Les chiffres suivants démontrent comment l'on arrive à cette conclusion : en 2012, les musées américains ont reçu 850 millions de visiteurs, soit plus que tous les championnats sportifs combinés. En Angleterre, plus de la moitié de la population adulte a visité un musée ou une galerie d'art l'année dernière. En Suède, trois adultes sur quatre visitent un musée au moins une fois par an. Le Louvre, le musée le plus populaire au monde, a reçu dix millions de visiteurs en 2012.

Les statistiques ayant trait aux musées américains sont, bien entendu, faussées par les institutions majeures des grandes zones métropolitaines qui attirent nombre de touristes. Ces dernières accueillent littéralement des millions de visiteurs chaque année.

Comme aucun musée américain ne peut être qualifié de « typique », cette intervention présente l'exemple d'un musée américain dans une ville de taille moyenne au début du XXIe siècle, le Carnegie Museum of Art de Pittsburgh, en Pennsylvanie, dont je suis devenue directrice en 2009. Andrew Carnegie, le baron de l'acier, a fondé l'Institut Carnegie en 1895[10], à une époque où nombre de ceux qui avaient une fortune naissante aux États-Unis voyageaient en Europe, achetant pour leur ville des collections de

9 Voir, par exemple, Weil (E. Stephen), *Making Museums Matter*. Cet ouvrage a été écrit il y a plus d'une décennie, mais il reste pertinent. Dans l'introduction, Marc Pachter, directeur de la National Portrait Gallery, au Smithsonian Institute, résume la position de Weil : « L'époque "romantique" du musée intouchable, inexplicable, impossible à défier et peut-être même ineffable est révolue. Le monde nous pose des questions difficiles, des questions auxquelles nous devons répondre. Nous *devons* rendre des comptes à notre public ». (Washington, D. C. : 2002) XIII.

10 Il incluait une bibliothèque, une salle de concert, une galerie d'art et une galerie d'histoire naturelle.

maîtres anciens[11]. Ce n'est pas ce qu'a fait Carnegie. Au contraire, en 1896, il a inauguré le *Carnegie International*, une revue annuelle des meilleures œuvres de l'art contemporain international, ce qui impliquait de faire venir l'art européen à Pittsburgh et de le montrer à côté d'œuvres d'artistes américains. Son but était d'élever les artistes et d'éduquer le public. Le musée, qui a acquis des œuvres issues de cette exposition, a ainsi construit sa collection. S'il était financièrement possible de le faire en certaines occasions, cela était d'autres fois plus difficile. À d'autres moments, la tendance naturelle de Pittsburgh au conservatisme reprenait le dessus et le musée n'achetait pas bien. Néanmoins, durant des décennies, avant qu'existe une grande scène internationale de galeries et alors que peu de musées montraient de l'art contemporain, l'exposition *International* fut cruciale pour les Américains de tout le pays qui souhaitaient rester informés de ses développements dans le pays et à l'étranger.

La première *Carnegie International* a eu lieu environ six mois après la création de la Biennale de Venise, et pendant plus d'un demi-siècle, il n'y eut que deux expositions régulières de ce type dans le monde. L'inauguration de la Biennale de São Paulo eut lieu en 1951 et la « Documenta » fut inaugurée à Kassel en 1955 ; durant plusieurs décennies, il n'y eut que quatre expositions incontournables de ce type dans le monde. Dans les années 1980 et 1990, les manifestations internationales se sont développées et, à ce jour, il y en a près de 200[12]. La Biennial Foundation a récemment classé la *Carnegie International*, qui a lieu à présent tous les cinq ans, au sixième rang mondial de ces expositions[13] et reste la « marque » du musée : le Carnegie est généralement connu aux États-Unis et dans le monde grâce à cette exposition. La dernière *Carnegie International*, qui s'est déroulée en 2013, fut l'une des plus réussies récemment[14]. Elle incluait trente-cinq

---

11 Sans aucun doute, Carnegie aurait envisagé de faire des donations au Metropolitan Museum of Art à New York, qui est un musée que le sien considérait souvent comme un modèle lors de ses premières décennies. Les origines du Metropolitan remontent à 1866 à Paris, lorsqu'un groupe d'Américains décida de créer « un institut et une galerie d'art nationaux ». Ce musée fut fondé en avril 1870. En 1871, 174 peintures européennes d'artistes, tels que Van Dyck, Poussin et Tiepolo avaient rejoint sa collection. Voir metmuseum.org/about-the-museum/history-of-the-museum/main-building.

12 Selon la Biennial Foundation, il y a actuellement 195 expositions de ce type au monde. Certaines, comme la Biennale du Whitney Museum, par exemple, sont spécifiques à un pays, et d'autres, plus petites, sont plus locales par nature. Elles n'incluent pas les biennales dédiées aux estampes ou à l'art folklorique, par exemple. www.biennialfoundation.org/biennial-map/.

13 « Tout comme le calendrier du monde de l'art s'est rempli de foires, le nombre de biennales, triennales, quadriennales et quinquennales qui couvrent le globe a proliféré au cours des deux dernières décennies ». www.biennialfoundation.org, 21 mai 2014

14 Les entrées pour la *Carnegie International* de 2013 étaient de 194 135. On dénombre plus de mille articles de presse à ce sujet dans le monde entier, atteignant un tirage combiné qui dépasse les 200 000 000 (ceci inclut les publications en ligne de journaux comme Le *Huffington Post* et le *New York Times*).

artistes venus de dix-neuf pays représentant cinq continents. Le musée a acquis les œuvres de vingt-huit de ces artistes.

Aujourd'hui, le Carnegie Museum of Art, dont la conservation est organisée en cinq départements, possède une collection d'environ 30 000 objets[15], datant des XIXe, XXe et XXIe siècles, et produit en moyenne seize expositions par an, parfois en collaboration avec des institutions américaines ou étrangères. Le taux de fréquentation oscille entre 300 000 et 327 000 visiteurs, dans une ville dont la population dépasse de peu les 300 000 habitants, et dans une zone métropolitaine d'approximativement 2 200 000 personnes. La fréquentation dépend grandement de la programmation. Comme ailleurs, les expositions d'intérêt international attirent le public.

Lors d'une récente réunion de l'Association des directeurs de musées d'art (« AAMD »[16]), le terme de « musées post-industriels » a été employé un peu à la légère pour désigner les nombreuses institutions des villes américaines qui furent autrefois des centres industriels prospères mais dont les ressources économiques et la population ont diminué au cours du dernier demi-siècle. Pittsburgh est l'une de ces villes. À l'époque où le musée fut fondé, et durant plusieurs dizaines d'années, Pittsburgh fut le principal centre de la production d'acier aux États-Unis et l'une des villes les plus riches du pays. Dans les années 1970 et 1980, lorsque que la production d'acier a diminué, la ville a perdu la moitié de sa population car les jeunes sont partis pour des régions qui pouvaient leur offrir des emplois[17]. Elle a depuis réussi à se réinventer, devenant un centre technologique centré sur la robotique, la technologie, le recyclage et les industries liées à ces activités. Pittsburgh bénéficie aussi du plus important système de santé de Pennsylvanie. C'est un modèle pour la *rust belt* américaine, la « ceinture de rouille », ce cœur industriel qui périclite. Elle est souvent citée comme « ville la plus agréable à vivre » dans des études nationales[18], en partie grâce à son offre culturelle qui inclut un orchestre symphonique de niveau international, deux compagnies d'opéra et au moins huit musées, faisant partie de ceux créés à l'époque où la ville faisait deux fois sa taille actuelle. Après des décennies de déclin, la population recommence à s'accroître, mais il faudra du temps pour

---

15 Ceci n'inclut pas les archives du photographe afro-américain Teenie Harris, qui comptent près de 80 000 négatifs et quelques tirages et films.

16 Rencontre de l'AAMD, Mexico City, 24-28 janvier 2015.

17 Un article de Wikipedia, richement annoté, évalue la population de Pittsburgh à 676 806 en 1950 et 307 484 en 2010. En.wikipedia.org/wiki/History_of_Pittsburgh.

18 Pittsburgh a été citée six fois depuis l'an 2000 comme la « ville la plus agréable à vivre » par *The Economist*, *Forbes* et le *Places Rate Almanach*. Elle figure également dans plus de 200 listes de « villes agréables à vivre », et parmi « les 40 plus belles villes du monde » (*Huffington Post*), « La ville qui a le meilleur esprit d'entreprise en Amérique » (Inc.), « La ville la plus agréable à vivre en Amérique » (*Forbes*) et « Les meilleurs endroits du monde à visiter » (*National Geographic*). Voir nextpittsburgh.com/business-tech-news/economist-names-pittsburgh-livable-city.

qu'elle retrouve son niveau passé ; si elle y arrive jamais. Les organismes à but non lucratif de la ville dépendent de sa communauté fondatrice très active, créée bien souvent par les « vieilles familles » de la ville, parmi lesquelles les Carnegie, les Mellon et les Heinz, qui ont fait fortune à la fin du XIXe et au début du XXe siècle[19]. Reste à savoir si la ville, avec sa base d'imposition réduite, au moins une génération perdue et le soutien de ses fondations, peut continuer à soutenir son infrastructure culturelle, qui inclut également nombre de plus petites organisations.

Comme beaucoup de musées américains, le Carnegie Museum of Art vise simultanément deux publics distincts : la communauté locale, dont le Carnegie est le musée, c'est-à-dire un mélange démographique complexe en soi dont il doit protéger l'héritage, et le monde de l'art international. Plus le musée suscite de l'attention en dehors de Pittsburgh, plus il devient incontournable, et plus il fait rayonner en retour la ville et la région ; ce qui renforce la réputation de Pittsburgh et la notion de sa « viabilité ». Le Carnegie Museum of Art, comme beaucoup de musées américains, a également pléthore de programmes qui visent un public défavorisé. Ces programmes sont considérés comme étant essentiels à la mission de l'institution[20]. Ainsi, non seulement le musée joue-t-il un rôle vital en encourageant le tourisme et en aidant les entreprises locales à embaucher, mais il soutient également les populations les plus nécessiteuses de la ville. Ses contributions au bien-être de la ville ne sont toutefois pas toujours entièrement connues ni comprises par la communauté.

Conscientes du fait que, même pour l'adulte éduqué moyen, l'art peut être intimidant, l'équipe du Carnegie Museum of Art a, au cours des cinq dernières années, œuvré à rendre l'institution plus abordable. J'écris régulièrement des *posts* publiés sur le site Internet de l'institution, pensés à l'origine pour parer les accusations d'« élitisme » et qui rendent la pratique et la politique institutionnelles aussi transparentes que possible, tout en communiquant sur les questions qui importent pour l'équipe[21]. Le blog du musée et les médias sociaux sont des véhicules importants dans l'effort mené pour devenir plus accueillants et engageants. Tous les travaux écrits non universitaires (cartels, brochures, communiqués de presse, etc.) sont produits dans un style clair, simple et dénué de jargon, sans en réduire le sens. Le musée cherche aussi à ouvrir la voie pour l'avenir en trouvant davantage de moyens amusants et participatifs afin d'attirer les plus jeunes tout en cultivant de nouveaux soutiens individuels. Un marketing sophistiqué qui inclut une

19 Aujourd'hui, la Hillman Foundation, moins associée à la fin du XIXe et au début du XXe siècle, est au moins aussi importante que les trois autres citées.

20 Un exemple en serait le programme de Carte d'Accès du musée. Il permet à quiconque bénéficiant de services sociaux d'entrer dans le musée pour 1$ (0,80 euros) et de venir avec trois personnes. Cette mesure s'est révélée être très populaire.

21 Ces posts, intitulés « Au cœur du musée » sont rassemblés sur le site internet du musée, www.cmoa.org.

« segmentation » des publics en groupes d'intérêt commence à faire venir plus de public aux nombreux évènements organisés.

Il y a environ deux ans, la direction du Carnegie Museum of Art, inquiète pour l'avenir de l'institution, a commencé à prendre en compte la génération du nouveau millénaire[22]. Dans un groupe de réflexion basé à Ann Harbor, dans le Michigan, et appelé l'Innovatrium, l'équipe du musée s'est jointe à celles de six autres « musées post-industriels » afin d'en apprendre davantage sur cette génération[23] dont les attentes et les intérêts diffèrent de ceux de leurs parents. Ils ont appris que celle-ci apprécie la diversité et qu'elle s'attend à ce que tout soit gratuit, mais qu'elle est prête à payer pour des « expériences » uniques. Très collaborative, elle préfère les activités de groupes et recherche des relations réciproques : elle veut apprendre mais veut également exprimer ses propres opinions. Elle est à la fois réaliste et idéaliste. Elle soutient les causes qui la touchent mais est aussi prête à transmettre sa générosité autour d'elle. Bien entendu, c'est une génération de *digital natives*, nés à l'ère numérique, et Internet est intrinsèque à leur façon d'être et d'agir.

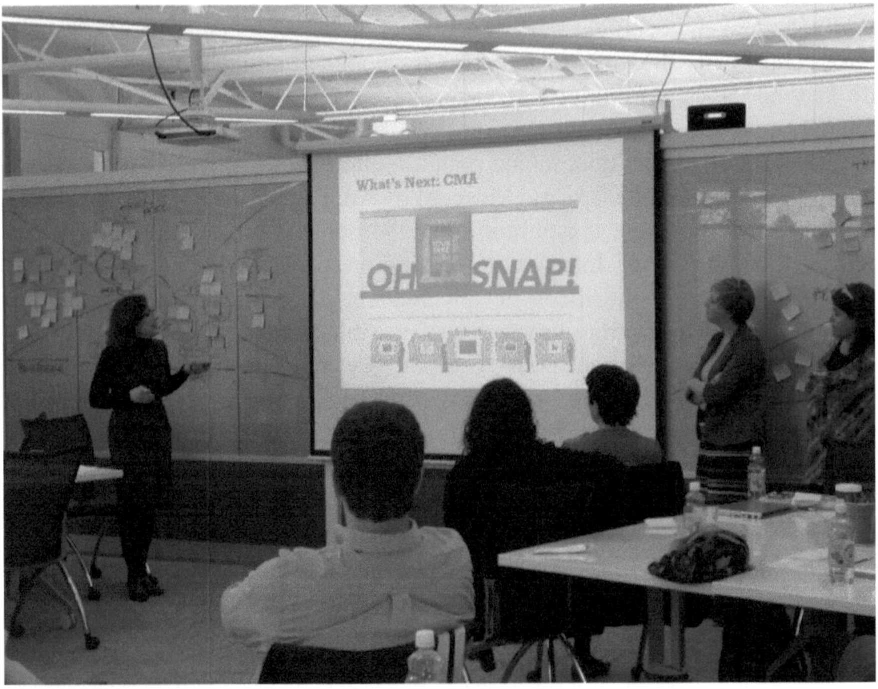

L'Innovatrium

22 Parfois définis comme ceux qui sont nés après 1977, parfois comme ceux nés après 1981.

23 Le Musée Andy Warhol de Pittsburgh, Le Minneapolis Institute of Arts, le High Museum d'Atlanta, le Toledo Museum of Arts et le Musée Nelson-Atkins de Kansas City.

Un sondage mené par le Centre de recherche Pew portant sur les tendances sociales et démographiques, intitulé « La Génération du millénaire à l'âge adulte : détachée des institutions, en réseau avec les amis », souligne certains problèmes à venir pour les musées[24]. Le Centre de recherche Pew étudiait les institutions politiques et religieuses, mais ses découvertes s'appliquent aussi aux organisations culturelles. Par exemple, les membres de la génération du millénaire voyagent en meute. Ils sont donc peu susceptibles d'aller dans un musée sans leurs amis et un abonnement à un musée, source importante de revenus et moyen de construire une fidélité aux musées américains, du moins tels qu'ils sont configurés à présent, a peu de chances de les attirer.

En février 2013, inspiré en partie du travail de l'Innovatrium, le Carnegie Museum of Art a présenté un projet photographique intitulé *Oh Snap! Take on our Photographs* (« Click clack ! Défiez nos photographies »). Ses objectifs étaient de créer une expérience grâce à laquelle les visiteurs pouvaient prendre part de façon significative à une œuvre d'art réelle (par opposition à une œuvre virtuelle), de créer de nouveaux liens avec un public cible de vingt à quarante ans en connectant les expériences sur site et en ligne, et d'offrir au public l'opportunité d'avoir un impact sur le contenu de la salle d'exposition. On avait décidé que l'insuccès de ce projet, le cas échéant, ne serait pas grave.

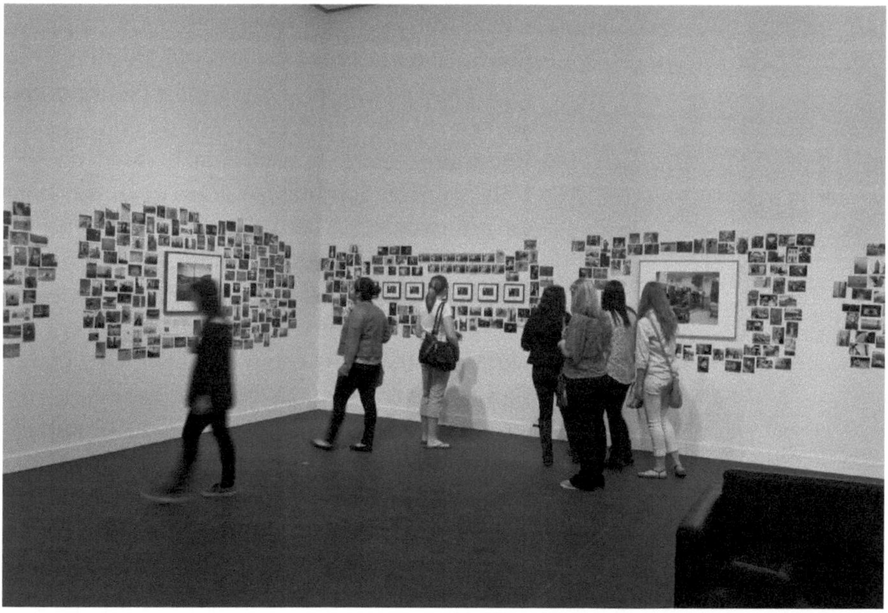

Oh Snap!

24 www.pewsocialtrends.org, 03/07/2014

À l'encontre de la culture traditionnelle du musée, *Oh Snap!* fut organisé en passant outre les départements et la hiérarchie habituels, et en impliquant des spécialistes des nouvelles technologies, des éducateurs, des manutentionnaires, des assistants de conservation et des régisseurs, tous à égalité. Les décisions furent prises démocratiquement, y compris pour savoir quelles œuvres seraient exposées. Ce groupe a sélectionné treize photographies acquises récemment et les a présentées dans une salle d'exposition importante, en retrait de l'entrée principale du musée. On pouvait également voir ces photographies en ligne. Les visiteurs ont été invités à réagir à ces images avec leur propre image via un smartphone ou un ordinateur.

Les photographies soumises par le public ont été accrochées dans la galerie, près des images qui les avaient inspirées. Le musée s'était réservé le droit de rejeter des images offensantes, et a fini par toutes les afficher sauf une. Quand elles ont été installées, un agent du musée a informé les participants que leur image était affichée dans la galerie et leur a envoyé une entrée gratuite afin qu'ils viennent la voir au musée.

Pendant les deux mois et demi qu'a duré le projet, nous avons reçu 1 264 propositions. Elles sont archivées sur le microsite ohsnap.cmoa.org. 41 % des participants avaient entre vingt et quarante ans, soit le public cible que nous souhaitions toucher. La plupart des propositions ont été locales, mais un certain nombre provenait de partout dans le monde. Seuls 10 % de ceux qui ont reçu une entrée gratuite l'ont utilisée, mais, comme le taux de retour habituel pour ce type d'offre est de 3 %, nous avons été ravis du résultat.

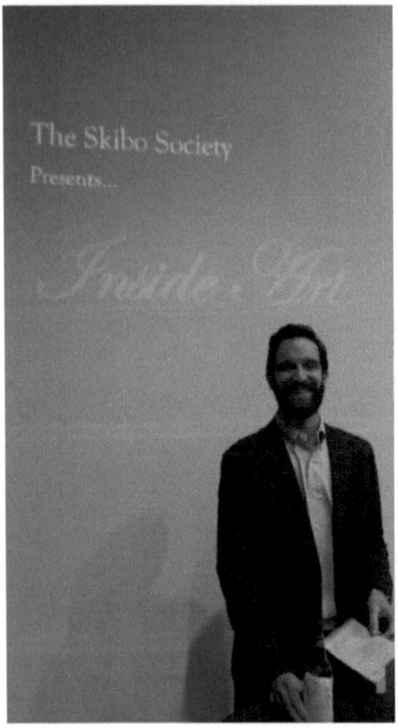

Dans l'ensemble, *Oh Snap!* a été un grand succès et le projet a promu un aspect important de la mission du musée : l'observation minutieuse. Les gens devaient en effet regarder les œuvres de près afin de comprendre comment y réagir, et, durant les heures d'ouverture, les galeries étaient souvent pleines de visiteurs qui étudiaient les photographies, essayant de saisir ce qui les liait aux œuvres qui les avaient inspirées.

Dans la droite ligne de ce que l'équipe a appris lors de l'Innovatrium, le Carnegie Museum of Art a décidé d'impliquer les jeunes du nouveau millénaire et de la génération Y dans le musée en tant que tel, et pas uniquement à l'occasion de projets individuels. Des tentatives pour former un groupe de soutien constitué de jeunes avait auparavant échoué, probablement parce qu'ils venaient du musée et n'étaient pas issus organiquement de la communauté. Par chance, un jeune homme désirant former ce groupe s'est porté volontaire auprès du musée et a créé, en collaboration avec le département éducatif, la « Skibo Society » (nom du château écossais d'Andrew Carnegie), un groupe diversifié de jeunes professionnels. Après s'être formé aux spécificités du monde muséal pendant six mois, ce groupe s'est mis à collaborer avec l'équipe du musée sur des sujets tels que l'expérience de visite dans les salles d'exposition ou le marketing par tranches d'âge de visiteurs.

Lors de leur deuxième année d'expérience, actuellement en cours, ils améliorent ce qu'ils ont appris. Un sous-groupe de la « Skibo Society » affine la façon dont les nouveaux visiteurs et les jeunes professionnels peuvent se déplacer dans le musée et entrer en contact avec les œuvres d'art lors de visites plus courtes et plus fréquentes. Ils vont explorer la signalétique, les applications mobiles, les contenus et les thèmes des visites guidées qui sont proposées, et la façon dont les visiteurs évoluent dans les zones publiques du musée.

Un autre sous-groupe s'intéresse à la fréquence des visites individuelles, de même qu'aux opportunités dont le musée dispose pour sponsoriser des événements hors de ses murs. Il envisage de créer des billets d'entrée groupés, opportunités uniques de packaging et de promotion des événements, d'impliquer des artistes locaux et d'établir des partenariats commerciaux et communautaires.

Il y a enfin un sous-groupe qui prépare et accueille les événements qui portent le label « Skibo », dont certains ont déjà été réalisés avec succès. Il se coordonne aussi avec le calendrier des expositions, des événements et des programmes du musée pour déterminer quand et comment ils peuvent être impliqués dans la planification et la promotion destinées à leur tranche d'âge.

En ce qui concerne la programmation, le Carnegie Museum of Art a lancé en 2013 la *Hillman Photography Initiative*, qui est aussi complexe que *Oh Snap!* était simple. Il y a environ trois ans, un donateur a souhaité faire quelque chose d'important dans le domaine de la photographie. Consciente du fait que, avec l'arrivée du smartphone et des médias sociaux, la photographie subissait des changements énormes, l'équipe des conservateurs du Carnegie, à la suite d'amples recherches sur l'état du domaine, a déterminé un cadre et des objectifs au projet de la *Hillman Photography Initiative*[25]. Il s'agit d'un projet hautement expérimental.

Lors de sa première partie, quatre personnalités extérieures (un historien et critique d'art, un commissaire externe, un artiste et médiateur et un

25 Les résultats de ce projet ambitieux se trouvent sur nowseethis.org.

technologue[26]) ont travaillé avec un conservateur et un administrateur sur des projets qui traitent de l'avenir du medium photographique. Le premier cycle du HPI était extrêmement ambitieux. Il comportait quatre projets, dont certains étaient composés de nombreuses parties, et il a pris la forme de documentaires vidéo, de photographies, d'installations et de livres. Le thème général concernait « le cycle de vie des photographies ». Beaucoup de projets étaient participatifs.

En un mois, l'activité sur Internet concernant le HPI a égalé celle de tous les autres sites du Carnegie Museum of Art combinées, y compris le site principal, les blogs et les micro-sites. Le micro-site du HPI, Nowseethis.org, a été aussi actif que les autres campagnes Internet prestigieuses, telles que celle du Carnegie International de 2013. Les vidéos qui faisaient partie de la série intitulée « La Photographie Invisible » ont été vues par 60 972 personnes en un mois et demi, soit le double du nombre total de vidéos vues sur l'ensemble de l'année précédente.

Ce qui a inquiété le musée, cependant, c'était que l'ensemble de l'activité Internet ne fasse pas augmenter les visites, que ce soit au quotidien ou à l'occasion d'événements connexes. Cela venait de la façon dont les projets étaient conçus : la présence sur site n'avait en effet jamais été considérée comme une priorité. Faire venir les gens aux portes du musée sera donc l'objet de la deuxième partie de ce projet.

Oh Snap! et la *Hillman Photography Initiative* sont deux projets qui reflètent les efforts du musée pour rester pertinent dans le monde d'aujourd'hui. Il y a également des changements dans l'organisation des équipes qui remettent en cause la culture traditionnelle du musée, qui, comme dans la plupart des musées d'art, a eu tendance à privilégier l'expertise des conservateurs au détriment du besoin de compréhension du public. En 2013, le Carnegie s'est ainsi enrichi d'un directeur du marketing à plein temps (le précédent directeur du marketing était partagé avec le Musée Carnegie d'Histoire naturelle) et d'un conservateur en chef, expert en médiation culturelle. En 2014, un déficit financier a nécessité une réduction de postes et nous sommes à présent engagés dans ce processus. Aussi douloureux soit-il, il nous a offert l'occasion de repenser l'ensemble de la structure du musée, en faisant un environnement plus souple, interactif et accueillant.

Afin que le musée puisse poursuivre une programmation aussi proche que possible de son rythme habituel, il est devenu nécessaire que les départements partagent personnel et ressources. Cela a signifié une association plus étroite de la conservation et de l'éducation, des publications et du marketing, et a encouragé le travail d'équipe à travers l'ensemble de

26 Les participants incluaient Marvin Heiferman, Alix Klein, Arthur Oh and Illah Nourbakhsh. Les membres en interne étaient Tina Kukielski et Divya Heffey.

l'institution. Ce nouveau modèle d'organisation sera concrétisé par des changements dans l'organisation des bureaux. Enfin, il est prévu, afin de s'assurer que ces valeurs de souplesse, d'accessibilité et de service public soient bien partagées par le personnel, que la contribution de chacun à l'amélioration de l'accueil et de la convivialité soit discutée lors des évaluations annuelles.

La réponse apportée par chaque « musée post-industriel » peut varier. Voici celle que le Carnegie Museum of Art tente de mettre en pratique. Il se peut que certains de ces projets fonctionnent et d'autres pas. Si le musée doit changer, il le fera.

Lynn Zelevansky

Le musée du futur : espace public ou espace privé ?

Résumé

Depuis un article fondateur de Paul Valéry ("Le problème des musées", 1923) jusqu'à un récent livre de Catherine Grenier (*La fin des musées ?*, 2013), la question de la survie du musée (plus que des musées) semble être ouvertement posée, attaquant l'institution à son talon d'Achille : elle manque de vie, de cette vie qui rend vivifiant le contact avec les œuvres. Dans la littérature la plus récente, les solutions avancées semblent toujours vouloir régénérer le rapport collectif au musée. Nous voudrions, à rebours, interroger la dimension intrinsèquement privée, particulière, du rapport à l'œuvre ou même à l'objet pour dégager quelques pistes d'une rénovation du musée par la voie d'une "privatisation" bien comprise, qui ne signifiera pas ici le transfert de propriété usuellement désigné par cette expression, mais un changement d'attitude propre à insuffler un nouveau désir de musée.

Mots-clés : institution, publics, expérience sensorielle, privatisation.

On nous informe que le musée ne s'est jamais si bien porté, chiffres à l'appui : fréquentation, nombre d'institutions, sites Internet, tous les indicateurs sont en hausse. Mais qu'est-ce que la quantité pourrait bien prouver au royaume de la qualité ? Car, si la qualité est bien l'unique objet que doive conserver le musée, et si l'on veut bien se placer de ce point de vue-là, il y a problème.

Qu'il y ait un problème des musées, le constat n'est pas nouveau. Paul Valéry s'en inquiétait dès 1923 dans un texte d'une inquiétante inactualité, de cette inactualité qui traverse l'actualité sans jamais l'abandonner : « je n'aime pas trop les musées. Il y en a beaucoup d'admirables, il n'en est point de délicieux », dit-il. Et il s'explique. D'où vient-il, ce problème ?

De la contrainte qui s'exerce sur lui : Valéry se sent « glacé par le geste autoritaire et le sentiment de la contrainte », et s'étonne que les règlements intérieurs interdisent ceci comme cela, qu'on ne puisse pas fumer devant les œuvres. Fumer devant les œuvres !

De la confusion que dégage la juxtaposition des œuvres : le musée, rassemblant au hasard de son histoire des œuvres jamais faites pour être ensemble, quelque chose « d'insensé résulte de ce voisinage de visions mortes ». Il lui semble alors que les œuvres « se jalousent et se disputent le regard qui leur apporte l'existence ». Pourtant, rappelle-t-il, plus les œuvres d'art sont belles, « plus elles sont des effets exceptionnels de l'ambition humaine, plus doivent-elles être distinctes ».

Du non-sens que représente l'accumulation même d'œuvres dans un espace réduit, à la façon d'un butin stérile : en des formules fortes, Valéry parle de « ces abus de l'espace que constitue une collection », et, en termes quasi prophétiques, de cet appauvrissement de l'homme moderne « par l'excès même de ses richesses ».

De la disproportion de cette accumulation d'œuvres avec notre capacité à les percevoir : « mais le pouvoir de se servir de ces ressources toujours plus grandes est bien loin de croître avec elles ». Le musée ne sait pas concilier voir et savoir, plaisir et connaissance. Ne sachant pas susciter l'un, il n'a d'attention que pour l'autre. Mais le savoir tue le voir : « nous nous faisons érudits. En matière d'art, l'érudition est une sorte de défaite : elle éclaire ce qui n'est point le plus délicat, elle approfondit ce qui n'est point essentiel. » Faute d'approfondir l'expérience, on cultive l'information. Somme toute, le musée nous rend « *superficiels* », souligne-t-il en italique. Le musée nous fait croire qu'on y connaît et qu'on y ressent profondément, il nous promet beaucoup et nous donne peu.

Fondamentalement, de son ambiguïté : le musée tient de l'église, du palais, de l'école, de la place publique avec ses monuments, et du boudoir avec ses œuvres licencieuses, dans lequel on va sans trop se l'avouer pour « satisfaire aux convenances ».

Voilà une pensée qu'on dirait politiquement incorrecte, sinon provocatrice, et qui donne matière à penser sur ce lieu de la pensée consensuelle par excellence qu'est le musée – ce lieu qu'aiment à inaugurer, plus qu'aucun autre, tous les présidents de la République.

La question posée par Valéry est d'une simplicité rudimentaire, implacable : c'est celle de la possibilité du plaisir privé dans l'institution publique. Trois siècles plus tôt, un autre esprit classique, comme on dit dans les musées, affirmait déjà que « la fin de l'art est la délectation ». Mais la salle des Poussin, au Louvre, est bien loin de servir cette ambition : tableaux touche à touche, alignés sur deux niveaux, lumière de réfrigérateur.

Si le problème est ancien, c'est que les solutions, elles, vieillissent vite. Tentatives de modernisation scénographique qui n'obéissent qu'aux modes décoratives, changements d'accrochage qui ne reflètent que des modes intellectuelles, dispositifs de médiation mal conçus qui font écran, services aux publics trop balbutiants pour être beaucoup plus qu'un voile de bonne conscience sur cette responsabilité : donner à voir et nourrir le plaisir de voir en favorisant l'expérience de l'art.

Le problème du musée n'est-il pas qu'il a renoncé à être inspirant, comme le voudrait son nom ? En s'adressant à tout le monde, il ne contente personne. Il dégage un espace public en neutralisant son espace, en faisant de son public le plus grand dénominateur commun de ses visiteurs, qui justement n'ont rien de commun face à l'art, ou presque. Ne se souciant pas *prioritairement* de son public et de ses muses, le musée n'est trop souvent qu'un conservatoire de choses qui peinent à redevenir des œuvres, et dont le principe de pérennité semble avoir chassé le principe de vie.

Nous exagérons, bien sûr. Quoique, parfois… C'est pour ouvrir plus large le champ de la réflexion. Dessiner le musée du futur, retrouver un grand dessein pour le musée, c'est s'engager sur les pentes de l'utopie, pour mieux se jeter dans le vide d'une projection sans lendemain peut-être, mais qui voudrait provoquer son propre futur.

Car, pour partir d'une expérience personnelle, bien réelle, donc, force est de constater que les plus grandes délectations que l'art nous a réservées, nous les avons eues chez des collectionneurs plutôt que dans des musées, à voir des tableaux accrochés à côté de porte-manteaux encombrés, au-dessus d'un téléphone, d'une rangée de bouteilles mélancoliques ou d'une pile de factures non décachetées, bref, au milieu d'autres objets qui disent « l'ordinaire de la vie », auquel ces peintures nous soustraient si bien, et d'autant mieux qu'elles se mêlent à lui. Cette volupté, nous l'avons éprouvée en mangeant devant des natures mortes appétissantes, en nous réveillant devant un *Sommeil de l'enfant Jésus* silencieux, en nous asseyant devant des portraits aux bouches ouvertes, au coin d'un feu, fumant comme lui, pour converser en silence avec eux. Ces délices, nous les avons sentis en oubliant que ces tableaux étaient des œuvres d'art, en leur donnant la chance de devenir familiers, en nous accordant celle d'aller jusqu'à eux, à leur contact. Dans ces conditions, nous avons pu ressentir cet espace tout en tension que crée l'œuvre entre elle et soi, un espace physique, mental, spirituel parfois, érotique parfois, qui est de l'ordre de l'appropriation – une appropriation réciproque : dans l'admiration, ou, à plus forte raison dans la contemplation, la prise de possession est un aller-retour, on y sent les œuvres pleines d'une gratitude confondante au « regard qui leur donne l'existence ». Un espace privé, donc, défini par sa relation œuvre / spectateur.

Situations privilégiées, dira-t-on, expérience non transposable au musée, à cause des contraintes inhérentes à sa noble fonction démocratique ? Est-ce si sûr ? A-t-on vraiment jamais essayé un *autre* musée ?

Notre ambition ici n'est certes pas d'apporter la réponse au problème de Valéry, ni de faire chanter la scie nostalgique sur l'ère des musées vides (de visiteurs, mais pas d'œuvres). Elle est de reformuler le problème autour d'un axe majeur qui le traverse tout entier, celui de cette tension qui existe entre espace public et espace privé. Cela, pour faire quelques propositions à la fois concrètes et imaginatives, peu académiques sans doute – mais la dimension utopiste du thème nous y convie.

La reformulation, d'abord. Le problème du musée relève d'une contradiction interne entre son principe cumulatif (rassembler des œuvres, des gens) et son principe distinctif (les œuvres sont uniques, les visiteurs aussi). Il crée des masses là où l'on cherche l'unique, il agrandit l'espace là où on chercherait une forme d'intimité. Autrement dit, le problème du musée, c'est d'être un espace public qui a vocation à créer de l'espace privé.

Cette privatisation que nous appelons, pour éloigner d'emblée un possible malentendu, ne sera pas ici celle de la privatisation économique ou juridique de l'institution, dont certains religieux de la chose publique croient surprendre partout des prémices. Quoiqu'il faudrait bien qu'ils se demandent pourquoi des entreprises ou des particuliers dépensent des sommes parfois colossales pour « privatiser » un musée le temps d'une soirée ou d'une fermeture hebdomadaire, sinon parce que ce qu'ils offrent ainsi à leurs employés, leurs clients, leurs amis, est une chose que le musée ne leur donne pas habituellement, le moment extraordinaire d'une approche des œuvres vraiment délectable.

Cette contradiction, Valéry le soulignait, vient bien sûr de la nature même des œuvres que le musée expose : la presque totalité sont à l'origine des œuvres privées, ou provenant d'un espace public bien différent du nôtre quand il s'agit des œuvres d'église – des lieux ouverts, ce qui ne veut pas dire publics. Transportées dans le musée, elles se retrouvent en porte-à-faux avec leur statut, exhibées plus qu'exposées, migrantes déboussolées d'une impossible terre promise, « congelées » dit Valéry. Le musée révolutionnaire et démocratique à la française est dans son fondement une nationalisation de biens privés, un arrachage de plantes mises hors sol pour un rendement démocratique intensif – mais de quoi, au juste ?

Le musée a conservé de ses origines, très *XIXe siècle,* le caractère intimidant de ses bâtiments, un souci d'autorité qu'il a transformé en souci du spectaculaire – mais, de l'un à l'autre, le même problème de rupture d'échelle, ou d'écrasement, demeure. Le musée est un espace dominateur, avec le tribunal, la mairie, la préfecture et l'opéra, pentateuque des villes de province. Il semble fait pour en imposer, comme le montre encore la toute récente et emphatique coque de verre arrimée près d'un bois parisien. Comment un tel instrument de domination pourrait-il inciter au plaisir ? Les hautes salles succèdent aux longs couloirs, les murs interminables aux volumes de cathédrales, les cages d'escaliers où les escaliers flottent, aux verrières où la lumière se perd, les halls d'accueil imitent ceux des gares, leurs alignements de caisses vitrées qui ratissent la foule en traînées monochromes : les espaces du musée, depuis le Louvre jusqu'aux bâtiments – pardon, aux gestes architecturaux – les plus récents, sont délirants, sans mesure à l'homme individuel. Faits pour la foule, mais pas pour vous. Cette gestion de l'espace se veut symbolique, de la grandeur de l'espace et de la grandeur de l'art, et la solennité, de la profondeur de l'esprit qui règne là. On est tenté de dire que l'espace du musée, c'est celui d'une idée, l'idée d'une culture, c'est-à-dire d'une communauté, d'une identité collective, d'un espace miroir où chacun puisse se reconnaître dans les autres.

Son malaise spatial, le musée le tient aussi de l'accumulation, Valéry l'a bien vu. C'est sa maladie héréditaire, génétique : croire qu'on montre beaucoup en montrant nombreux. On soigne cette prolifération cancéreuse avec une communication de médecine douce : offre culturelle, richesse de collection, diversité. Cette prolifération a son double : celle du supermarché, du grand magasin. Elle répond à la même logique : vouloir satisfaire une demande qu'on estime infiniment variée en saturant l'espace de produits infiniment variés – mais varié n'est pas différent. Dans un cas comme dans l'autre, il en faudrait pour tous les goûts. Elle a aussi son idéologie : l'art contemporain nous ayant appris que tout spectateur est artiste, il faut que le musée soit le juste reflet de l'infinie diversité humaine en exposant une infinité d'œuvres – infinité non réelle, car les œuvres du musée sont nombrables (elles ont même un catalogue), mais ressentie, car nul ne peut voir toutes les œuvres d'un musée, ce qui revient au même.

Les innovations technologiques des moyens de diffusion de l'information (nous parlons des smartphones, tablettes, GPS, et autres) bouleversent aujourd'hui les frontières traditionnelles de la question de l'espace public et privé. Les selfies disent que le monde est à celui qui se prend en photo devant lui, armé de la grande griffe d'un sourire à double pointe. On s'en moque, et à peu de frais. Mais, au fond, que disent-elles, ces mutations ? Que les habitants de ce temps veulent être *en contact* vocal, ou visuel, ou les deux, avec leurs connaissances, pardon, leurs *proches*. Ils veulent recréer partout une sphère de proximité, celle qu'on leur ôte partout dans la grande uniformisation prohibitive de l'espace public. Le plaisir, c'est d'abord pour eux celui d'une appropriation, d'un rapprochement. D'aucuns diront, d'une consommation du monde comme décor. Combien de visiteurs ne voient-ils pas les œuvres du musée à travers l'optique de leurs appareils photographiques ? Mais qu'est-ce que ce geste trahit de son désir premier, qu'est-ce qu'il veut dire ? Sinon une volonté de *conserver* la trace d'un passage, de posséder ce que l'on voit. Le *selfie* comme *ex-libris* d'une promenade dans le livre du monde, comme estampille de sa propre trace, *imprimatur* de son rapport au réel. Le *selfie* veut remettre de la sphère privée dans la grande boule de l'espace public, il veut signer le *hic et nunc* d'un paysage, d'un environnement qu'on voudrait personnel. Le *selfie* comme geste de collectionneur ?

Car l'expérience de l'art, cet instant de rencontre transformante, cet acte de synthèse identitaire, cette acculturation n'est peut-être que la conflagration de deux espaces, celui, d'abord extérieur, public en somme, de l'œuvre entrevue, approchée de loin, et celui, rendu intérieur, intime, de l'œuvre vue, goûtée, *comprise*, intériorisée.

Cette expérience est initiatique. Elle ne se décrète pas, mais on peut la favoriser, on peut agir sur ses conditions. Sa première condition, c'est de favoriser l'intimité. C'est ce que nous voulons appeler ici la privatisation. Mais la privatisation pose ses conditions.

Créer de la privatisation, c'est d'abord veiller à la qualité de l'espace qui se construit entre l'œuvre et celui qui la regarde : un espace proportionné à l'œuvre, un espace qui n'est pas saturé d'œuvres, qui laisse les œuvres respirer dans un regard qui respire entre elles, un espace proportionné à un groupe de visiteurs proportionnel au nombre d'œuvres. L'espace est sous des lois harmoniques. Déjà, Valéry, en conclusion à son problème, en esquisse ouverte d'une solution, rappelait le rôle matriciel de l'architecture, « mère des arts ».

Notre privatisation commande de limiter le nombre des œuvres exposées, pour qu'il n'y ait pas confusion, concurrence, jalousie, comme dit Valéry. Qui supporterait un cinéma où des films, fussent-ils muets, seraient projetés en même temps sur plusieurs murs d'une même salle ? Pourquoi une peinture demanderait moins d'attention qu'un film ? Une œuvre par mur, voilà un idéal. L'accrochage se trouverait alors en adéquation parfaite avec l'espace construit. L'œil ne serait pas happé par cet exercice de zapping interminable, parce qu'incontrôlable, dans quoi finit par tomber tout déplacement dans un musée. Ce qui suppose de changer régulièrement ces œuvres, pour inciter le visiteur à revenir, pour lui faire comprendre que l'espace privé du musée est un espace vivant, un *zapping* inévitablement, mais lent, mais ralenti.

L'accrochage, on le sait, c'est un discours avec des œuvres. Encore faut-il ne pas oublier la ponctuation, et les majuscules qui ouvrent les phrases, ne pas laisser entendre que toutes les œuvres se valent. Les plus importantes, il faut les détacher, leur donner l'espace qu'elles réclament – car plus une œuvre est importante, plus elle a besoin d'espace. Quel musée n'ânonne-t-il pas ses œuvres comme du morse, sans accent tonique, sans intonation, alors que ses murs devraient faire chanter les œuvres ?

La qualité de l'espace viendra ensuite de son occupation. Dans le musée, surtout de peintures, qui reste le musée par excellence, les cimaises sont pleines mais le centre est vide. Le musée de peintures ressemble à une maison dont les déménageurs ont oublié les murs. Il faudra occuper le centre, pour lui redonner de l'importance, pour inciter à y rester pour fixer l'espace, et avec lui, la déambulation. Car, dans le musée, paradoxalement, on a peu les moyens de s'arrêter, en n'ayant à peu près aucun moyen de s'asseoir. Occuper le centre, comme on le fait dans un salon, chez soi, parce qu'on ne vit pas en rasant les murs, pour retrouver ce sentiment de la centralité du chez soi, avec des meubles meublants, qui *animent* l'espace. Des fauteuils, où l'on est seul, et pas des banquettes, où l'on accoste l'occupant en espérant qu'il lève le camp. Des fauteuils, pour regarder lentement, patiemment. Des fauteuils sur roulettes que l'on peut bouger au gré de ses envies pour mieux voir telle œuvre. Des tables pour dessiner, ou s'accouder, des tablettes pour poser son sac, son appareil photo, son carnet, son iPad, son livre, pour créer son espace propre autour de soi. Des lampes basses, pour voir bien ce qu'on a dans les mains, pour se sentir éclairé.

L'occupation de l'espace, elle, dépend de sa densité en hommes, bien sûr. Créer de la privatisation, c'est mesurer l'accès à cet espace : réguler son flux. Concrètement, cela veut dire instaurer des quotas de visiteurs par tranche horaire. Les expositions temporaires ont adopté un tel système depuis longtemps, mais avec des quotas toujours trop élevés, certains musées aussi, avec leurs collections dites permanentes, comme la galerie Borghèse. Un peu d'organisation et de prévoyance est le prix à payer pour une qualité de visite sans commune mesure avec les musées de sa stature.

Mais la qualité d'un espace c'est peut-être d'abord cette sensation d'accueil qu'il dégage. Dans les musées, ceux qui devraient vous accueillir vous surveillent d'un air suspicieux, car vous êtes un délinquant potentiel, ou au mieux d'un air indifférent (dans leur regard vous n'existez pas). Malheureusement incompétents aux fonctions qui devraient être les leurs : accueillir les visiteurs comme des hôtes. Imagine-t-on dans les hôpitaux des aides-soignants qui n'aient aucune notion de médecine ? L'articulation entre le privé et le public, c'est l'autre, pas l'autre anonyme et multiple de la foule, mais l'autre qui a un visage, celui qui s'adresse à vous.

Au contraire, quoi de plus stimulant, de plus agréable, que de parler peinture devant une peinture, avec quelqu'un qui vous pousse à mieux voir ? Alors, imaginons cet espace privé du musée avec des personnes qui vous accueillent, qui vous proposent un fauteuil confortable, l'un d'eux vous apporte un verre ou un café qu'il posera sur la table entre vous et son propre fauteuil, car il va s'asseoir pas loin de vous, pour engager la conversation, en vous questionnant, en vous racontant des choses, en vous en apprenant d'autres, ou vous laisser tranquille si tel est votre désir, vous laisser vous endormir si telle est votre pente, car, lorsque vous vous réveillerez, face à un chef-d'œuvre ou à un petit tableau de maître, vous n'en croirez pas vos yeux.

Car alors vous aurez droit à ces cinq minutes promises avec votre billet d'entrée, seul(e) dans une salle, ou avec un partenaire, un groupe choisi, qui seront l'expérience ultime de la privatisation. Alors, l'on vous apportera l'œuvre que vous avez réservée sur le grand catalogue Internet du musée, sur un chariot, et l'on la posera devant vous sur un chevalet, pour que vous puissiez en faire le tour, ou sur un mur vide, pour que vous puissiez mesurer sa puissance sur une grande surface neutre, ou, si c'est un objet, on le posera sur un socle, en le faisant tourner, en l'ouvrant s'il s'ouvre, en éprouvant le volume de sa complexité. Puis vous vous lèverez, vous remarquerez dans un coin de la salle, à côté des journaux et du bar, un haut-parleur, auquel vous vous connecterez de votre smartphone pour mettre votre musique, celle qui convient à votre humeur, et qui vous transportera lorsque d'aventure, en vous servant un verre au bar du centre de la pièce (pas de la salle, de la pièce), vous détournerez la tête pour voir, mais en biais, comme à l'affût, ce petit coin de tableau sur le côté, avec ce détail insistant qui ne cesse de vous interpeller depuis que vous êtes entré dans la pièce, et qu'un autre, bien avant vous, avait appelé le petit pan de mur jaune, et qui en fait était tout sauf un pan de mur, mais peut-être une tache violacée, ou un trait déchiré, ou une casserole, ou un talus herbeux, ou un couteau en équilibre, prêt à tomber, instable équilibre, fragile comme le bonheur de voir, ce bonheur retrouvé que le musée du futur devra offrir.

Emmanuel Coquery

Tchernobyl, l'impossible muséographie du temps

Résumé

Alors que la contamination et ses conséquences sanitaires, écologiques et sociales de l'accident nucléaire de Tchernobyl en 1986 sont patentes, Frédérick Lemarchand s'interroge sur l'existence et le rôle des musées et du tourisme de catastrophe pour les populations victimes et les visiteurs. Entre déni, oubli, commémoration et histoire, comment penser un après de la catastrophe et pourquoi.

Mots-clés : mémoire, contamination, mutations, nucléaire, tourisme de catastrophe, ruines.

L'accident du Temps

En 2016, trente ans auront passé depuis la survenue de l'accident de Tchernobyl. Cet événement majeur s'est recouvert d'un voile dans la mémoire collective et est devenu un nom commun, comme Hiroshima, sans que l'on sache précisément ce qui s'est passé à la Centrale au moment de l'accident et après celui-ci. Une brume non moins épaisse couvre les conséquences sanitaires, écologiques et psychologiques de Tchernobyl dont les évaluations font encore l'objet de discussions assez véhémentes entre instances internationales, organismes officiels des pays concernés, écologistes, associations de victimes et chercheurs indépendants.

Aucun autre événement que l'accident nucléaire, dont nous pouvons rappeler la chronologie (Hiroshima et Nagasaki, 1945, Tcheliabinsk, 1957, Tchernobyl, 1986 et Fukushima, 2011), n'aura autant, dans les expériences humaines, questionné la relativité du temps. Cet « accident du temps » selon la formule de Paul Virilio, s'agissant de Tchernobyl, avait commencé bien avant 1986, alors que se préparaient des changements de régime qui allaient très rapidement changer la face du monde. L'idéologie officielle de l'époque soviétique était de vaincre la nature, de la mettre au service des besoins de l'industrie afin d'instaurer le plus rapidement possible l'utopie « communiste » sur terre qui serait l'aboutissement ultime du cheminement de l'humanité, et signifierait donc la fin de l'Histoire. Cette course forcenée au bonheur, au prix d'un effort surhumain de quatre générations de Soviétiques aux prises avec un système totalitaire dont ils étaient à la fois acteurs et victimes, était caractéristique de toute la période soviétique : électrification, industrialisation, création de la bombe atomique, détournement de grands fleuves sibériens, défrichement des steppes, construction des centrales nucléaires, conquête spatiale et autres « exploits » démesurés, telles étaient les grandes étapes des tentatives de la direction soviétique pour compresser le temps et « rattraper et surpasser » les pays industrialisés, en premier lieu les États-Unis. Ces entreprises titanesques ont produit des catastrophes écologiques majeures et durables dont la plus importante et la plus connue est celle de Tchernobyl, qui sonna le glas de la dernière tentative soviétique d'accélérer le temps : on oublie souvent que Mikhaïl Gorbatchev, arrivé au pouvoir un an avant cette catastrophe, avait lancé le slogan : « glasnost, perestroïka, *accélération* » (Ackerman, 2006).

Tchernobyl, c'est « déjà demain »

La mémoire, prise dans son sens social ou collectif, consiste invariablement à articuler souvenir et oubli, remémoration et refoulé, inscription des traces et travail de deuil. Le paradoxe de Tchernobyl, que nous observâmes dans les zones contaminées à la fin des années 1990, tient justement dans la nécessité contradictoire d'oublier la présence de la contamination pour pouvoir supporter le quotidien par déni de réalité (Bocéno, Grandazzi, Lemarchand, 2001) et en même temps de prendre toute la mesure de sa présence réelle, quand du moins cela est possible. Nous savons désormais qu'il n'y aura pas d'espoir d'amélioration de la vie quotidienne ni de résolution partielle des problèmes sanitaires sans affronter pragmatiquement la redoutable technonature artificialisée et contaminante, mais nous savons également qu'il est impossible de proposer à des millions de personnes de procéder à une rationalisation de leur vie quotidienne passant par une restriction drastique des pratiques ordinaires (pêche, chasse, cueillette, jardinage, promenades en forêt) sans contrepartie. De plus, la misère économique que connaît une grande partie de la population des zones contaminées aux confins de la Biélorussie, de l'Ukraine et de la Russie ne lui permet pas pour l'instant d'envisager de se passer de sa production vivrière, ni même de l'activité économique des kolkhozes, si réduite soit-elle. La voici condamnée à vivre là, à vivre avec. D'où l'impérieuse nécessité, pour les « Tchernobyliens », d'être en mesure de discerner, au-delà de la fiction des grandes zones contaminées, ce qui est potentiellement propre et utilisable, la parcelle de champ ou de jardin raisonnablement cultivable, la part de l'alimentation réservée aux humains et celle que l'on donnera aux animaux, celle que l'on donnera plus particulièrement aux enfants, etc. Dans ce sens, le travail de la mémoire pourrait consister à mémoriser et à apprendre une nouvelle géographie, non plus définie par des frontières naturelles, culturelles ou politiques, mais par le dessin infiniment complexe des taches de contamination radioactive. Parallèlement, la nouvelle condition humaine issue du « nouveau Nouveau Monde » dont nous parlons est conduite à élaborer une nouvelle temporalité fondée, d'une part, sur le temps long (très long) de la contamination de son monde par des éléments chimiques hautement toxiques, et, d'autre part, sur l'idée qu'il existe un monde d'avant la catastrophe et que nous vivons désormais dans un *après*. À ceci près que cet après, dont nous ne connaissons ni la durée ni la véritable nature, n'aura probablement pas d'après, pas de fin.

Si l'on peut en effet parler de réalité post-accidentelle pour désigner la période qui a suivi l'explosion du réacteur et pendant laquelle on a tenté, sans grand espoir à vrai dire, de liquider les conséquences de celle-ci, on ne peut parler d'un temps « post-catastrophique » dans la mesure où, contrairement aux expériences que nous avons faites des pires fléaux tels que les guerres, les épidémies ou certains phénomènes naturels, la catastrophe se déploie *dans le présent* pour construire et déterminer l'avenir. À chaque seconde qui s'écoule, depuis le 26 avril 1986, des maladies progressent, des organismes se décomposent, des métabolismes se transforment, des symptômes se font plus présents. Nous ne pouvons plus désormais nous contenter d'enterrer les morts, de reconstruire des habitations détruites, de replanter des cultures, d'élever des monuments destinés à commémorer un moment précis. Ce qui s'est achevé, avec Tchernobyl, n'est rien moins que la possibilité qui nous était offerte d'habiter le temps, de définir des horizons d'attente possibles à partir d'expériences du passé. Désormais, c'est le temps qui nous habite et nous hante, le temps long de la contamination qui nous rend esclaves de l'incertitude et colonise l'avenir (Dupuy, 2006). Ses effets, comme ceux d'une bombe à retardement que personne ne saurait désamorcer, sont *déjà là* avant même que le processus ne soit achevé. Les différentes mutations biologiques observées par le Pr. Bandajevsky (Tchertkoff, 2006) sont plus qu'une simple hypothèque sur la santé d'une population de jeunes enfants en passe de constituer la cohorte des victimes « temporaires » d'un événement dévastateur. Elles contiennent en réalité *en puissance* le devenir déjà observable, bien que, pour une grande part, encore inconnu, de générations entières promises au malheur et à la souffrance que Svetlana Alexievitch a tenté d'appréhender (Alexievitch, 1998), celui d'une humanité condamnée. Les pathologies cardiaques et musculaires, l'effondrement de la fertilité, les mutations du système nerveux central ou la modification de la formule du sang et les symptômes cliniques qui en sont la manifestation visible, sont-ils le signe de la grande transformation qui guette le genre et l'espèce humains ? La généticienne Rosa Goncharova a mis en évidence les mutations génétiques profondes qui affectent plusieurs générations de poissons et d'animaux soumis à un régime alimentaire fortement contaminé dans la longue durée, ainsi que les effets mutagènes du césium et du strontium. Elle conserve dans les sous-sols de l'Académie des Sciences de Biélorussie une collection de bocaux contenant ces « nouveaux monstres », une carpe sans bouche qui s'alimente par les ouïes, des poissons difformes. Les monstres qui habitaient au Moyen Âge l'imagination d'un Jérôme Bosch, comme spectres de la catastrophe, d'un chaos destiné à borner et à définir le monde divin, sont désormais advenus et constituent notre monde. Ceci nous renvoie à l'épineuse question de savoir comment construire une anthropologie, une définition de l'humanité de l'homme, une fois que la catastrophe n'est plus cette *perspective* négative par rapport à laquelle nous pouvons nous situer, nous définir comme humains, une fois qu'elle ne constitue plus la limite qui sépare l'humain de l'inhumain, mais à présent qu'elle constitue un monde dans lequel nous sommes condamnés à apprendre à survivre. Et il est donc peu probable que les moyens dont nous disposons collectivement (muséographie, monuments, stèles, etc.) soient à la hauteur des enjeux de la catastrophe du point de vue de la mémoire. Tout juste pourront-ils permettre aux liquidateurs survivants, promis à une disparition rapide, et à leur famille, de réaliser un travail de deuil acceptable, le plus souvent en référence à l'imaginaire de la Seconde Guerre mondiale, en l'honneur de ceux qui ont « sauvé leur patrie ». Là s'arrête bien évidemment la comparaison dans la mesure où, avec Tchernobyl, l'ennemi est invisible et indestructible. Nous allons toutefois explorer les quelques formes muséographiques auxquelles nous fûmes confronté lors de nos nombreuses missions.

La question de la mémoire prospective

L'enjeu mnésique de la catastrophe nucléaire, contrairement aux catastrophes connues jusqu'alors et qui, une fois survenues, appartiennent au passé, est de se forger dans le présent ce que nous avons nommé plus haut une *mémoire du futur*. C'est que Tchernobyl est un événement qui, pour l'essentiel, appartient encore au futur. Il nous dépasse, de très loin, dans sa temporalité pour constituer, non plus un horizon d'attente comme celui vers lequel se tournaient les générations passées à partir du moment où s'inventa l'histoire moderne, mais une sorte d'horizon négatif, un abîme duquel on tente de se détourner et vers lequel nous coulons pourtant inexorablement. Se forger une mémoire prospective de cet avenir, c'est consentir à regarder, à investiguer cet abîme dont le dessin nous apparaît sans cesse plus nettement au fil des découvertes scientifiques et des témoignages anthropologiques. Mais n'oublions pas que le destin tragique de ceux qui sont condamnés à devoir vivre en zone fortement contaminée n'est pas une punition divine, pas plus qu'il ne relève du hasard. Il marque notre entrée dans la société du risque, où l'incertitude dont la Science était censée nous défaire règne à nouveau en maître. Cette nouvelle épée de Damoclès qui rompit ses chaînes une nuit du mois d'avril 1986 en Ukraine a été savamment forgée par des ingénieurs, des techniciens, suivant une longue chaîne organisationnelle, depuis le Premier secrétaire du Parti jusqu'à l'ouvrier qui en a coulé le béton. Nous pourrions même dire qu'elle fut désirée : vivre à Pripiat, ville modèle, et travailler en col blanc dans la branche la plus noble du génie électrique pour satisfaire aux intérêts supérieurs du pays constituaient le rêve de nombreux jeunes Soviétiques. À présent que la ville modèle est devenue ville fantôme, que la fierté prométhéenne s'est transformée en honte et que la grande Union soviétique s'est changée, pour les Ukrainiens et les Biélorusses en particulier, en petites Républiques appauvries et incertaines, envisager l'avenir *depuis* les zones contaminées est devenu une tâche redoutable.

La catastrophe de Tchernobyl marque en effet, avec la ruine de l'URSS qu'elle précipite, un effondrement de la puissance, technologique comme politique, la fin d'un rêve de puissance ou, du point de vue nietzschéen, de la volonté de puissance qui a porté la modernité industrielle. Nous voici mis en demeure, par la « force des choses », de retrouver le sens des limites. Plus qu'un simple problème de sûreté ou de sécurité industrielle qui appellerait des réponses techniques, l'avenir radieux promis par l'âge atomique une fois devenu radiant constitue assurément le lieu à partir duquel nous devons regarder notre présent. Suivant la proposition faite par le philosophe Hans Jonas (Jonas, 1992), nous confirmons qu'un renversement de la flèche du temps est nécessaire à la définition d'une éthique pour les sociétés technoscientifiques (Joans, 1992) et nous devons apprendre, non plus à considérer l'avenir comme le meilleur des mondes en puissance qu'il nous resterait à façonner à partir des transformations que nous réalisons dans le présent, mais à adopter le point de vue du monde futur afin que nos actes dans le présent permettent de lui conserver un caractère habitable. La mémoire prospective, pour les psychologues, est celle qui commande à des actions futures : demain, je dois faire ceci. Dans le cadre d'une éthique pour les sociétés technoscientifiques, elle pourrait consister à savoir ce à quoi nous devons renoncer si nous voulons offrir à l'humanité future les capacités nécessaires à satisfaire ses besoins comme nous avons pu satisfaire les nôtres. Ainsi, le problème de la mémoire n'est plus tant de chercher à retrouver ou à occuper la posture des générations du passé en « faisant l'histoire » (ce que propose pour l'essentiel la muséographie contemporaine), qu'à prendre celle des générations à venir et dont les signes du destin sont malheureusement déjà lisibles dans le présent pour qui accepte de les lire. C'est précisément le sens du sous-titre de l'adaptation théâtrale réalisée par Bruno Boussagol de *La Supplication*, qui reprend le sous-titre original de l'œuvre littéraire de Svetlana Alexievitch : *Tchernobyl. Chroniques du monde après l'Apocalypse*. L'auteur notait d'ailleurs elle-même : « *Plusieurs fois j'ai eu l'impression de noter le futur* ». Voyons maintenant comment les différents dispositifs muséographiques ont – ou plutôt n'ont pas – saisi l'étrange temporalité de cette catastrophe inédite.

Le muséal : l'exposition Tchernobyl du musée de Minsk

Plusieurs types de phénomènes peuvent caractériser empiriquement l'évolution des rapports que les sociétés (post)industrielles entretiennent avec leur mémoire, parmi lesquels l'évolution qu'ont connue ces vingt dernières années avec le développement des « musées de société » et des « écomusées ». Marc Guillaume (1980) leur attribue pour fonction de rendre acceptable l'accélération du temps dans le développement de la société de consommation/destruction de masse, ce dont témoignent l'archéologie industrielle et l'essor des musées du quotidien. La valeur culturelle des objets ressaisis par le musée a subi en quelque sorte une « éclipse », et le choix de les patrimonialiser contribue à leur rendre une légitimité perdue. La muséographie sociale pose de ce point de vue au moins une question essentielle : tout comme le musée révolutionnaire s'est saisi de la question de la destination de l'œuvre d'art, elle se saisit des traces d'un passé quotidien de plus en plus récent, jusqu'à se saisir du présent comme c'est le cas du musée de Minsk.

Notre première visite au musée des traditions et arts populaires de Minsk eut lieu en octobre 1998. Nous découvrions, à notre grande surprise, que le musée d'ethnographie avait été subrepticement transformé en musée des territoires contaminés en invoquant la culture disparue d'avant la catastrophe et qu'une grande partie des collections exposées avait été collectée – pillée – suite au déplacement des populations rurales qui vivaient dans les territoires concernés. La section Tchernobyl de l'ancien musée d'ethnographie de l'Académie des sciences (équivalent du CNRS en France) a été créée en 1992, à partir d'une récollection d'objets effectuée dans la zone de trente kilomètres autour de la centrale. Si la Biélorussie a connu des guerres et des désastres qui ont détruit beaucoup de villes et de villages, jamais autant que Tchernobyl ils n'avaient atteint la culture. Or, le relogement de masse fut la cause d'une importante destruction de la structure sociale et culturelle. Différents éléments de la culture (folkloriques, ethnologiques, art populaire, etc.) sont à jamais perdus, enterrés, disséminés. Peut-on penser, comme l'annonce un petit catalogue écrit en biélorusse distribué à l'entrée de la visite, que « par le musée des centaines de monuments ont été sauvés » ? Après désactivation, dit encore la plaquette, « on peut faire désormais connaissance avec les œuvres de l'ethnographie de l'art populaire de cette zone. […] D'après leur valeur, ces monuments irradiés entrent pour la première fois dans l'histoire de l'art mondiale ». Il est précisé que chaque objet a passé un test radiologique avant d'être exposé. La pratique des musées ne connaît pas cela. Aller chercher la pureté et l'originel de la culture dans la contamination peut sembler paradoxal. Mais c'est compter sans l'ambivalence de la catastrophe : elle est toujours à la fois ce qui détruit et ce qui révèle. Comme les ruines de Pompéi nous ont été restituées parce qu'elles avaient été ensevelies sous une cendre mortelle, celles de la culture biélorussienne des zones contaminées sont devenues des objets de curiosité et de convoitise. Cette dynamique patrimoniale, à la fois sociale et politique, a été très largement stimulée par le fait que la République soviétique de Biélorussie se transforme, en 1991, en nouvel État indépendant, en proie à une recherche identitaire commune à tous les pays ainsi « libérés » du joug soviétique. Pour Henri-Pierre Jeudy (1986), la muséographie de société apparaît le plus souvent comme le symbole d'une aliénation de l'autre dont elle efface les traces pour ne donner à saisir qu'une histoire blanchie, réécrite, nettoyée des accidents « historiques » et sociaux, bref : un paradis perdu. L'histoire présentée au musée de Minsk n'est-elle autre chose qu'une allégorie de la société pré-soviétique, terre nourricière et bienfaitrice d'un temps où la nature était plus porteuse de promesses que de menaces ? Il est frappant de voir comment la catastrophe, qui a accéléré la révélation de la culture ancestrale des populations habitant les zones actuellement contaminées, n'y apparaît qu'en creux, en négatif. Pourtant, la menace de disparition est constitutive de l'ensemble des discours sur la création de ce fonds, mais il demeure possible, face à la scénographie présentée et pour un visiteur ignorant tout de Tchernobyl, d'imaginer que la catastrophe n'a *pas* eu lieu. Seules, un ensemble de toiles peintes par le directeur du musée, Victor Chmatov, et accrochées dans le long couloir d'entrée du bâtiment, offrent au regard une allégorie d'inspiration soviétique et mystique des souffrances endurées par le peuple de Tchernobyl. (Image 6)

Le musée, domicilié dans un bâtiment de l'Académie des sciences, est essentiellement fréquenté par des étudiants, des chercheurs étrangers et des scolaires. À l'entrée de l'exposition, un mannequin en bois présente un assemblage hétéroclite de diverses pièces de costumes provenant de différentes régions du pays. Cette petite installation syncrétique est à l'image du musée tout entier, un lieu rassembleur de fragments, rappelant la scénographie actuelle des musées de société centrée sur la reconstitution des cadres de la vie quotidienne et non plus suivant le principe des collections nominalistes propres aux musées coloniaux. L'autre y est présent sous forme spectrale, soit sous la forme indirecte de photographies d'habitations (Image 1) ou de mise en abyme (Image 2), voire à travers la mise en scène de la vie quotidienne comme sur cette photographie (Image 3) qui trône, comme jadis dans le domicile, sous une étole dont on recouvre les icônes. On expose ici d'abord l'objet photographique, arraché à la zone contaminée, en deçà de toute référence explicite au couple anonyme qui en constitue le sujet. La présence-absence des habitants des zones contaminées passe encore par la mise en perspective de photographies noir et blanc, derrière les objets exposés au premier plan, qui renvoient explicitement à la catastrophe, mais en creux : ici, des habitations détruites (visiblement brûlées) dont il ne reste que l'ossature (Image 4), là, des clichés directement issus des missions ethnographiques organisées en zone après l'évacuation (Image 5). Ainsi, que la catastrophe soit survenue ou non, le réflexe de patrimonialisation muséographique demeure, conduisant les autorités biélorusses à mettre à l'abri et à exposer les reliques de la culture paysanne qui n'a eu de cesse de faire l'objet, dans la modernité soviétique, de tentatives de liquidation programmée, et dont Tchernobyl ne constitue peut-être que le « coup de grâce ». Entre les impasses d'une conservation réifiante et les illusions de l'*archéotopie*, ce désir de « faire revivre le passé », il reste donc à inventer d'autres modes de ressaisissement et d'actualisation de la mémoire qui puissent frayer un chemin entre deux écueils du patrimoine. Entre la collection répétition névrotique propre au musée ethnographique (les collections nominalistes de ruches, de seaux, etc., du musée de Minsk) et la surexposition du glorieux passé biélorusse, il reste à inventer un mode de ressaisissement de la mémoire de la catastrophe qui rendrait possible un travail de *deuil*. Le passé pré-soviétique que la catastrophe a révélé se retrouve mis à distance, séparé du présent. C'est par l'objectivation du passé que l'on croit rétablir la continuité entre le présent et le passé mais, en constituant ce dernier en objet d'études, on ne fait qu'inscrire le présent sur ce qu'on croit saisir de la matière morte du passé. Les icônes exposées, trouvées dans les maisons, sont du XIXe siècle. Mais, régulièrement, la peinture s'efface, le bois réapparaît, en arrière-plan. Le bois « refait surface » me dit-on, et « qui écrira le nouveau motif ? ». Le musée pourrait-il dans ce cas constituer un conservatoire, un lieu où l'on viendrait chercher l'inspiration pour construire autre chose ? Un lieu de ressources qui permettrait de penser un après de la catastrophe ? Le musée serait alors conçu non comme une fin, mais comme un passage, vers un ailleurs, un monde en cours de reconstruction ?

Pripiat : la ville musée à ciel ouvert

Ville aujourd'hui fantomatique et déserte (Image16), Pripiat hébergeait naguère plusieurs dizaines de milliers de travailleurs du nucléaire et leurs familles. Première ville évacuée, elle renferme sa mémoire dans une ruine d'un type nouveau, celle de notre civilisation du progrès et du développement. De quoi nous parle cette ville ? Non pas du lieu, secret et étrange, de l'installation industrielle, mais de celui de la ville, de la vie quotidienne, des lieux que nous connaissons, de ces lieux familiers que l'on trouve dans toutes les villes du monde (Image 15). La nature pousse désormais ses racines dans le béton, étend ses tentacules à travers les murs et les toitures, accroche ses lianes aux éclairages publics ou aux façades des immeubles.

Tout se craquelle, se fendille, se désagrège, s'effrite. Les couleurs se font plus ternes, les matières se vident peu à peu de leur substance, tout s'y recouvre lentement d'une couche de mousse humide et sombre. Tel un cadavre en décomposition, la ville attend, silencieuse et froide, le jour où il ne restera qu'une ultime trace de son existence. Tout y obéit à la loi implacable du temps. Des immeubles entiers accrochent encore leurs grandes carcasses, en attendant l'effondrement. On les appelait jadis centre culturel, piscine olympique, école des grands, cinéma, hôpital et même Luna Park...(Image 14). Comme des crânes vides dans lesquels souffle le vent d'hiver, ils nous regardent, exorbités, montrant le dernier visage de ce qui fut autrefois l'expression de la fierté et de l'arrogance d'un système. Depuis l'évacuation qui eut lieu quelques jours après l'explosion fatale, le temps est resté figé dans une temporalité de lente décomposition, et la ville nous apparaît désormais comme l'un des seuls lieux de mémoire de l'accident. Contrairement aux territoires contaminés qui demeurent plus ou moins habités et où le travail du temps ouvre des perspectives inquiétantes et incertaines, sans jamais donner de point de repère sur l'origine du mal, sur le temps de l'accident, le moment où tout a basculé, Pripiat apparaît, avec le temps, comme le seul monument de ce qui reste de Tchernobyl en tant qu'elle constituait un projet d'avenir radieux. Pripiat incarne les traces et les restes des promesses d'avenir contenues dans le projet nucléaire en tant que mythe, en tant que discours fondateur pour une nouvelle civilisation. Mais ce qui nous saisit et nous laisse sans voix à Pripiat, c'est que la ruine qui s'étend devant nous et nous regarde est celle de notre propre civilisation, celle d'une ville nouvelle des années 1980 comme on en a construit partout dans le monde.

Mais, depuis une décennie au moins, s'est développé un véritable « tourisme de catastrophe », dont nous empruntâmes les chemins pour nous rendre dans la très contrôlé « zone des trente kilomètres » dessinée autour de la centrale (Lemarchand, 2012). Que peut-on retirer comme expérience d'un voyage dans la zone contaminée de Tchernobyl et ce lieu est-il à même de produire une expérience pour le visiteur ? Telles sont les questions auxquelles nous fûmes confronté en tant qu'organisateur d'un tel déplacement, à l'occasion d'une Université européenne d'été à Kiev. S'il existe un sacré de catastrophe, s'agit-il d'une profanation ? Ou, au contraire, la présence aux lieux du désastre relève-t-elle d'une obligation morale, comme celle qui entend conduire des milliers de jeunes lycéens européens vers les restes muséographiés d'Auschwitz ? De notre visite (Lemarchand, 2012), nous retiendrons ce qui renvoie pour l'essentiel à la question du musée, d'un grand musée à ciel ouvert dont le processus d'institution demeure extrêmement complexe, entre politique officielle d'État, action de réseaux citoyens commémoratifs et diverses activités illicites et plus ou moins spontanées (Image 18), d'artistes entre autres. De nombreuses mises en scène semblent en effet avoir été introduites dans un lieu censément abandonné et livré à la ruine, ainsi les calendriers arrêtés à la date fatidique du 26 avril mis en évidence sur des murs décrépits (Image 19), ou, là, des jouets d'enfant, des œuvres exposées (Image 17), redressées, arrangées et ayant mystérieusement échappé au pillage généralisé auquel se sont livrés des particuliers ou même des réseaux organisés depuis l'évacuation. On trouve également de nombreuses interventions de *Street art*, graffitis, pochoirs, d'inspirations diverses, qui attestent à la fois de la fréquentation du lieu et de son enjeu symbolique.

Qui pourra, enfin, s'empêcher, face à cette cité perdue livrée à une nature conquérante, de penser aux cités mythiques englouties, aux ruines aztèques et à leurs mystères, aux Atlantide et à leur puissance d'évocation ? Plus près de nous, les images de Pripiat se confondent avec celles de Pompéi, figée en une nuit de l'an 79, en plein apogée de l'Empire romain, sous un amas de cendres brûlantes. Celles qui ont figé Pripiat, à l'apogée de l'Âge atomique, une nuit de l'an 1986, étaient radioactives et le volcan était une œuvre humaine en béton. Deux villes, deux mythes, mais un même sentiment catastrophique s'empare du visiteur : l'idée de l'effondrement d'une civilisation glorieuse et victorieuse. Autant Pompéi est minérale et semble figée pour l'éternité, autant Pripiat est végétalisée et fragile, promise à une disparition rapide. On parle, là-bas, de vingt ans tout au plus. Pripiat est peut-être notre Pompéi et inspire de nombreux artistes ou autres créateurs de jeux de rôle. La ville se prolonge et s'artialise dans l'imaginaire collectif, devient sujet artistique, voire une œuvre d'art en soi. Cet investissement esthétique lutte à sa manière contre l'effondrement de l'expérience et de la mémoire, ressaisit les traces, leur accroche de nouveaux récits et réinvente l'espace du musée, sauf qu'ici aucune conservation n'est garantie. Si nous le voulons, nous pouvons toujours tourner notre regard vers ces restes que nous avons laissés derrière nous dans cette folle accélération, nous pouvons interroger le champ de ruines du progrès : communautés paysannes désœuvrées, territoires durablement contaminés, cultures devenues obsolètes. Il semblerait que Tchernobyl ait ébranlé nos dernières certitudes quant aux promesses de la technique, et que Pripiat soit probablement le lieu de cet effondrement.

Le musée Tchernobyl de la ville de Kiev

Ce n'est que beaucoup plus tard, à la fin des années 2000, que nous visitâmes le très officiel – le seul – musée Tchernobyl de la ville de Kiev. Il faut dire que la République d'Ukraine, en partie libérale et démocratique, a su tirer parti de ce passé problématique, contrairement à la Biélorussie où le pouvoir dictatorial de Loukachenko contrôle et verrouille toute la mémoire de l'événement. Ainsi, avant l'ouverture au tourisme de la « zone » dont nous avons fait état plus haut, le gouvernement d'Ukraine avait-il envisagé de créer un musée spécialement dédié à la catastrophe, ou plus exactement à la mémoire des victimes de l'accident nucléaire. Il s'inscrit donc, de ce point de vue, dans le double registre du monumental (commémoratif) et du muséal (explicatif de l'histoire). Le décrire empiriquement serait une tâche impossible dans l'espace qui nous est dédié tant le lieu foisonne de signes, d'objets éclectiques, de symboles et de mises en scène morbides, entre kitsch et baroque (Image 13). L'on peut toutefois affirmer qu'il est porteur d'une intentionnalité muséographique, avec une scénographie soignée et assez technique (Image 10) pour l'essentiel empruntée – puisqu'il s'agit du même scénographe – au musée de la Grande Guerre patriotique qui conduisit les forces de Staline à la victoire sur le nazisme (Image 9). C'est d'ailleurs dans cet esprit que le lieu fut conçu, afin de consacrer la « victoire » des liquidateurs envoyés par centaines de milliers à la centrale. Comme nous l'avons vu, hélas, si les troupes d'appelés réussirent à reprendre la main sur les infrastructures techniques en jugulant l'incendie qui diffusa son poison mortel sur tout l'hémisphère nord jusqu'à la construction du premier « sarcophage », récemment recouvert de « l'arche », l'une des plus grandes structures de béton au monde, force est de reconnaître que la bataille contre l'atome est définitivement perdue, rien ne pouvant plus empêcher son action sur le règne animal et végétal pour les siècles à venir. On retrouve d'ailleurs dans ce musée une photographie emblématique de l'iconographie « officielle » soviétique de Tchernobyl, laquelle est principalement constituée des clichés d'un des rares photographes autorisés présent sur les lieux de l'accident, Igor Kostin. Celle-ci représente l'installation du drapeau rouge sur le toit de la centrale (sur la cheminée plus exactement) qui symbolise la fin des travaux et, implicitement, la « victoire » sur l'atome. Comment ne pas voir, en creux, se projeter l'ombre de la célébrissime photographie mettant en scène le plantage du drapeau soviétique sur le toit calciné du Reichstag de Berlin en 1944 ? On a pu entendre, à Fukushima, le même type de discours technique victorieux laissant entendre que tout était réglé… Alors même que cette nouvelle histoire ne fait que commencer. Un vibrant hommage est bien entendu rendu, dans différents espaces du musée, au sacrifice des liquidateurs, ces jeunes appelés de toutes les Républiques soviétiques qui participèrent à cette opération de sauvetage de la Patrie… Nous n'insisterons pas, après la longue introduction problématique à cette contribution, sur les raisons de la radicale impossibilité de procéder à ce genre d'historicisation de l'après-accident. Dans ce que Yohann Moreau a fort justement nommé la *catastase*, un état de catastrophe permanent, il semble bien impossible d'arrêter le temps, de fixer l'histoire, ce que vise l'essentiel des dispositifs muséographiques.

À ce premier échec répond toute la difficulté dont on peut prendre la mesure dans le musée Tchernobyl, celle d'honorer la mémoire des « victimes civiles », ou, plus exactement, puisqu'il ne s'agit pas d'une guerre au sens politique du terme, le sacrifice des innocents sur l'autel du Progrès technique. Non pas que la vie humaine, considérée individuellement, n'ait jamais eu une grande valeur en Union soviétique, comme le rappellent les 120 millions de morts liés à l'expérience totalitaire au XXe siècle (incluant la guerre), mais l'ouverture au libéralisme et aux idées occidentales après la chute du mur a conduit le commanditaire et les muséographes à tenter de mettre en scène les populations victimes de l'accident dans la perspective de revendication identitaire ukrainienne, question d'actualité s'il en est. Tchernobyl servit ainsi de support aux revendications culturelles nationalistes – l'ukrainien devint ainsi la langue officielle d'un pays continuant à parler le russe comme langue principale – à travers une mise en scène du « peuple martyr » d'une politique énergétique soviétique.

La difficulté majeure, toutefois, propre à ce type de construction, demeure peut-être l'impossibilité de ressaisir l'événement – ici le non-événement – dans une perspective historiciste et manichéenne propre aux historiographies du XXe siècle, où l'on triomphe inévitablement du mal par un sacrifice de masse dans un mouvement de rédemption générale. Ici, pas d'ennemi désigné, pas de volonté de nuire, pas de « barbares » (les autres), et surtout aucune volonté de faire le mal. Ainsi, les survivants de l'accident, liquidateurs, riverains, ou habitants des zones contaminées qui peuvent se définir comme une population *en sursis*, ne parviennent-il pas, comme le musée qui leur rend hommage, à désigner une figure de la responsabilité, à trouver des coupables à leur malheur. Certes, le directeur de la centrale fut jeté en prison à l'issue d'un procès très médiatisé, mais les Tchernobyliens ne se retrouvent-ils pas dans la situation où, confrontés à des périls écologiques produits par l'Homme, ils deviennent à la fois victimes et bourreaux ? Autrement dit, la tentative historiciste qui voudrait faire du musée Tchernobyl un musée au moins analogue à celui de la Grande Guerre patriotique ne parvient pas à ses fins, faute d'adopter la bonne échelle de temps, ou plutôt sa bonne orientation. Plutôt que de considérer Tchernobyl comme un problème résolu, appartenant à un passé que le musée pourrait éclairer, alors même que des millions de personnes sont confrontées quotidiennement aux conséquences de l'accident qui ne font que commencer, aurait-il fallu – au moins tenter de – occuper la place des générations futures *déjà* contaminées par l'atome. Cette posture, seule, permettrait de produire une véritable « heuristique » de la catastrophe.

La troisième dimension de l'échec du dispositif muséographique relève de l'impossibilité, pour ses concepteurs eux-mêmes, ukrainiens et donc « pris » dans cette affaire, à saisir la dimension inédite de l'événement, à en saisir la nature métaphysique. Ou plutôt, ils s'y sont bien essayés, avec des moyens culturels obsolètes, s'abîmant dans un mysticisme syncrétique de pacotille (Images 11, 12, 13), empruntant tantôt à la religion, tantôt à la pensée magique (Image 8), convoquant anges et démons (les mannequins de liquidateurs et leur mise en scène tragique) (Image14). Il est vrai que Tchernobyl signifie en russe « absinthe noire », l'herbe amère qui empoisonna l'humanité suite à l'apparition d'une nuée rouge dans le ciel dans l'*Apocalypse* de Jean (VIII, 11).

Frédérick Lemarchand

Illustrations

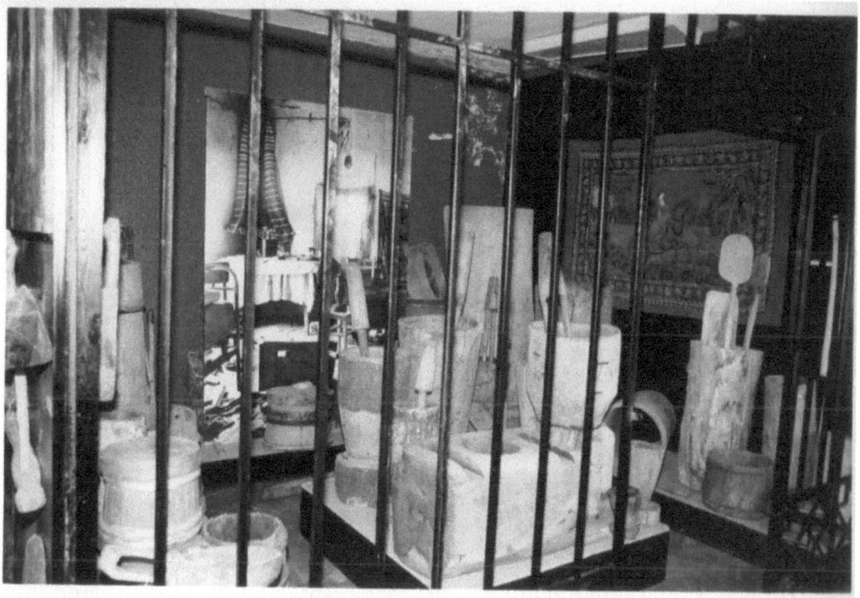

Image 1. F. Lemarchand, musée ethnographique de Minsk, 1998

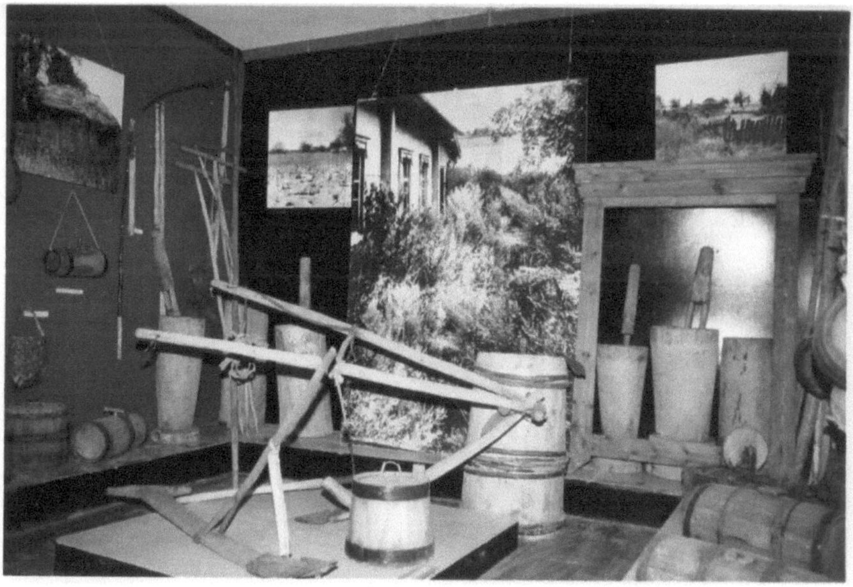

Image 2. F. Lemarchand, musée ethnographique de Minsk, 1998

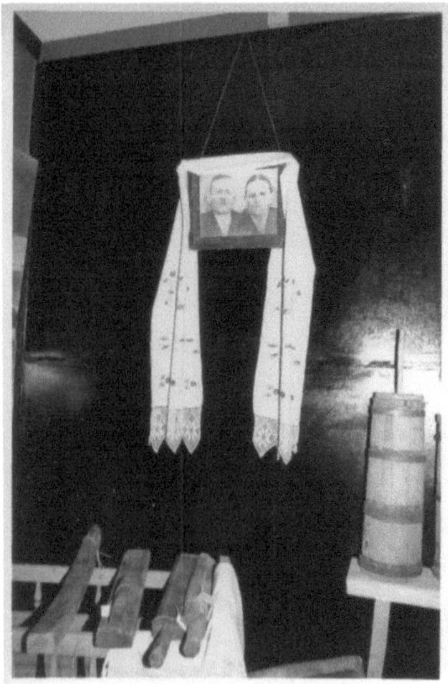

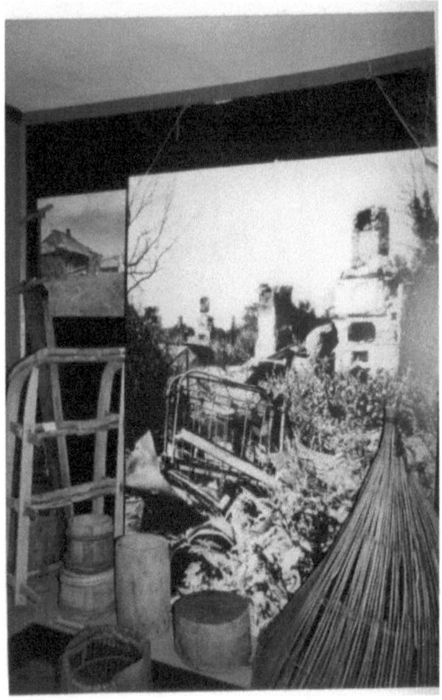

Image 3. F. Lemarchand, musée ethnographique de Minsk, 1998

Image 4. F. Lemarchand, musée ethnographique de Minsk, 1998

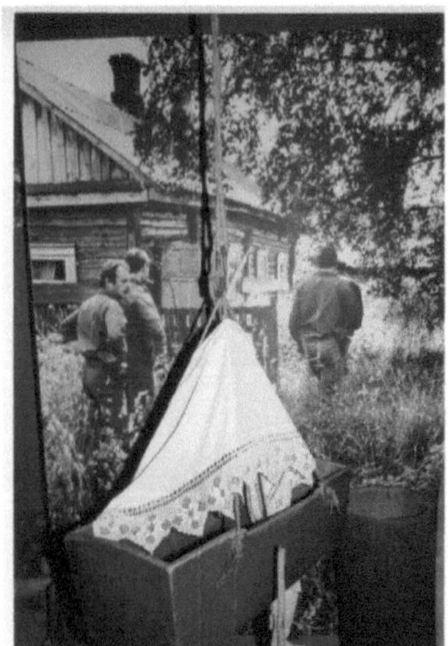

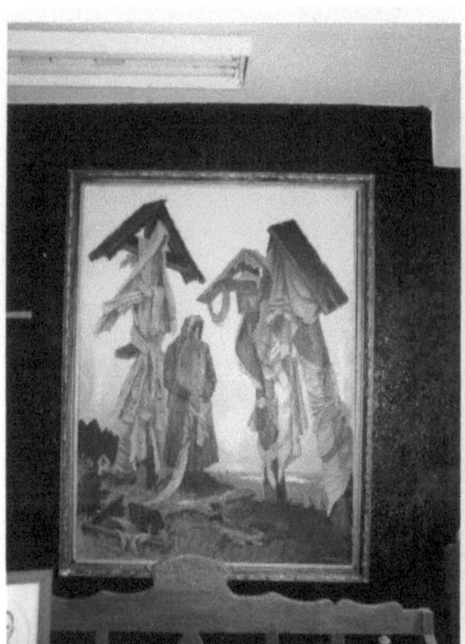

Image 5. F. Lemarchand, musée ethnographique de Minsk, 1998

Image 6. F. Lemarchand, musée ethnographique de Minsk, 1998

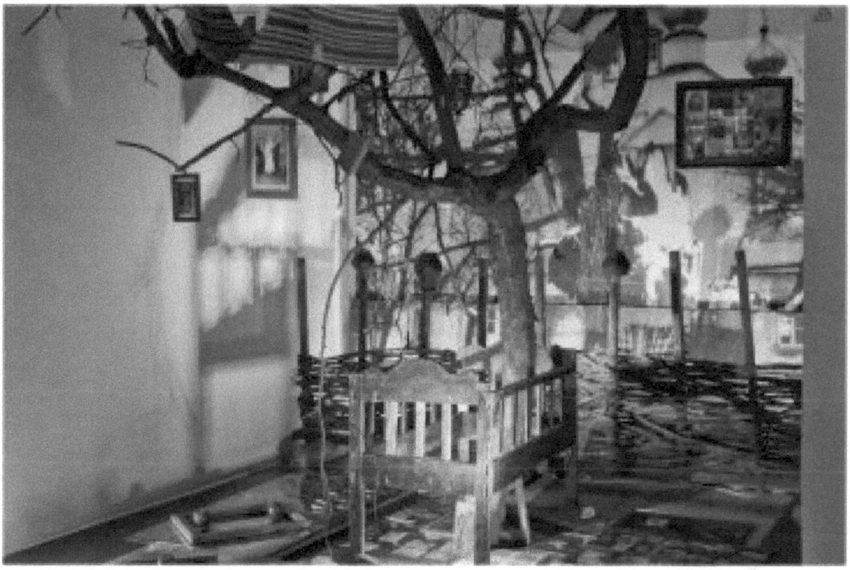

Image 7. F. Lemarchand, musée Tchernobyl de Kiev, 2005

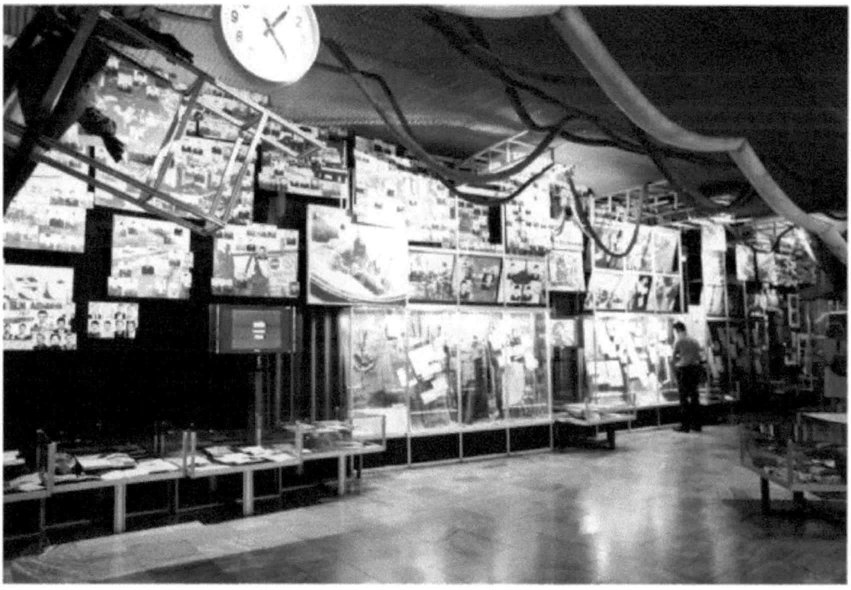

Image 8. F. Lemarchand, musée Tchernobyl de Kiev, 2005

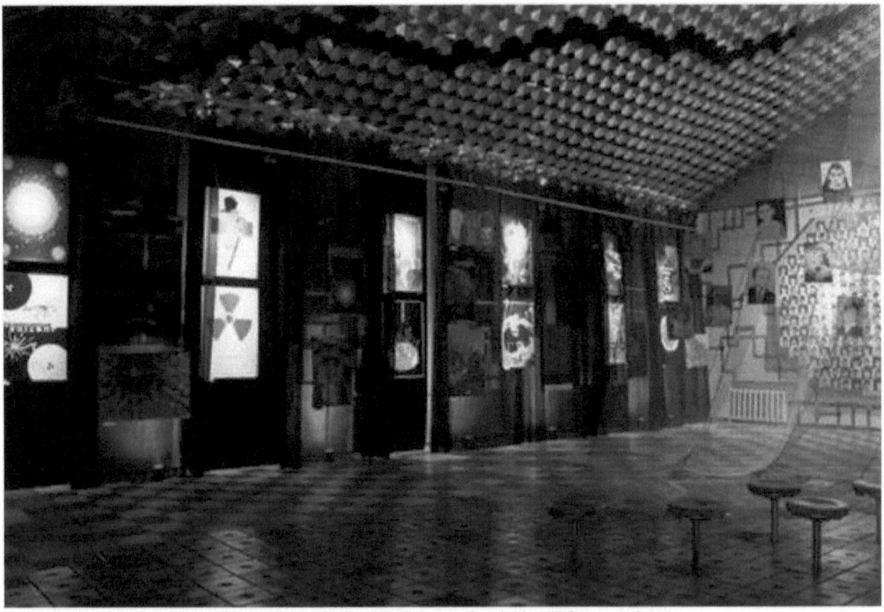

Image 9. F. Lemarchand, musée Tchernobyl de Kiev, 2005

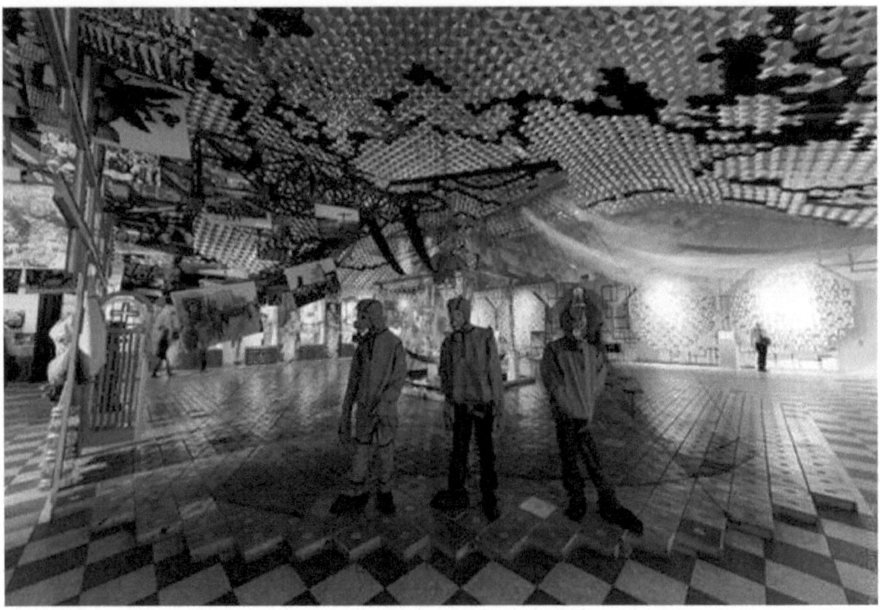

Image 10. F. Lemarchand, musée Tchernobyl de Kiev, 2005

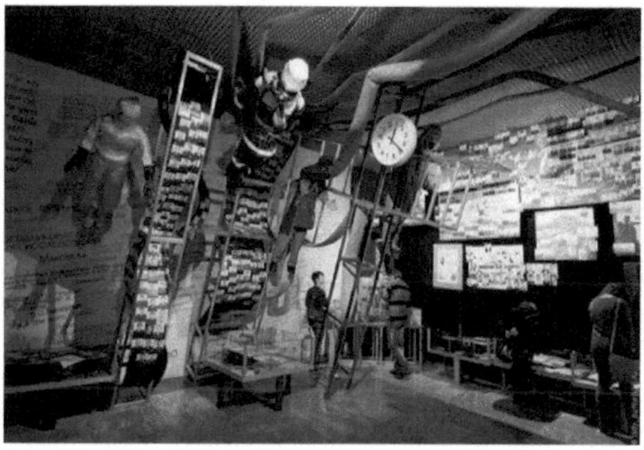

Image 11. F. Lemarchand, musée Tchernobyl de Kiev, 2005

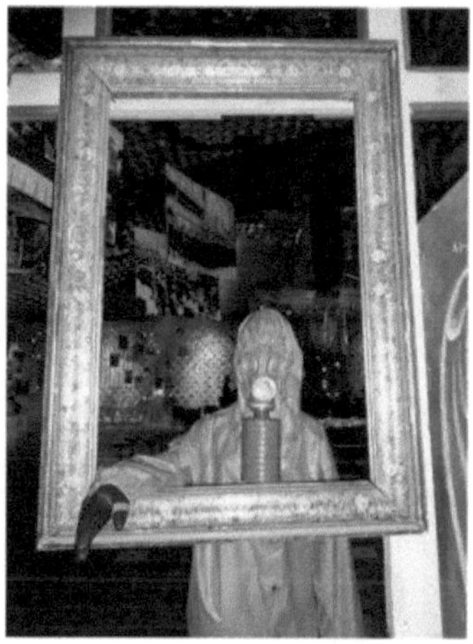

Image 12.
F. Lemarchand, musée Tchernobyl de Kiev, 2005

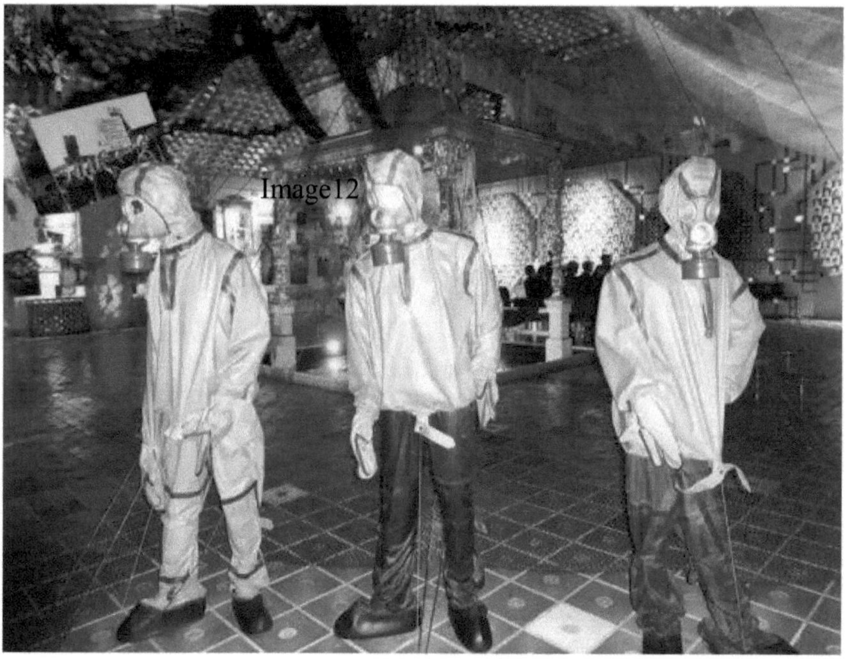

Image 13. F. Lemarchand, musée Tchernobyl de Kiev, 2005

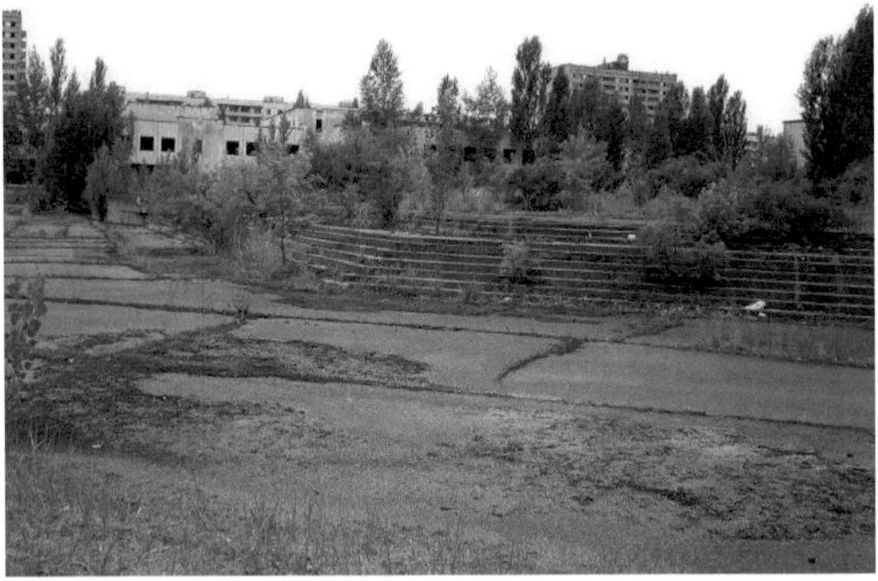

Image 14. F. Lemarchand, ville de Pripyat, 2005

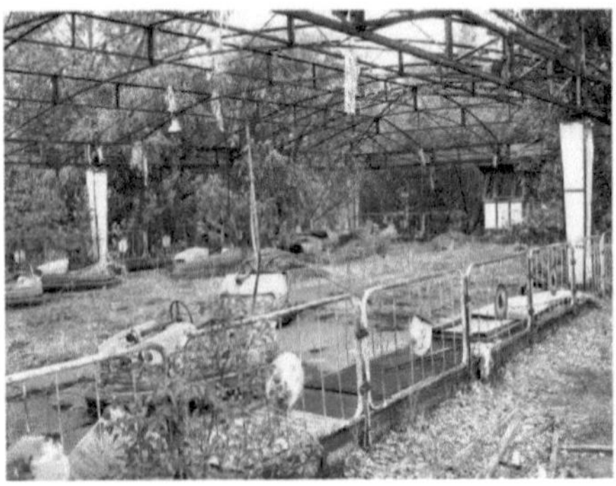

Image 15. F. Lemarchand, ville de Pripyat, 2005

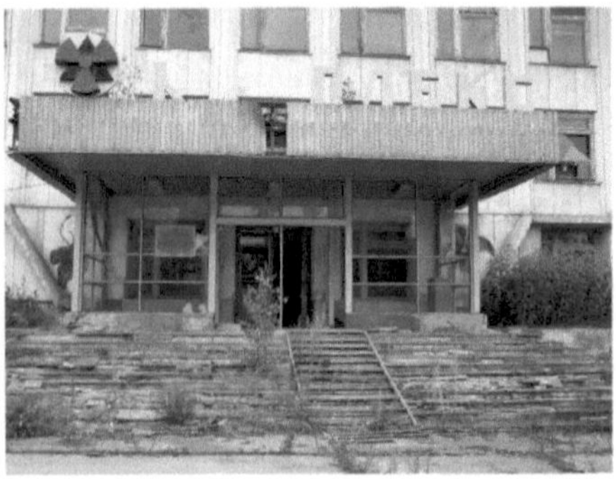

Image 16. F. Lemarchand, ville de Pripyat, 2005

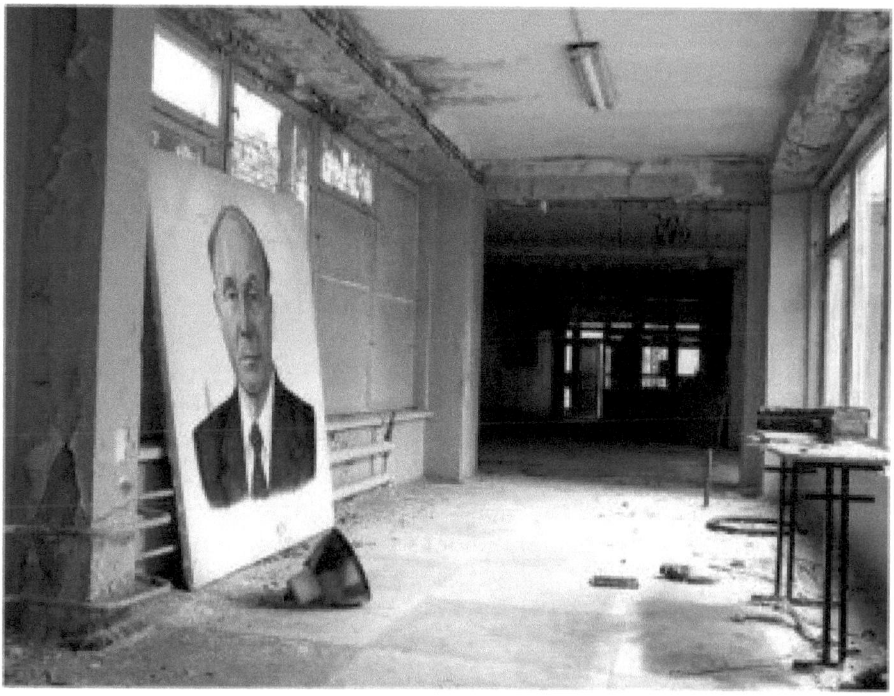

Image 17. F. Lemarchand, ville de Pripyat, 2005

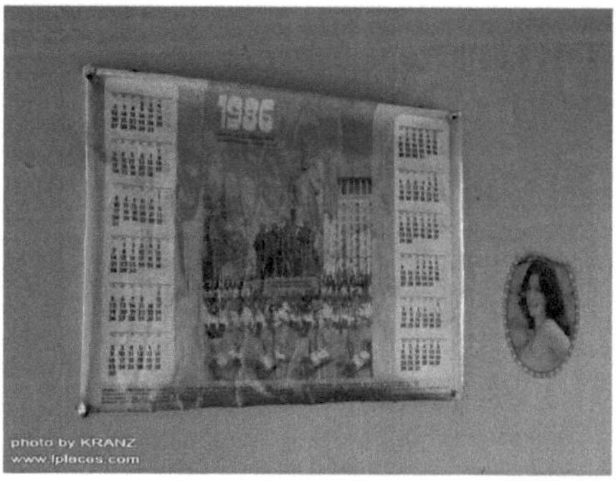

Image 18. F. Lemarchand, ville de Pripyat, 2005

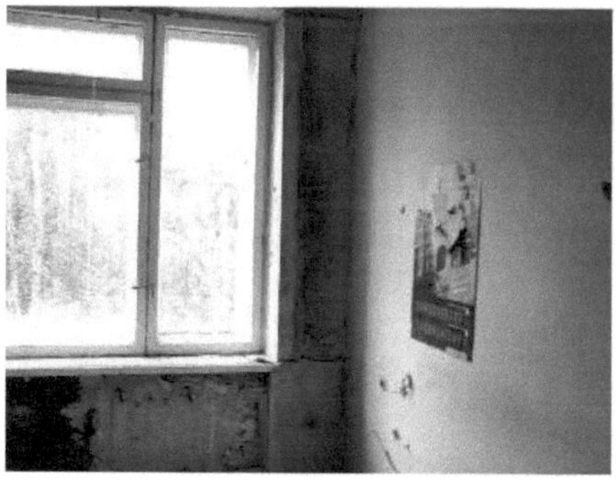

Image 19. F. Lemarchand, ville de Pripyat, 2005

Bibliographie

ACKERMAN Galia, *Tchernobyl, retour sur un désastre*, Paris, Buchet-Chastel, 2006.

ALEXIEVITCH Svetlana, *La Supplication*, Paris, Lattès, 1998.

BOCÉNO L, GRANDAZZI G., LEMARCHAND F., « Vivre en zone contaminée ou les paradoxes de la gestion du risque », *in* A. Goujon, J.-C. Lallemand, V. Symaniec, *Chroniques sur la Biélorussie contemporaine*, Paris, L'Harmattan, 2001, pp. 307-335.

DUPUY Jean-Pierre, *Retour de Tchernobyl, journal d'un homme en colère*, Paris, Éditions du Seuil, 2006.

GUILLAUME Marc, *La Politique du patrimoine*, Paris, Galilée, 1980.

JEUDY Henri-Pierre, *Mémoires du social*, Paris, PUF, 1986.

JONAS Hans, *Le Principe responsabilité*, Le Cerf, 1992.

LEMARCHAND Frédérick, « Le Tourisme de catastrophe : socio-anthropologie de la fréquentation des lieux du désastre », in *Cahiers européens des sciences sociales*, Éditions Talaia, 2012.

TCHERTKOFF Wladimir, *Le Crime de Tchernobyl*, Actes Sud, 2006.

Partie 3. Nouveaux publics

Du peuple aux publics. Formes et consécration de la figure du visiteur

Résumé

L'article s'attache à présenter, dans une perspective historique, les successives transformations de la figure du visiteur de musée, depuis les catégories définies à l'origine de la création des musées en Europe, jusqu'à celles qui consacrent, du point de vue des politiques culturelles, la figure du visiteur de musée dans son identité contemporaine.

Mots-clés : musées, publics, politiques culturelles, musée du Louvre.

La question des publics occupe une place singulière dans l'histoire des musées : s'ils ont toujours été présents dans les intentions des institutions patrimoniales et des politiques publiques, leur voix directe est quasiment absente des débats portant sur le sens du patrimoine pour les citoyens et les nations. Dans l'histoire des musées, le visiteur a été érigé en tant qu'objet avant d'être sujet. Sans nul doute, le développement des pratiques numériques permet-il aujourd'hui d'atténuer cette distance, par la parole qui est accordée aux publics, et la place à laquelle ils accèdent. Cependant, à de rares exceptions, la connaissance des publics des musées, de leurs représentations et de leurs attentes a été – et continue d'être – construite sur des « signaux faibles », des sources disparates, inégales en qualité et en nature, tels les correspondances de visiteurs[27], le ressenti des personnels, ou encore, les opinions et croyances de ceux qui œuvrent à la diffusion des travaux scientifiques et des programmes éducatifs et culturels. Des sources quantitatives existent, sans grande valeur heuristique, telles les données de vente renseignant sur la fréquentation, mais ne disant rien de l'expérience du visiteur. Contre toute attente, cette imperfection des sources de la connaissance sur les publics des musées ne s'est pas trouvée améliorée par la mise en régime numérique du champ culturel : elle consacre la production d'un corpus d'informations et de données (désignées aujourd'hui sous l'expression franco-anglaise de *Big Data culturel*), dont la croissance exponentielle et les caractéristiques techniques et technologiques permettent très difficilement de les exploiter pour appréhender les pratiques des publics de la culture.

La constance du délaissement des publics est aussi la conséquence des contextes socio-économiques dans lesquels s'est toujours déployée l'activité

---

[27] Les Archives des musées nationaux apportent un témoignage de première main, insuffisamment étudié, des relations entre l'administration des musées et les publics.

des musées. La pression pour rechercher des financements a imprégné – et imprègne de façon dominante depuis la crise économique et financière de 2008 – le débat public et le champ culturel. Cette centration sur la question des « modèles d'affaires » n'est pas nouvelle : les archives des musées de France témoignent de l'impact immédiat des périodes de troubles (crises institutionnelles ou financières, conflits mondiaux) sur les budgets des musées, et de la manière dont les musées ont constamment cherché à innover pour répondre aux baisses de leurs ressources[28]. La situation financière fragile des musées naît avec eux : le Louvre, *Museum central des Arts,* manque de moyens avant même d'ouvrir ses portes au public : « Notre trésorier se plaint qu'il n'a encore rien eu dans sa caisse. Nous vous prions de vouloir bien la garnir » (Tuetey et Guiffrey, 1910)[29].

Ainsi, dans le temps long de l'histoire des musées, la place des publics[30] s'est principalement attachée à la question de leur accès et des politiques tarifaires venant en soutien ou freinant leur possible fréquentation (Lapauze, 1902).

Le Peuple et la Nation

Au XVIIIe siècle, approcher les collections est un privilège réservé à quelques amateurs peu nombreux et opiniâtres.

Longtemps après que les collections de Sloane étaient devenues le *British Museum*, le public ne pouvait y avoir accès qu'avec les plus grandes difficultés. D'abord, il fallait faire une visite à la loge du portier et présenter les titres qui justifiaient un aussi rare privilège. Si l'enquête faite, à ce sujet, donnait un résultat favorable, on pouvait revenir chercher un billet d'entrée. Il fallait alors attendre quelques mois l'avis d'arrivée de son tour. Le grand jour venu, le visiteur était rapidement conduit, à travers les salles, en compagnie d'un groupe d'une dizaine de personnes, par un guide habile à décourager toute demande d'explications[31].

En France, le schisme de la Révolution consacre un ensemble de valeurs fondé sur l'égalité entre les citoyens, le partage des biens de la Nation et la valeur morale et éducative des musées. Les trois catégories désignées lors de l'ouverture du Louvre sont « les artistes », « le public » et « les étrangers », un regroupement aux frontières fluctuantes, laissant

[28] Archives des musées nationaux. Voir notamment, T25 [1794-1960] ; T25A [1796-1959].

[29] Commission du Muséum à Roland, *post-scriptum* au courrier daté du 8 novembre 1792. Archives nationales, F17 1059, n°1, in Tuetey et Guiffrey, 1910, p. 30. Le *Museum central des Arts* ouvre au public le 10 août 1793.

[30] Eidelman (Jacqueline), Roustan (Mélanie) et Goldstein (Bernadette) (dir.), « La place des publics, de l'usage des études et recherches par les musées », *Musées-Mondes*, la Documentation française, 2007.

[31] Sir Frederic Kenyon, directeur du *British Museum*, cité par Jean Capart, 1930. Le *British Museum* ouvre ses portes au public le 15 janvier 1759.

d'ailleurs supposer que les étrangers ne sont pas des publics et que les publics ne peuvent être que français... Cette classification originelle embrasse les grandes finalités attendues du musée de la Nation[32], qui ouvre ses portes « soit pour faciliter le travail des artistes, soit pour exciter et favoriser la curiosité du public et des étrangers que ce précieux assemblage de chefs-d'œuvre doit nécessairement attirer en France »[33]. Dans son projet de règlement, la Convention nationale [a] décrété que le Muséum français serait ouvert au public, a envisagé deux grands avantages qui doivent résulter de cette loi. Le premier est le progrès des beaux-arts en favorisant les études de ceux qui s'y consacrent ; le second est de contribuer à la gloire de la République, en exposant à tous les yeux les richesses qu'elle possède en ce genre. En conséquence, les commissaires du Muséum proposent le règlement suivant : Art. 1er – Sur chaque décade, les cinq premiers jours seront consacrés aux études des artistes ; des deux suivants, l'un sera employé à l'arrangement et à la propreté du local, l'autre aux travaux particuliers des commissaires relativement aux objets qui doivent composer le Muséum ; enfin, durant les trois derniers jours, le Muséum sera ouvert à tout le public.[34]

Cet accès particulièrement sélectif, qui accorde la primauté aux artistes, consacre déjà l'opposition entre un public éduqué et « savant » et la grande généralité des visiteurs, dont les comportements sont sévèrement jugés par leurs contemporains : en 1802, Johann Friedrich Reichardt[35] considère les visiteurs du Louvre « si nombreux et malpropres qu'on devrait consacrer le lundi au nettoyage »[36].

Essor industriel et commercial, croissance démographique et développement des transports conduisent à l'ouverture du Louvre en semaine, dans le contexte de l'inauguration de l'Exposition universelle de 1855. Le musée, lieu voué à l'instruction et à l'apprentissage des jeunes artistes, à travers l'exemple des maîtres anciens, s'est largement ouvert au tourisme et aux loisirs, alors que visiteurs français et étrangers affluent vers la capitale. Le XIXe siècle entérine la catégorisation des visiteurs de musées selon deux grandes figures distinctes en termes de compétences et dans leur rapport à l'art : d'un côté, les « Amateurs éclairés »[37], de l'autre, les

---

[32] Rolland (Anne-Solène) et Murauskaya (Hanna) (dir.), *De nouveaux modèles de musées ? Formes et enjeux des créations et rénovations de musées en Europe.* XIXe – XXIe *siècles*, Paris, L'Harmattan, « Patrimoines et sociétés », 2008.

[33] Archives nationales, F17, 1032, in Tuetey et Guiffrey, 1910, p. 90.

[34] Archives nationales, F17, 1059, n° 1, in Tuetey et Guiffrey, 1910, pp. 322-323.

[35] Compositeur, journaliste et critique allemand (1752-1814).

[36] Galard (Jean), *Visiteurs du Louvre, un florilège*, Paris, Réunion des musées nationaux, 1993.

[37] Archives nationales, F17, 1059, n° 1, « Brevet de commissaire du Muséum pour le Sr Jollain », 1er octobre 1792, in Tuetey et Guiffrey, 1910, pp. 25-28. Concernant l'émergence de

« simples curieux d'art ». Puvis de Chavannes[38], dans le contexte de la controverse portant sur l'instauration d'un droit d'entrée dans les musées, les tient d'ailleurs à distance d'une troisième figure, indigne de figurer au rang de visiteurs : ceux qui peuplent alors les musées, du fait de la gratuité d'accès, en ayant un usage trivial et malséant du lieu, les « vagabonds qui traitent les Musées en chauffoirs et en dortoirs ».

La distinction entre visiteurs érudits et néophytes sert de fondement aux deux grandes ambitions de l'action publique du point de vue de la valeur du musée pour la société : élever les citoyens (une catégorie sociale englobante exclusivement définie par l'appartenance nationale) ; éduquer la jeunesse, pour son instruction artistique et, plus largement, sa formation intellectuelle et morale. Il est fait bien peu de cas des enfants ou des adolescents : la garde des collections du Louvre doit, dans l'article 4 des futures consignes de visite du musée, « empêcher avec soin qu'il entre aucune personne prise de vin. Elle ne permettra à qui que ce soit d'introduire des chiens. Elle veillera à ce que les enfants ne s'écartent point seuls et loin des personnes qui les auront amenés »[39]. Les enfants sont les grands absents des sources portant sur les publics des musées jusqu'aux années 1930, qui voient l'institutionnalisation de la visite muséale dans le cadre scolaire[40].

Le souci des classes populaires

Aux citoyens et à la jeunesse succèdent les classes populaires, dont on pressent, dès la fin du XIXe siècle, qu'elles n'ont pas suffisamment accès aux biens culturels et qu'il importe de construire le désir de musée et de faire porter les efforts de l'État en faveur des citoyens les plus démunis. Georges Clemenceau défend la création de « musées du soir » ouverts à la classe

---

la figure de l'amateur, voir en particulier Krzysztof Pomian, « Marchands, connaisseurs, curieux à Paris au XVIIIe siècle », *Revue de l'art*, 43, 1979, pp. 23-36.

[38] Lettre datée du 16 août 1896. « Du paiement d'un droit d'entrée dans les Musées Nationaux », *L'Artiste*, août 1896, p. 118.

[39] Archives nationales, F17, I285, « Consigne proposée pour la garde chargée de maintenir le bon ordre et la sûreté de l'exposition des peintures, sculptures et objets précieux, tant du Salon des arts que du Musée de la République », in Tuetey et Guiffrey, 1910, p. 272.

[40] Il s'agit d'ailleurs d'un accès pensé pour les jeunes gens. Jacques-Louis David écrit : « Ne vous y trompez pas, citoyens, le Muséum n'est point un vain rassemblement d'objets de luxe ou de frivolité, qui ne doivent servir qu'à satisfaire la curiosité. Il faut qu'il devienne une école importante. Les instituteurs y conduiront leurs jeunes élèves ; le père y mènera son fils », Second rapport sur la nécessité de la suppression de la Commission du Muséum, fait au nom des Comités d'Instruction Publique et des Finances, par David, Député du Département de Paris, dans la séance du 27 Nivôse, l'an II de la République française, Paris, Imprimerie Nationale, 1793, in James Guillaume, *Procès-verbaux du Comité d'instruction publique de la Convention nationale*, Paris, Imprimerie Nationale, Tome troisième, 1897, p. 275. Il faut attendre 1850 pour que la loi Falloux impose l'ouverture et l'entretien d'écoles de filles dans les communes françaises de plus de 800 habitants.

ouvrière et le nécessaire accompagnement de ces visiteurs peu armés en matière artistique et culturelle.

« Qu'est-ce qui peut bien nous empêcher d'ouvrir deux ou trois établissements de cette sorte, simultanément, dans Paris ? C'est un minime effort, qui n'exige ni capitaux, ni bouleversement administratif. À Batignolles, à Montmartre, au faubourg Antoine, le petit musée du soir verrait vite arriver, comme autant de phalènes volant à la lumière, les travailleurs avides d'une instructive récréation de l'œil et de la pensée [41] *».*

En 1903, à Mannheim, une conférence rassemble déjà associations sociales et directeurs de musées européens autour de la question de l'accès des musées aux « classes ouvrières » (*Science*, 1904). Les années 1925-1930 voient éclore la jeune ambition de « populariser la culture » portée par la gauche française. Les courants de l'éducation populaire et les associations jouent alors, sur l'ensemble du territoire national, un rôle décisif en matière de diffusion culturelle. Les politiques publiques mettent désormais l'accent sur deux catégories sociales considérées comme prioritaires en matière d'action publique : s'il s'agit toujours de la jeunesse qu'il faut éduquer[42], il est maintenant beaucoup question de toucher les « travailleurs ». Au Louvre, sous le Front populaire (1936-1938), des « mardis populaires » permettent d'accueillir en soirée, au tarif réduit de 1,50 franc par personne, des membres des associations ouvrières, du *Centre supérieur d'études de la CGT*, de la *SFIO* ou encore, des adhérents des auberges de jeunesse, afin de découvrir les nouvelles salles antiques et égyptiennes qui viennent de bénéficier d'un éclairage artificiel permettant la visite nocturne[43]. La volonté de populariser la culture est-elle suivie d'effet ? Dans un article paru en février 1937, un journaliste du *Figaro* souligne : « nous avons personnellement l'impression que les visiteurs pour la plupart appartenaient plutôt à la petite bourgeoisie laborieuse qu'aux classes populaires ». Ce public « découvreur » fait-il honneur au musée ? Il est « d'une tenue extrêmement correcte et d'un maintien parfait [...] pas de ces gouailleurs, de ces "titis" qu'on retrouvait partout dans le Paris d'avant-guerre ».

Une conscience aigüe de la valeur du passé pour la formation et l'émancipation des citoyens prévaut alors : Joanny Berlioz, député, membre du Parti communiste français, l'appelle de ses vœux dans son rapport relatif

---

[41] Clemenceau (Georges), *Le Grand Pan*, Paris, éditions G. Charpentier et E. Fasquelle, 1896, pp. 396-399.

[42] La valeur morale intègre l'hygiène par le sport et les activités associatives. Issues des mouvements du scoutisme, ces pratiques prennent alors leur plein essor, pour contribuer à la construction du jeune adulte et à l'intégration des valeurs citoyennes.

[43] Dans le cadre du plan d'agrandissement du musée et de la modernisation du Palais du Louvre, conçu en 1926 par Henri Verne (1880-1949), directeur des Musées nationaux. Les travaux débutent en 1930.

au budget des Beaux-Arts (Berlioz, 1936), présenté le 12 novembre 1936 à la Chambre des députés :

« Il faut cesser de regarder l'art comme un domaine réservé aux classes les plus aisées, aux spécialistes et aux snobs qui le déshonorent [...]. Qu'on se représente de ce point de vue la situation de l'habitant moyen d'une ville moyenne de nos provinces. Il a à sa disposition, en dehors d'une presse frelatée, des revues dites de vulgarisation, mais qui sont souvent d'une lamentable vulgarité, la bibliothèque municipale, coin triste et parfois peuplé de rossignols, où personne ne viendra le guider dans son choix de lectures. Après une première visite qui l'a profondément déçu, il a renoncé à pénétrer dans les salles, dans la majorité des cas sombres et poussiéreuses, du musée local, où quelques belles choses sont perdues au milieu d'une invraisemblable brocante. À part le cinéma, dont tant de productions ne font guère honneur à notre esprit national, il ne peut prendre contact avec l'art dramatique ou lyrique que par l'intermédiaire de troupes de second plan ou de "tournées" disparates. Il n'entendra que par exception une bonne conférence sur l'art. Il sera le plus souvent privé de toutes les nobles émotions artistiques auxquelles il aspire cependant et que l'État se doit de lui procurer. C'est l'éducation artistique des larges masses qui doit être élevée, alors qu'elle est complètement négligée aujourd'hui [...] Dès maintenant, beaucoup peut être fait sur la voie d'une telle évolution sociale [...] "Bien sots", avait coutume de dire Karl Marx, "ceux qui ne sentent pas toute la valeur de l'antiquité grecque pour le jeune socialisme triomphant dans sa tâche de reconstituer la vie humaine" ».

L'exemplarité du Nouveau Monde

Dès le XIXe siècle, les musées font l'objet de critiques, tant ils apparaissent peu soucieux de la présentation de leurs collections et de pédagogie envers leurs publics.

« Aucun ordre systématique dans la disposition des objets, aucun catalogue qui en fasse connaître au visiteur la signification, la rareté, la provenance ; rien, en un mot, qui mette en relief pour l'étranger ce musée, le plus français des musées antiques, puisque c'est un Français qui l'a formé, qui lui a donné son importance, qui en a déchiffré les monuments ! Champollion, dont nous devrions trouver le nom écrit sur la porte ![44] ».

Autour des années 1930, la réflexion sur le musée moderne rebat les cartes de la muséographie, pour aller vers plus de simplicité, de cohérence des présentations d'œuvres et de didactisme[45]. Le souci du public intègre une

[44] F. L., « Quelques observations sur le musée des antiques du Louvre », *Revue Archéologique*, n°1, 15 avril-15 septembre 1844, pp. 333-337.

[45] Poncelet (François), « Regards actuels sur la muséographie d'entre-deux-guerres », *CeROArt*, 2, 2008. URL : https://ceroart.revues.org/565.

véritable physiologie de la visite, devant favoriser le confort du visiteur et les apprentissages. Les musées nord-américains inaugurent des présentations novatrices pour leur temps. Les nouveaux courants de la muséographie, et la naissance de la muséologie, bénéficient de la diffusion de revues internationales (au Royaume-Uni, dès 1901, avec le *Museums Journal*, publié par la *Museums Association*, ou encore *Mouseion, Bulletin de l'Office international des Musées*, né en 1927) et de rencontres internationales qui permettent aux conservateurs d'échanger sur leurs projets et leurs ambitions en matière de mise en exposition. La conférence organisée à Madrid en 1934[46] portant sur l'architecture et l'aménagement des musées d'art consacre le principe des échanges entre spécialistes sur ces questions. La place du public s'y exprime sous l'angle de la qualité de l'expérience du visiteur : comment ne pas lasser ou fatiguer le public ? Comment lui permettre une rencontre esthétique et didactique aussi gratifiante que possible ? Le corps du visiteur devient un élément indissociable de la réflexion sur la mise en exposition, autant que l'appareil didactique ou interprétatif entourant l'œuvre et la collection[47].

Les musées américains portent aussi un intérêt inédit aux statistiques. Le musée de Pennsylvanie lance de façon pionnière, en 1930, une étude quantitative visant à connaître la profession des visiteurs, leur goût pour les œuvres exposées, leurs sources d'information sur le musée ou leurs suggestions. Les visiteurs du *Pennsylvania Museum of Art,* interrogés « par des fonctionnaires du Musée », l'ont été, par exemple, sur leur moyen de déplacement pour se rendre au musée : sur le million annuel de visiteurs, 328 000 sont venus en automobile privée, 227 000 en tramway, 217 000 en autobus, 196 000 à pied et 32 000 en taxi (Kimball, 1930).

Vincenzo Castrilli, universitaire italien précurseur en matière de production de données statistiques publiques, appelle de ses vœux la création d'un véritable « plan de statistique des musées et collections », incluant la connaissance précise des œuvres et des acquisitions, une classification raisonnée des biens conservés, mais aussi l'étude de l'organisation administrative et financière des musées (Castrilli, 1935).

---

[46] « Architecture et Aménagement des Musées d'Art ». Conférence Internationale d'Études, Madrid, 1934, Paris, Les Presses Modernes, 1935.

[47] Le corps devient objet de science dans le domaine des sciences humaines et sociales, ouvrant aux approches classificatoires, voir Mauss (Marcel), « Les techniques du corps », *Journal de psychologie*, XXXII, 3-4, mars-avril 1936 ; Levasseur (Martine), Veron (Eliseo), « L'espace, le corps, le sens : ethnographie de l'exposition », Bibliothèque publique d'information, Paris, Centre national d'art et de culture Georges Pompidou, éditions du Centre Pompidou, Paris, 1983.

Du « public » à la valeur publique des musées

Les États-Unis d'Amérique étaient entrés en guerre en avril 1917. En 1918, le *Metropolitan Museum of Art* de New York instaure des visites guidées gratuites destinées aux soldats de l'armée de terre et aux marins américains. Chaque jour, à quatorze heures, ils sont accueillis par des personnels volontaires du musée, pour des visites qui font alors l'objet d'un comptage et d'une collecte du ressenti des appelés : entre janvier 1918 et septembre 1919, 2485 hommes, pour la plupart peu habitués des musées, découvrent ainsi les collections d'un musée qui entend affirmer son rôle social en temps de guerre : « Nombre d'entre eux, en vérité, n'avaient jamais visité un musée d'art avant-guerre, et certains, sans nul doute, considéraient ces institutions comme des lieux pour "intellectuels" »[48].

Le monde muséal anglo-américain est à l'origine de nouveaux questionnements sur la finalité des musées en tant que « biens publics » : il place l'action éducative et la recherche scientifique au cœur de leurs missions, comme deux dimensions indissociables et essentielles de leur activité. Il ne s'agit plus seulement de faciliter l'accès physique et intellectuel aux œuvres, mais d'endosser un véritable rôle au sein de la société : « Un musée est aussi utile à une collectivité qu'une église ou une bibliothèque » (Capart, 1935). Un rapport de 1928, commandé par le *Carnegie United Kingdom Trustees*, soulignait déjà le rôle du musée en tant que « service public » ("*Public Service*"). Trois types d'actions doivent concourir, dans le contexte britannique, aux initiatives des musées en faveur des visiteurs : l'action scolaire ("*Education*"), l'éducation des adultes ("*Adult Education*") et la recherche ("*Research*"). Toutes trois embrassent les grandes fonctions associées au musée, celle d'éduquer et de former les jeunes générations, de contribuer à l'éducation des citoyens tout au long de la vie, et de nourrir la connaissance grâce au travail scientifique sur les œuvres et les collections. Cette dernière dimension fait particulièrement l'objet de critiques au sein du rapport britannique, pour sa faible prise en compte par les équipes des musées anglais :

« La troisième grande fonction des musées, qui est de favoriser la recherche, semble être la moins comprise de toutes. Alors qu'un vaste ensemble documentaire existe dans les musées, son usage du point de vue scientifique, hormis concernant l'archéologie, est singulièrement décevant [...]. Parmi les musées qui nous ont soumis leurs publications [...], moins de quarante d'entre eux apportent la preuve de contributions originales du point de vue de la connaissance (distinctes des guides de visite, etc.) produites par les membres de leur équipe [49] ».

---

[48] H. W. K., "The Metropolitan Museum in Its National Aspects", *The Metropolitan Museum of Art Bulletin*, vol. 14, n° 9, septembre 1919, pp. 201-202 (traduction de l'auteur).
[49] Traduction de l'auteur.

Les rapporteurs britanniques louent, par contraste, le travail des musées d'Amérique du Nord en faveur de leurs publics, qu'il s'agisse de la présentation didactique des collections ou d'actions « hors les murs », particulièrement novatrices, destinées aux élèves ou aux habitants vivant sur le territoire du musée.

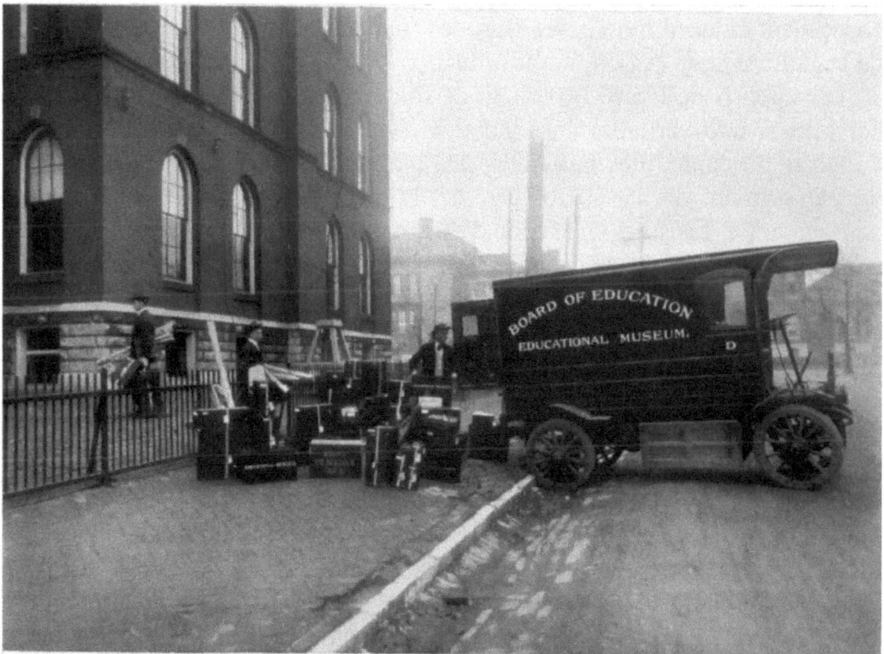

Le musée ambulant du musée de l'Éducation de Saint Louis © Sir Henry Alexander Miers (1928). "A report on the Public Museums of the British Isles (other than the National Museums)", Carnegie United Kingdom Trustees, *Édimbourg, Constable, planche II, p. 227.*

L'institutionnalisation des publics de la culture

En 1959, la création du ministère des Affaires culturelles installe durablement, en France, une politique culturelle de l'État pensée comme une politique d'extension de l'offre patrimoniale et de l'accès des citoyens à cette offre, qui doit être renouvelée et adaptée aux enjeux du temps. Le développement des maisons de la culture en constitue l'un des symboles les plus visibles, une initiative à mettre à l'actif du Front populaire[50], grâce au

---

[50] Le principe et le terme même de *maison de la culture* appartiennent au Front populaire. L'Association des écrivains et artistes révolutionnaires (AEAR), alors dirigée par Louis Aragon, en permet l'impulsion. La première Maison de la culture voit le jour à Marseille le 25 mars 1936. Urfalino (Philippe), « L'invention de la politique culturelle », Paris, Hachette,

monde associatif et aux courants de l'éducation populaire. L'action culturelle portée par l'État[51] amplifie le principe issu de la Révolution, selon lequel l'offre patrimoniale est le premier vecteur de diffusion et de transformation des pratiques[52]. L'accès de tous les citoyens aux biens culturels et la finalité éducative des musées resteront, sinon premiers, du moins constamment présents dans les intentions des ministres successifs. Ils constituent aujourd'hui encore l'un des fondements de l'action du ministère de la Culture et de la Communication[53].

Les apports de Pierre Bourdieu, de son entourage et de ses suiveurs vont conduire à une véritable « refondation » de la notion de public, à travers l'analyse du capital des individus, des inégalités d'accès à la culture, et du développement de la sociologie de la culture en tant que discipline consacrée. On assiste à une rationalisation et un affinement progressifs de la connaissance des mécanismes d'accès, des pratiques et de la construction du goût. Le tournant des années 1980, qui consacre l'émergence des industries culturelles et de formes de participation culturelle plus événementielles et plus festives, vient croiser les premières démarches dites de « marketing culturel », nées dans la mouvance du large développement de la publicité, puis de la communication des firmes. Au croisement de l'approche sociologique et des sciences de gestion[54], le monde de la culture élabore une catégorisation des publics de plus en plus fine, homogène et précise : en matière d'action culturelle, monde de l'éducation et public des « amateurs » laissent progressivement place à une grande variété de catégories de visiteurs : enfants, jeunes adultes, chômeurs (dans le contexte de la première crise pétrolière, alors que la France « invente », dès 1974, le concept

coll. *Pluriel*, 2004 ; Poirrier (Philippe), « L'empreinte du Front populaire sur les politiques culturelles (1955-2006) » dans Vigna (Xavier), Vigreux (Jean) et Wolikow (Serge) (dir.), *Le pain, la paix, la liberté. Expériences et territoires du Front populaire*, Paris, Éditions sociales, 2006, pp. 349-360.

[51] Fumaroli (Marc), *L'État culturel : une religion moderne*, Paris, Éditions de Fallois, 1991.

[52] L'arrêté consulaire Chaptal (1er septembre 1801) poursuit l'objectif d'irriguer le territoire national grâce à une politique volontariste de dépôts et de créations de musées et de bibliothèques.

[53] Discours d'Aurélie Filippetti, ministre de la Culture et de la Communication (16 mai 2012 - 25 août 2014), prononcé dans le cadre de la conférence de presse sur le grand projet pour l'éducation artistique et culturelle (16 septembre 2013, musée du Louvre). Sur les missions du ministère, voir Heinich (Nathalie), « Un ministère de la Culture pour quelle politique ? », *Cahiers Français*, Économie et politiques de la culture, n° 382, la Documentation française, septembre-octobre 2014, pp. 2-9.

[54] Bourgeon-Renault (Dominique) (coord.) *Marketing de l'Art et de la Culture*, Paris, Dunod, 2009 ; Busson (Alain) et Evrard (Yves), *Les industries culturelles et créatives*, Paris, Vuibert, 2013.

d'exclusion sociale[55]). La rhétorique de l'action culturelle est ensuite amplement dirigée vers les publics jugés fragiles ou contraints (en situation de handicap ou d'exclusion économique et sociale), puis vers les familles et les adolescents, et, de manière large, vers les individus qui ne fréquentent pas les lieux culturels, improprement qualifiés de « non publics ».

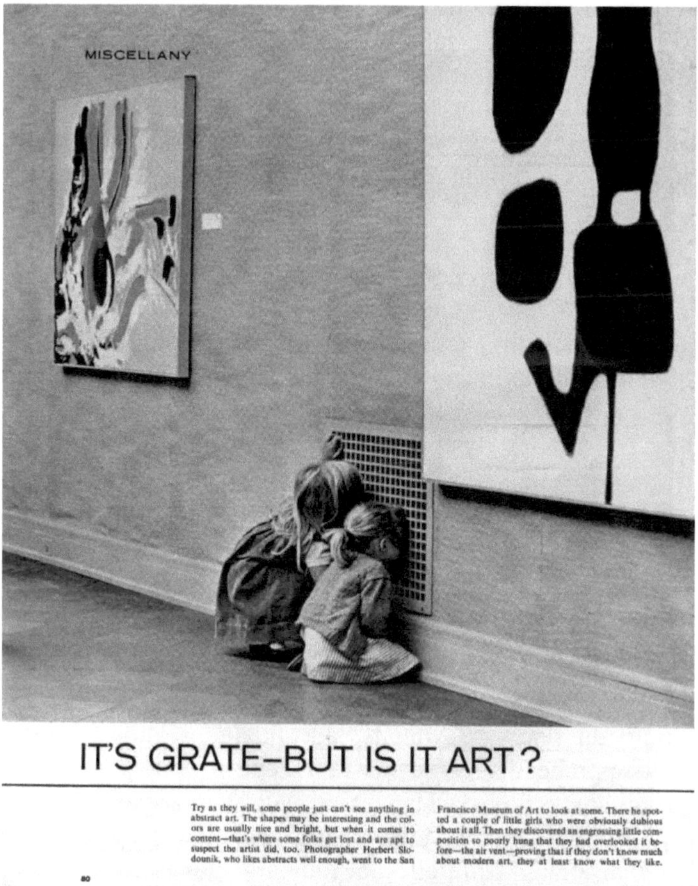
MISCELLANY

IT'S GRATE–BUT IS IT ART?

Try as they will, some people just can't see anything in abstract art. The shapes may be interesting and the colors are usually nice and bright, but when it comes to content—that's where some folks get lost and are apt to suspect the artist did, too. Photographer Herbert Slodounik, who likes abstracts well enough, went to the San Francisco Museum of Art to look at some. There he spotted a couple of little girls who were obviously dubious about it all. Then they discovered an engrossing little composition so poorly hung that they had overlooked it before—the air vent—proving that if they don't know much about modern art, they at least know what they like.

80

© Herbert Slodounik. Life Magazine, 26 juillet 1963, volume 55, n°4, p. 80. Avec l'aimable autorisation d'Aaron Slodounik.

Le rôle des instruments jurisprudentiels

Qu'il s'agisse de publics contraints, d'exclusion ou d'élargissement social, l'appareil législatif constitue le cadre de référence des évolutions et des avancées de l'action publique culturelle. L'article 13 du préambule de la

55 À cette époque, la question est traitée sous l'angle de l'inadaptation sociale et embrasse toutes les formes d'exclusion, qu'il s'agisse de pathologies de santé ou d'inégalités sociales et économiques. Lenoir (René), *Les exclus : un Français sur dix*, Paris, éditions du Seuil, 1974.

constitution du 27 octobre 1946 dispose que « La Nation garantit l'égal accès de l'enfant et de l'adulte à l'instruction, à la formation professionnelle et à la culture. L'organisation de l'enseignement public gratuit et laïque à tous les degrés est un devoir de l'État ». La prise en compte de ce « droit à la culture » se traduit par le renforcement des instruments normatifs venant en soutien des politiques d'intégration et d'accès : article 140 de la loi d'orientation du 29 juillet 1998 de lutte contre les exclusions ; loi sur le handicap du 11 février 2005 ; rapport de l'Union européenne sur l'inclusion sociale en 2004. Plus près de nous, sur le modèle des actions nées au Royaume-Uni, dans les pays d'Europe du Nord et d'Amérique du Nord, c'est l'action culturelle en faveur des « communautés » (empruntant directement au terme anglais de "*Communities*"), qui fait l'objet d'une attention croissante de la part des professionnels de la culture dans de nombreux pays du monde. Ces « communautés » sont entendues en tant que catégories homogènes entre elles, autour de traits considérés communs, qu'ils soient ethniques, religieux, culturels, ou de condition sociale. Ce courant défend les valeurs de la diversité culturelle ; il vise à l'acceptation, par le corps social, des différences entre groupes humains ou sociaux jugés également méritants. Le principe républicain, profondément intégrateur, qui prône la primauté du collectif sur l'individu comme facteur de cohésion sociale et d'identité nationale, limite toutefois, dans le contexte français, la diffusion de ce modèle.

La finalité sociale du musée, point aveugle des politiques publiques

Tous les débats contemporains portant sur le rôle des musées visent à asseoir leur légitimité du point de vue de leur finalité sociale. Il reste cependant difficile d'appréhender et de mesurer cette « valeur », qui se heurte à de nombreux obstacles, tant épistémologiques que méthodologiques. C'est d'ailleurs la raison pour laquelle le système de légitimation des organisations culturelles a toujours été essentiellement fondé sur la production d'un nombre très important de discours portant sur leurs missions et leurs effets (impact social, cohésion et bien-être des citoyens). Les institutions non lucratives peinent encore à démontrer les systèmes de biens et de valeurs qui découlent de la participation culturelle : disparité des recherches et des méthodes ; difficulté à généraliser les résultats ; mais aussi, rejet par les acteurs culturels des outils « d'évaluation », ou absence de moyens consacrés à l'étude et à l'évaluation des politiques publiques.

Pour ces raisons, en matière patrimoniale et culturelle, les théories de la valeur ont principalement été importées du champ économique pour légitimer, selon chaque modèle national, la dépense publique ou privée venant en soutien des organisations du champ social, éducatif ou culturel. La doctrine dominante, celle de la rationalisation issue du modèle de l'économie de marché puis du "*New Public Management*" (Join-Lambert *et al*, 2004), prévaut maintenant comme instrument principal de justification des valeurs associées aux biens patrimoniaux et de légitimation de leur existence. La valeur « sociale » du musée, particulièrement en contexte de crise économique et financière durable, reste le parent pauvre des politiques publiques culturelles, comme variable relativement marginale par rapport à la question des modèles de financement.

Cet état des choses tient aussi au fait que la valeur sociale du musée a été largement remise en cause, d'une part, par les résultats des études internationales témoignant de « l'échec » des politiques de démocratisation culturelle ; d'autre part, par la difficulté à isoler les bénéfices directement issus des pratiques culturelles par rapport à d'autres effets, tels ceux de l'éducation ou même, de facteurs psychologiques individuels[56]. Cela tient aussi à la difficulté d'élaborer des protocoles d'étude longitudinaux auprès de cohortes, seuls susceptibles d'analyser des processus sur le long terme et selon des trajectoires individuelles. Ainsi, les études de publics, lorsqu'elles existent, se limitent généralement à interroger la « satisfaction » du public, prenant là encore modèle sur l'économie de marché et la mesure de la fidélité du client à la marque[57]. Pourtant, certains courants académiques, en particulier la sociologie des valeurs, ont pu mettre en évidence la pertinence d'une telle discipline pour décrire et objectiver la très grande richesse des répertoires de valeurs associés aux pratiques sociales et à l'engagement des individus ou des groupes sociaux[58].

Vers un changement de paradigme ?

Quelles transformations ont pu être observées concernant la relation entre le musée et ses publics ? Si les catégories sociales considérées comme importantes à « toucher » se sont progressivement affinées, de façon plus

[56] Hana Gottesdiener et Jean-Christophe Vilatte proposent le croisement de composantes sociologiques et psychologiques pour expliquer l'émergence du goût pour l'art contemporain. Gottesdiener (Hana) et Vilatte (Jean-Christophe), « L'accès des jeunes adultes à l'art contemporain. Approche sociologique et psychologique du goût des étudiants pour l'art et de leur fréquentation des musées », *Les Travaux du DEPS*, ministère de la Culture et de la Communication, DDAI, Département des études, de la prospective et des statistiques, mai 2006.

[57] Le portail de la *MAP* (Modernisation de l'action publique) offre un « kit d'étude clé en main » permettant aux administrations françaises de mesurer de façon simple et « à moindre coût » la satisfaction de leurs usagers. Secrétariat général pour la Modernisation de l'Action Publique, Une approche renouvelée des études de satisfaction [en ligne] http://www.modernisation.gouv.fr/sites/default/files/guide_satisfaction_intro.pdf.

[58] Comme le souligne Nathalie Heinich dans « La sociologie à l'épreuve des valeurs », *Cahiers internationaux de sociologie*, n° 121, vol. 2, 2006.

remarquable encore, la relation entre le musée et ses publics a connu un déplacement. On a assisté à une successive stratification des objectifs assignés aux musées (éduquer, populariser, démocratiser, inclure socialement...) sans abandon de leurs missions initiales, alors que la valeur publique du musée s'est largement affaiblie – elle s'est même éteinte en ce qui concerne sa signification morale – et que s'estompait son ambition originelle de construire une nation à travers une référence patrimoniale censée être unificatrice et supérieure à toutes.

À la création du Louvre, en 1793, le « public » représentait une gêne pour le travail des artistes et l'activité des savants et des personnels. Il se doit d'être, dans la rhétorique culturelle contemporaine, au cœur de l'activité des musées. La majorité des musées à travers le monde aspire à opérer un déplacement encore plus sensible, tendue vers un modèle « participatif » censé rendre le visiteur « acteur » et même « contributeur » ou « producteur » de savoirs sur le musée et ses collections[59].

La société contemporaine est devenue beaucoup plus polarisée dans ses opinions et ses valeurs : les récentes élections françaises et européennes témoignent du fait qu'il devient plus difficile d'obtenir un consensus politique et civique sur des questions de société concernant la coexistence de différents groupes sociaux, dans un contexte de fragmentation des différents régimes d'appartenance ou de reconnaissance sociale. À un moment où les clivages et les tensions se font de plus en plus vifs, entre Orient et Occident, entre pays développés et pays pauvres, entre les tenants d'une société plus ouverte et tolérante et ceux prônant un retour aux valeurs d'un passé jugé unificateur, les évolutions contemporaines du rapport entre le musée et ses publics s'écrivent désormais dans le cadre d'un régime de tensions qui se renforcent plus qu'elles ne s'atténuent : émergence et concurrence de nouvelles références culturelles et de loisirs ; dimension multiscalaire des territoires de l'action publique ; pression du marché et de la crise économique sur les ressources et le travail. Plus spécifiquement, la culture « consacrée » et les références qui y sont associées – les Humanités classiques – sont plus difficilement transmises et partagées en tant que socle commun. Leur affaiblissement découle de la disparition progressive de leur enseignement dans les systèmes d'éducation occidentaux et des autres transformations sociales à l'œuvre : nouveaux objets et expériences

[59] Mairesse (François), « Éléments de prospective muséale », *La lettre de l'OCIM*, n°150, novembre-décembre 2013, pp. 9-14. La doctrine participative est aussi très présente dans la politique de la ville, voir Girard (Hélène) et Raux (Aude), *Politiques culturelles : renforcer la participation des habitants*, la Gazette des communes, des départements et des régions, n°2230, 14 juillet 2014, pp. 19-24.

culturels ; registres de valeurs et systèmes de reconnaissance propres aux jeunes générations[60].

De nos jours, les musées et leurs collections sont perçus, par leurs visiteurs, comme des espaces protégés du monde, favorisant introspection et mise à distance, à travers des témoignages et des récits qui embrassent la profondeur de l'histoire humaine et de la création artistique.

Le musée reste l'un des rares espaces contemporains permettant d'échapper aux contingences du monde, à son accélération et à ses conflits[61]. Quel sera son horizon d'action, demain ? Doit-il rassembler autour d'une culture « consacrée » par les États ou les régions ? Doit-il contribuer à développer et à nourrir une culture d'appartenance commune à plusieurs groupes sociaux ? Doit-il favoriser la rencontre entre des formes et expressions culturelles différenciées ? Dans une société où les individus portent un jugement particulièrement critique sur leurs instances de représentation, toute la difficulté et tout l'enjeu résident dans la capacité des musées à assumer leur finalité sociale, à construire des espaces de valeurs pour les citoyens, et à favoriser l'expression d'un jugement critique sur le monde et ses évolutions. Sans doute ne sont-ils déjà plus ce qu'ils étaient à l'origine de leur création en Europe : des espaces artistiques paradigmatiques présentant des cultures et des récits considérés comme supérieurs, univoques et hégémoniques.

Anne Krebs

Bibliographie

ANONYME, "Museums as Places of Popular Culture", *Science*, New Series, vol. 19, n°485, 15 avril 1904, pp. 610-612.

BERLIOZ Joanny, « L'art doit se rapprocher du Peuple », Rapport à la Chambre des députés afin de populariser la culture, Paris, 12 novembre 1936.

---

[60] Octobre (Sylvie), *Deux pouces et des neurones. Les cultures juvéniles de l'ère médiatique à l'ère numérique*. Ministère de la Culture et de la Communication, Département des études, de la prospective et des statistiques, « Questions de culture », la Documentation française, 2014.

[61] Matarasso (François), "Use or ornament? The social impact of participation in the arts", Stroud, Comedia, 1997 ; Sandell (Richard), Museums as agents of social inclusion, *Museum Management and Curatorship*, vol. 17, n° 4, 1998, pp. 401-418.

CAPART Jean, « Le rôle social des musées », *Mouseion*, vol. 12(3), 1930, pp. 219-238.

CASTRILLI Vincenzo, « La statistique et les musées », *Mouseion*, vol. 29-30, n°1-2, 1935, pp. 139-147.

CHAUMIER Serge, « Éducation artistique, l'éternel retour ? », Communication faite aux rencontres du Réseau des Villes Éducatrices (REVE), Chaumont, 23 mai 2008.

JOIN-LAMBERT Odile, LOCHARD Yves, RAVEYRE Marie et UGHETTO Pascal, « Servir l'État et l'usager. Définition et redéfinition du travail par le public dans le domaine des musées », Rapport pour le ministre de la Recherche et le centre national de la Fonction publique territoriale, mai 2004.

KIMBALL Fiske, « Musée d'art de Pennsylvanie. Statistiques des visiteurs d'après leur profession », *Mouseion*, vol. 10, n°1, 1930, pp. 32-43.

LAPAUZE Henry, « Le droit d'entrée dans les musées », *Revue des Deux Mondes*, t. VII, janvier-février 1902, pp. 693-708.

MIERS Sir Henry Alexander, *A report on the Public Museums of the British Isles (other than the National Museums)*, Carnegie United Kingdom Trustees, Édimbourg, Constable, 1928.

POIRRIER Philippe (dir.), *Pour une histoire des politiques culturelles dans le monde (1945-2011)*, Paris, La Documentation française, « Travaux et documents », 2011.

SMITH Harlan I., "The Development of Museums and Their Relation to Education", *The Scientific Monthly*, Vol. 5, N° 2, August 1917, pp. 97-119.

TUETEY Alexandre de et GUIFFREY Jean, *La Commission du Muséum et la création du musée du Louvre (1792-1793)*, Paris, Daupeley-Gouverneur, 1910.

Des musées pour qui ? Entre volonté des décideurs et attentes sociétales

Résumé

Bien plus que les grandes institutions muséales, les « petits » musées en région doivent répondre aux attentes des collectivités propriétaires et justifier parfois de leur existence avec des moyens très contraints. Du côté des publics, l'image encore latente de lieux figés et « poussiéreux » rebute encore trop d'habitants. Une des difficultés de ce positionnement parfois délicat ne serait-elle pas que les musées sont des appellations non contrôlées ? Mais ne devons-nous pas aussi repenser certaines de nos pratiques professionnelles en particulier en recherchant à mobiliser les habitants dans nos projets scientifiques et culturels ? Le musée, demain, se doit de devenir un acteur du développement culturel, social et économique de son territoire comme de sa communauté.

Mots-clés : Musées, Normandie, Département de la Manche, décideurs, publics, maîtrise d'usage, développement local, territoires

Au-delà de nos préoccupations professionnelles légitimes évoquées largement lors de ce colloque, il semble indispensable de réfléchir « pour qui » et « pourquoi » nous travaillons. Il semble indispensable, dans le cadre de ce colloque, de faire part de l'expérience concrète de gestion d'équipements patrimoniaux en région en identifiant plusieurs axes principaux pour nos actions futures. « Pour qui ? » : il s'agit bien entendu des publics de musées. Une importante littérature existe sur le sujet. Les grandes tendances y sont analysées régulièrement.

1. Les « décideurs-financeurs »

Si nous, professionnels, semble-t-il, partageons l'interrogation « pour qui ? » c'est aussi tout en amont, dans les échanges avec les tutelles ou les « maîtres d'ouvrage » de nos musées, nos employeurs, en deux mots les « décideurs-financeurs », qu'il est en permanence nécessaire de poser cette question. Si les grandes institutions muséales de renommée internationale ne sont pas confrontées à ces problèmes de reconnaissance de la part de leurs décideurs et bénéficient de moyens en conséquence, beaucoup de musées sur les territoires sont régulièrement amenés à justifier de leur existence auprès de leur collectivité, à gérer des expositions et des événements avec des budgets très contraints, à se passer de grands mécènes et à développer une polyvalence extrême de leurs équipes.

Sur le terrain, certains professionnels n'ont-ils pas entendu parfois des élus locaux s'interroger sur l'intérêt de la culture et du patrimoine puisque « cela coûte cher » et que « c'est élitiste » ! « À l'heure des contraintes budgétaires, ne faudrait-il pas que ces équipements s'autofinancent ? À l'heure des nouvelles technologies et du virtuel, quel est l'intérêt de conserver des collections poussiéreuses dans des lieux poussiéreux dont la « délectation » est réservée à des spécialistes ? »

Ne nous dédouanons pas, nous, professionnels. Nous avons une grande part de responsabilité dans cette situation sur les territoires. L'une des premières questions à se poser à ce sujet est : « Que les décideurs et les publics potentiels perçoivent-ils du paysage muséal d'un territoire ? »

2. Les « musées », des appellations non contrôlées !

Si nous, professionnels, partageons, semble-t-il, dans les grandes lignes, une même conception du musée, il n'en est pas de même pour l'ensemble des acteurs qui, tous champs confondus, concourent en région à son action.

Le Conseil international des musées (ICOM) a défini en 2007 ce qu'est un musée :

Statut : […] *une institution permanente sans but lucratif* […].

Mission : […] *au service de la société et de son développement* […].

Bénéficiaires : […] *ouverte au public* […].

Actions opérationnelles : […] *qui acquiert, conserve, étudie, expose et transmet* [...].

Objet de la recherche : [...] *le patrimoine matériel et immatériel de l'humanité et de son environnement* [...].

Finalités : […] *à des fins d'études, d'éducation et de délectation.*

C'est bien entendu cette définition que nous portons tous. Mais, qu'en est-il de cette perception du « musée » par les visiteurs, les élus, les partenaires socio-économiques et les institutions touristiques chargées de la promotion sur les territoires ?

Une analyse rapide en région Basse-Normandie, et plus particulièrement dans le département de la Manche, permet d'identifier sous l'appellation générique de « musée » de multiples types d'établissements :

2.1. Des « musées généralistes » qui sont principalement des équipements municipaux « d'art et d'histoire », créés au XIXe siècle, ainsi que des « musées de site » ou « thématiques », à l'ouverture toujours plus récente et qui possèdent une approche thématique particulière. Les uns et les autres rentrent facilement dans la définition établie par l'ICOM.

Citons comme « musée généraliste » bas-normand, puisqu'il vient de rouvrir après plusieurs années de réaménagement, le musée d'art et d'histoire Baron Gérard, à Bayeux, qui a su très intelligemment valoriser dans sa muséographie tout à la fois le patrimoine du territoire et ses collections exogènes.

Citons, comme « musée de site », le musée maritime de l'île Tatihou, qui est un « musée de France » et reçoit 63 000 visiteurs par an. À partir du mobilier archéologique découvert lors de la fouille sous-marine des navires de Louis XIV, il a su développer une thématique maritime territoriale plus globale en diversifiant ses collections et ses activités liées au littoral.

Citons aussi le musée régional de la poterie à Ger, qui, implanté sur un site potier historique, reçoit 7 000 visiteurs chaque année, présente une très belle collection de grès normands, développe de très nombreuses actions de médiation envers les publics défavorisés et envers les professionnels de la céramique, mais ne bénéficie pas de l'appellation « musée de France ».

2.2. Des « centres d'interprétation » de sites naturels ou historiques liés à l'histoire et au territoire, présentant éventuellement des collections scénographiées ainsi qu'une politique d'animation culturelle, éducative et/ou touristique mais ne possédant pas une politique d'acquisition raisonnée, ni de conservation - restauration, ni d'étude des fonds.

L'exemple le plus marquant en Basse-Normandie est l'excellent « Visitor's Center » du cimetière américain de Colleville-sur-Mer fréquenté annuellement par plus d'1,5 million de visiteurs venus se recueillir sur les tombes des GI's.

Peuvent faire également partie de cette catégorie, les « maisons de site » qui ont fleuri à la fin du siècle dernier à l'initiative de communes ou de leurs groupements ainsi que les « centres d'interprétation de l'architecture et du patrimoine » (CIAP) dont doivent se doter les pays et villes d'art et d'histoire labellisés.

Autre exemple original en Basse-Normandie, celui du musée de la Tapisserie, à Bayeux, qui reçoit 340 000 visiteurs par an et conserve une seule œuvre, l'exceptionnelle broderie du XIe siècle. Il a aménagé un espace d'interprétation permettant de contextualiser ce siècle et développe des animations ainsi que des cycles de conférences.

2.3. Des « musées de collectionneurs » qui présentent des collections principalement privées, très fongibles, sans souci d'inventaire, de conservation, de restauration ou d'étude scientifique rigoureuse. Le promoteur possède le plus souvent des objectifs essentiellement lucratifs et valorise les fonds auprès d'un public touristique soit très spécialisé (collectionneur comme lui), soit au contraire très peu informé.

La Manche est particulièrement dotée en ce genre de « musées » avec quelques musées publics et beaucoup de musées privés (de collectionneurs de Militaria) liés au Débarquement et à la Bataille de Normandie. Notons une évolution qualitative récente en termes de rigueur scientifique, conservation, muséographie et scénographie, pour certains d'entre eux, comme le musée associatif Airborne, qui reçoit 160 000 visiteurs chaque année, à Sainte-Mère-Église, au Mont-Saint-Michel, des musées pour touristes naïfs à but purement lucratif, très éloignés d'une rigueur scientifique, des musées très locaux de collectionneurs d'objets ethnographiques, principalement ruraux, qui veulent faire partager la passion de leur vie et dont les collections sont souvent dispersées par les successions.

2.4. Des « parcs de vulgarisation scientifique ou historique » : ce sont des équipements structurants portés par de grandes collectivités, destinés à proposer de façon ludique et/ou fortement vulgarisée la découverte d'une thématique forte liée à l'histoire locale ou aux sciences. Une volonté de rigueur scientifique, une importante médiation en direction des publics par une scénographie spectaculaire, complétée par une politique d'animations basées sur de grands événements, constituent des démarches plus visibles pour le public que celles liées aux acquisitions, à la conservation ou à l'étude des collections.

En Basse-Normandie, deux lieux semblent répondre à cette définition : La Cité de la Mer, à Cherbourg (200 000 visiteurs par an), Le Mémorial de Caen – Cité de l'histoire pour la paix (354 000 visiteurs par an).

3. Une clarification de la notion de musée semble aujourd'hui nécessaire

Existe donc en Basse-Normandie un paysage extrêmement hétérogène de « musées », avec de fortes particularités régionales.

Que peuvent en percevoir alors nos « décideurs-financeurs » ?

Si de nombreux musées de collectionneurs ont été créés à des fins principalement lucratives, pourquoi les autres musées qui « *constituent, conservent, étudient, exposent et transmettent* » ne parviendraient-ils pas eux aussi à s'autofinancer ?

L'appellation « lieu de visite » utilisée par les institutions touristiques crée un amalgame en mêlant, dans les mêmes analyses statistiques, tous les musées de la typologie précitée mais aussi les parcs de loisirs familiaux, les parcs animaliers, les usines ou les ateliers ouverts à la visite, etc. soit autant de lieux avec des missions, des contraintes et des charges différentes.

Une extrême hétérogénéité dans la fréquentation de ces lieux de visite dont il est facile de ne retenir que les très fortes fréquentations : 1,3 million de visiteurs à l'abbaye du Mont-Saint-Michel et plus de 150 000 pour les grands sites du Débarquement. Le principal, sinon l'unique critère d'appréciation des musées, est malheureusement souvent l'importance de la fréquentation, sans prendre en compte la renommée du lieu, les types de publics accueillis et encadrés, l'importance et la qualité des présentations et de la médiation, l'intégration au territoire, etc.

L'image du musée figé et poussiéreux dans lequel rien ne se passe est toujours présente. Lors de la dernière campagne pour les élections municipales à Paris, tous les candidats n'ont-ils pas affirmé qu'ils ne voulaient pas faire de la ville un musée ? Une déclaration très lourde de sens ! Cette image est un repoussoir pour les catégories de la population qui ne fréquentent pas les musées et n'ont pas connaissance du considérable effort de sensibilisation et de médiation réalisé depuis des années. L'impression actuelle d'un vieillissement des publics non captifs de musées serait à confirmer. Une attention particulière doit être portée envers les jeunes et les couples avec enfants.

4. Des pratiques professionnelles et un positionnement à faire évoluer

À partir de ce constat très succinct et du travail au quotidien de chacun d'entre nous, des axes de réflexion peuvent se construire pour faire évoluer positivement l'image des musées, mieux travailler ensemble et mieux répondre à une attente sociétale.

1ère proposition : populariser la notion de musée, au sens de l'ICOM, en développant un positionnement d'image.

Nous avons dans l'hexagone, portées par le ministère de la Culture et de la Communication, les appellations nationales « Musée de France » et « Maison des Illustres ». Elles seraient à revaloriser et à mieux diffuser (à défaut, il serait souhaitable de créer des labels régionaux de qualité).

Le rendez-vous décennal du récolement des musées de France ne serait-il pas l'occasion, pour le ministère de la Culture, de gérer de façon plus dynamique l'appellation « Musées de France » ? Il s'agirait pour cela de mettre devant leurs responsabilités les propriétaires qui n'apportent pas, depuis des années parfois, un minimum de moyens humains et financiers permettant de répondre aux exigences de l'appellation, de faciliter l'attribution du label national aux musées qui ne l'ont pas encore mais en auraient les moyens.

L'objectif de la démarche n'est évidemment pas d'avoir une position élitiste distinguant « vrais » et « faux » musées, mais de tirer vers le haut l'ensemble de ces lieux patrimoniaux.

Ce positionnement d'image serait à compléter par une sensibilisation des médias (régionaux, nationaux, parisiens) au fait que le paysage muséal français ne s'arrête pas au musée du Louvre, aux grands musées parisiens et à leurs déclinaisons régionales ou internationales. Ni que les musées des Beaux-Arts constituent la référence unique des musées !

2e proposition : mettre en place une conférence permanente des musées sur les territoires, à l'échelle départementale et/ou régionale.

L'objectif serait d'échanger entre professionnels et élus sur les missions de ces équipements culturels, leur maillage sur les territoires, la complémentarité entre les collections existantes (et donc des thématiques des musées) et la constitution des nouvelles collections.

Un tel échange pourrait déboucher sur un positionnement thématique plus fin des musées proches les uns des autres : existe-t-il, sur un territoire défini, un musée qui conserve la mémoire de ce territoire et parle de son histoire ? Existe-t-il des particularités ethnologiques méritant d'être traitées spécifiquement ?

La clarification de ce positionnement pourrait permettre de convaincre les décideurs de l'intérêt de ces équipements culturels, de les responsabiliser, de préciser des politiques d'acquisition entre musées, d'accueillir des collections en devenir, de formaliser un programme de collecte du patrimoine immatériel, de clarifier la constitution des collections volumineuses (matériel agricole, bateaux traditionnels, etc.), d'engager des dépôts de longue durée entre musées et d'imaginer la programmation d'expositions concertées, coordonnées et/ou partenariales.

Cette réflexion serait très profitable à un département comme celui de la Manche, car plusieurs musées sont en rénovation, et à la recherche d'un positionnement ou de la clarification de leur devenir. Cette recherche de positionnement serait à croiser avec la valorisation de thématiques locales actuellement peu valorisées : la préhistoire, dont des fouilles récentes ont permis de faire considérablement avancer nos connaissances et ont exhumé un exceptionnel mobilier archéologique, la guerre de Cent Ans et, plus près de nous, la période de la Reconstruction après la bataille de Normandie, périodes qui ont tant marqué notre région, les pratiques et techniques liées à des métiers spécifiques en voie de disparition ou en évolution rapide (pêche à pied, marin pêcheur, etc.).

Cette approche territoriale « stratégique » compléterait judicieusement celle, plus technique, engagée depuis plus de dix ans à la satisfaction de tous les adhérents par le Réseau des musées bas-normands animé par le Centre régional de culture ethnologique et technique (CRéCET) ainsi que les démarches que portent les services patrimoniaux des départements.

3e proposition : clarifier la notion de « musée » auprès des instances touristiques afin que leur promotion et les statistiques qui s'y rapportent n'englobent pas dans une même dynamique l'ensemble des lieux de visite d'un territoire.

4e proposition : réaliser un travail fin sur l'impact socio-économique des « petits » musées sur les territoires.

Faut-il qu'un musée bénéficie de plusieurs centaines de milliers de visiteurs pour qu'il soit digne d'intérêt pour les décideurs ? Je considère personnellement qu'un musée en milieu rural qui draine une dizaine de milliers de visiteurs par an et développe des actions de diversification de ses publics est un acteur important pour le développement et la mise en valeur de son territoire ainsi que pour le bien-vivre de sa communauté. Une étude approfondie de ce point serait à mettre en œuvre.

5e proposition : marteler que la conservation patrimoniale ne se justifie que si elle est accompagnée d'une forte démarche de médiation auprès de tous les publics.

Pendant des décennies, beaucoup de conservateurs ont privilégié l'étude et la conservation au détriment de la vulgarisation des collections et de la recherche de nouveaux publics. Aujourd'hui, la transmission de ces connaissances est la troisième mission fondamentale du personnel des musées. Le titre même de « conservateur » est-il désormais bien approprié ?

Une analogie actuelle peut être faite avec la conservation du patrimoine architectural, en particulier celle des édifices cultuels. Doit-on conserver pour conserver au nom de l'héritage historique sans se préoccuper de l'utilisation du lieu ? Doit-on réfléchir ensemble à l'évolution de l'usage d'un édifice en fonction des besoins de notre société afin de l'intégrer dans la vie d'aujourd'hui et que chaque habitant puisse se l'approprier ? Cette deuxième approche n'est-elle pas la seule façon de préserver ce patrimoine ?

6e proposition : prendre pleinement en compte « l'instrumentalisation » des musées pour d'autres politiques publiques.

Les élus d'une collectivité sont en charge de multiples politiques et de multiples « compétences ». Dans un contexte où l'argent se fait rare, il apparaît souvent que les objectifs des décideurs pour les musées, et plus généralement pour les politiques culturelles, ne sont pas prioritairement *« des fins d'études, d'éducation et de délectation »* mais doivent participer aux autres objectifs de la collectivité : au développement économique du territoire, à l'insertion sociale des publics défavorisés, à la (re)création de liens familiaux, à la formation des adultes, à l'animation d'un territoire et de sa population, etc.

Même si le musée devient un outil, même si le plaisir de la découverte n'apparaît plus comme prioritaire, il semble indispensable de répondre pleinement à ces attentes en facilitant l'accès des musées aux publics socialement éloignés de ces pratiques. *In fine*, si nous travaillons intelligemment, n'arriverons-nous pas à la démocratisation de la culture et du patrimoine ainsi qu'au développement qualitatif du territoire qui doivent être notre finalité ?

5. À quels publics devons-nous nous adresser ? Comment y parvenir dans une société en perpétuelle évolution ?

La démocratisation du patrimoine doit donc être une de nos préoccupations permanentes. De façon récurrente, certains médias nationaux évoquent l'échec de l'ouverture de musées dans leurs volontés de diversifier les publics. Sur le terrain, dans les régions, dans de nombreux musées, de multiples exemples montrent le contraire quand il y a une réelle volonté des professionnels de musées d'imaginer des actions avec les autres professionnels du social, du tourisme, de l'économie, de l'éducation ou de l'animation.

7e proposition : échanger entre professionnels beaucoup plus fréquemment sur les expériences (positives et négatives) dans le domaine de la diversification des publics.

Depuis une dizaine d'années, nous mettons en œuvre cette démarche encore trop souvent individuellement et sans en tirer d'enseignement. Expérimentons, tirons-en des bilans puis diffusons et généralisons les bonnes pratiques entre nous pour faire découvrir à tous le plaisir, la « délectation » de la découverte patrimoniale. Il y a encore beaucoup de chantiers à mettre en œuvre.

8e proposition : développer la notion de « maîtrise d'usage », en complément de la maîtrise d'ouvrage et la maîtrise d'œuvre.

La maîtrise d'usage est la possibilité pour les usagers du bien collectif que constitue le musée de participer à son évolution en exprimant leurs attentes et en mobilisant les savoirs tirés de leurs expériences d'usagers. Il s'agit de faire passer l'habitant du statut de bénéficiaire à celui d'acteur :

- Mobiliser la population pour identifier et collecter ce qui constitue les éléments forts d'un territoire qui deviendra la mémoire et le patrimoine de demain, qu'il soit matériel ou immatériel.
- Valoriser par des actions de médiation le travail scientifique des musées, peu connu du grand public (« Vous êtes en vacances quand le musée est fermé ? »), et impliquer les habitants motivés autant que possible. Pourrait-on imaginer des chantiers de collecte, d'inventaire et de conservation préventive associant les habitants, à l'image des chantiers de restauration de monuments ?
- Développer des démarches d'évaluation qualitative dans la réception par les publics de nos présentations permanentes, de nos expositions temporaires et de nos actions culturelles. Les simples chiffres de fréquentation et au mieux l'origine géographique de nos publics ne peuvent suffire pour connaître la réception de notre travail.

6. Le musée, acteur de l'animation et du développement de son territoire

9e proposition : mobiliser tous les acteurs du territoire dans une vision moderne et dynamique de la gestion de leur patrimoine.

La sacralisation du patrimoine que nous connaissons en France depuis le XIXe siècle a permis de préserver de multiples pans de notre histoire, qu'ils soient architecturaux, mobiliers ou archivistiques. Mais ce respect risque aujourd'hui, dans notre société en mal de repères, de se transformer en une attitude de refus face à la modernité, ou de refuge passéiste dans un monde figé. Cette position extrême ne peut alors qu'entraîner une opposition également extrême, soit un rejet du patrimoine et de son appropriation… et la fuite des jeunes générations vers d'autres intérêts. En tant que professionnels, la seule voie possible est alors de développer des actions permettant à chacun de faire entrer dans son quotidien le patrimoine, sa gestion et son usage.

Complétant les pistes développées précédemment, en voici une dizaine d'autres (que beaucoup d'entre nous expérimentent déjà) :

- Développer plus encore les relations entre les musées et le monde de l'éducation et le monde socio-éducatif afin de susciter l'intérêt des jeunes générations. L'idée de « jumelage » entre établissement de proximité et musée est encore trop peu développée. La démarche nationale des « Portes du temps » qui fait découvrir de façon ludique le patrimoine à des jeunes qui ne partent pas en vacances est à ce titre exemplaire.
- Trouver les moyens d'impliquer le public de la « silver économie ». Cette « silver économie », qui a été identifiée comme un des axes de développement de la Basse-Normandie et de la Manche, ne doit pas se limiter à mettre en place des services à la personne pour les seniors. Des actions intergénérationnelles sont à imaginer.
- Penser ou repenser les associations de soutien de nos musées pour en (re)dynamiser le bénévolat, mobiliser les jeunes et favoriser le mécénat populaire.
- Développer les boutiques des musées qui ne doivent pas être identifiées par nous comme des actes purement mercantiles, mais comme un prolongement naturel de la découverte culturelle afin que chaque visiteur puisse poursuivre le développement de ses connaissances.
- Développer les nouvelles technologies dans la communication des musées, en particulier les réseaux sociaux, en recherchant des approches pertinentes pour capter l'attention des jeunes, principaux usagers de ces réseaux.
- Dépasser le conflit latent entre les partisans et les détracteurs de la mise en ligne des collections et des expositions. Explorer sur Internet les richesses d'un musée est un premier pas dans la découverte de l'œuvre et peut être désormais, pour beaucoup, le passage obligé vers une possible confrontation *in situ*.
- Travailler à la prolongation des actions développées lors des grands événements nationaux (Nuit des musées, Journées du

patrimoine…) pour que ces moments désormais incontournables ne soient pas uniquement des événements médiatiques fréquentés par un public boulimique, mais éphémère.

- Impliquer les acteurs du développement économique non seulement à l'occasion d'une recherche de mécénat mais afin qu'ils s'approprient nos sites patrimoniaux en y tenant leurs réunions, en adhérant à nos associations des amis, en offrant de partager les actions des musées « hors les murs ».
- Associer présentation patrimoniale de nos collections et création artistiques d'aujourd'hui, qu'il s'agisse des arts plastiques, de l'architecture, du théâtre, de la musique, de la danse, de l'audiovisuel, de la lecture, etc., à l'heure où les frontières de ces différentes esthétiques sont de plus en plus poreuses. La création contemporaine n'est-elle pas le patrimoine de demain ? Attention, cette démarche demande un incontournable travail de médiation pour être comprise puis portée par les publics afin qu'elle devienne un facteur d'intégration du patrimoine.

7. Patrimoines et musées riment avec habitants et territoires !

Ce n'est qu'en ayant en permanence à l'esprit cette dualité « diversification des publics » et « inscription des musées dans leurs territoires » que nous inverserons l'image conservatrice et élitiste qui colle encore trop souvent aux musées.

Nous avons un rôle essentiel de médiateur à jouer pour participer à une gestion dynamique de notre patrimoine dans notre société contemporaine. Nous le savons tous, les métiers des professionnels des musées sont en pleine mutation. Nos équipements culturels et patrimoniaux, tout en préservant leurs collections et leur histoire, se doivent de devenir des moteurs du développement culturel, social et économique de leurs territoires et de leurs communautés.

À l'heure où le patrimoine risque de devenir une valeur de repli identitaire, une valeur sacralisée qui, elle, « ne ment pas ! », il est de notre devoir de l'intégrer dans la vie d'aujourd'hui, de donner à tous le plaisir de la découverte et la familiarité de l'œuvre et du monument, afin que chacun, dans son quotidien, fasse le lien entre le passé et son avenir.

« On ne peut donner que deux choses à ses enfants : des racines pour s'ancrer et des ailes pour voler ». N'oublions pas la deuxième partie de ce proverbe !

François Toumit

Archives, musées, réseaux sociaux : la relation mutante

Résumé

En une décennie, les réseaux sociaux ont totalement transformé les modes de communication et sont devenus aujourd'hui une composante de notre société et de notre sociabilité dont se sont largement emparés les musées et les archives. Ils transforment en profondeur la relation entre les établissements et le public et bousculent la logique verticale et la légitimité de la production de contenus. Dans un contexte continuellement mouvant / mutant, voire expérimental, en termes de technologies, d'usages, de relations, de recherche, de métiers, comment penser l'évolution des réseaux sociaux pour les établissements patrimoniaux que sont les musées et les archives ? Publics, professionnels, usages, pratiques : Quels changements sont à l'œuvre ? Les réseaux sociaux nous invitent à en être acteurs.

Mots-clés : archives, musées, réseaux sociaux, Facebook, Twitter, médiation virtuelle, museogeeks, museumweek, Jourdefermeture, selfie

En une décennie, les réseaux sociaux ont totalement transformé les modes de communication et sont aujourd'hui devenus une composante de notre société comme de notre sociabilité. Selon l'Observatoire des réseaux sociaux, ils sont entrés depuis peu dans une nouvelle phase de développement, celle de la généralisation et de la diversification[62] . Cette phase de massification des usages pour ces technologies s'accompagne d'une banalisation et d'une obsolescence rapide. Symbole de la modernité un moment, ils seront très rapidement passés de mode (Martin, 2013). Le rythme des innovations est non seulement plus rapide que les processus de décision des institutions culturelles mais il rend aussi difficile, faute de distance, une nécessaire réflexion sur le sujet.

Dans un contexte continuellement mutant en termes de technologies (des réseaux sociaux en évolution constante, apparition, disparition), d'usages, de relations, de recherche (rapidement périmée), de métiers, comment penser l'évolution des réseaux sociaux pour les établissements patrimoniaux que sont les musées et les archives ?

62 Observatoire des réseaux sociaux 2013 #IFOPREZOSOCIO.

Les réseaux sociaux des musées et des archives : définition, offre et usages

Définition

Les médias sociaux regroupent des plateformes et des applications en ligne fondées sur la philosophie et la technologie du Web 2.0 qui permettent la création et l'échange du contenu générés par les producteurs et les utilisateurs.

Ils regroupent les wikis (espaces de publication collaboratifs où chaque membre peut rédiger et modifier le contenu), les blogs (espaces de publication par un producteur ouverts aux commentaires des internautes), les microblogs (à la frontière entre réseau social et blog, ils permettent la publication de messages très courts, tels que Twitter, qui avec ses 140 caractères, en est l'exemple le plus connu), les plateformes de partage de contenus (à partir d'un compte créé par un utilisateur, ce dernier publie un type de contenu qui peut être commenté ou mis en favori par d'autres utilisateurs ; exemples : des vidéos sur You tube, ou des photos sur Flickr), les forums (espaces de discussion libre où l'on ajoute des messages dans le fil d'une conversation), les réseaux sociaux (à partir de la création d'un profil par les utilisateurs, profil qui précise l'identité de ces derniers, ils visent à reproduire en ligne un réseau d'interactions sociales entre individus ou entités sociales qui échangent des messages et des contenus).

C'est aux réseaux sociaux que nous consacrons ces pistes de réflexion. Leurs sept principales fonctions sont : la présence, le partage de contenus, la conversation, la constitution de groupes, l'identité que peuvent dévoiler les membres, la réputation (ce que l'on sait du statut social des autres membres et des contenus qu'ils produisent) et les relations avec les autres membres (Besset, 2010).

L'offre actuelle

Les archives et les musées ont rapidement investi ces outils, particulièrement Facebook et Twitter, dans le but de toucher les publics là où ils sont présents et actifs (Schaffer, Thierry, Couillard, 2012), c'est-à-dire sur les réseaux sociaux. Dans le palmarès 2013 des musées français établi par le Journal des Arts[63], sur les quatre-vingt-dix musées de grandes et petites villes françaises, soixante-dix ont créé une identité virtuelle sur les réseaux sociaux, Facebook et Twitter principalement. Il est à noter une diversification des plateformes utilisées, même si la prépondérance de Facebook et de Twitter demeure.

63 *Le Journal des Arts*, n°394, 21 juin 2013.

Les usages faits de ces outils par les établissements sont particulièrement variés : ils sont conditionnés par les stratégies de communication comme les objectifs définis dans le cadre de la politique des publics. Si les musées s'en emparent de plus en plus, les différences entre grandes et petites institutions sont notables.

En France, les musées pionniers (à partir de 2008) sont, bien après les grands musées canadiens et nord-américains, les Abattoirs de Toulouse, le Muséum d'histoire naturelle de Toulouse, la cité des Sciences et de l'Industrie de Paris. La deuxième vague, dans les années 2010, concerne les musées d'histoire, d'ethnographie, de civilisation et de beaux-arts (Schaffer, Thierry, Couillard, 2012). Pour des statistiques actualisées, il est utile de se reporter au top 30 des musées et lieux culturels français sur Facebook et Twitter publié chaque mois par le CLIC France.

Les archives ont quant à elles investi les médias sociaux depuis 2010, majoritairement Facebook et Twitter. L'utilisation d'autres plateformes est plus anecdotique. Les archives départementales de la Manche font figure de grand pionnier et caracolent aujourd'hui largement en tête en termes de fans et abonnés. On décompte aujourd'hui cinquante-six pages Facebook (Archives nationales, archives départementales, archives municipales, Service historique de la Défense, Délégation des patrimoines culturels, Archives diplomatiques, Centre d'archives de la Cité du patrimoine et de l'architecture) et vingt-trois comptes Twitter (SIAF, Archives nationales, archives départementales, archives municipales, Service historique de la Défense) (Scheffer, 2013).

Du côté des publics : les usages majoritaires

Les publics des archives et des musées sont différents. Si celui des musées est très diversifié, le noyau dur du public des archives est constitué de généalogistes, spontanément intéressés par les fonds et férus de technologies numériques (Moirez, 2010). On retrouve cette spécificité dans leurs usages et leurs attentes, à la fois dans l'espace physique et dans l'espace virtuel.

La construction de soi et de sa place d'acteur

Les réseaux sociaux offrent un espace où mettre en scène sa singularité, s'affirmer individuellement ou collectivement, dans un esprit marqué par le *Do It Yourself*. Ces plateformes favorisent le passage du statut de consommateur à celui d'acteur, producteur de savoir et d'échanges. On y voit à l'œuvre un esprit ouvert au détournement et à la transposition, qui s'exprime notamment dans les *mashups* (détournements, mélanges et superpositions pour créer une forme nouvelle) ou encore les selfies. Usagers et communautés ont désormais des lieux pour s'exprimer : Gallica (bibliothèque numérique de la BNF) et ses usagers, les Gallicanautes en sont un très bel exemple.

Le phénomène du selfie ou egoportrait illustre cette tendance. Élu mot de l'année 2013 par le dictionnaire d'Oxford, la pratique du selfie dans les lieux culturels a explosé ces dernières années. Cette forme d'expression de soi est issue d'une longue tradition de l'autoportrait. Son succès s'explique par la massification des smartphones et le succès des réseaux sociaux autour de l'image (Pinterest, Instagram, Facebook...). Alors qu'il était un mode d'expression adolescent au début du phénomène, le selfie s'affiche désormais comme une pratique incontournable et transgénérationnelle à double vocation. Il signifie « je suis là » et « je participe à la production d'une forme culturelle collective ». Du côté des institutions, son potentiel marketing séduit. La combinaison de la viralité (phénomène de diffusion rapide d'un contenu sur les réseaux sociaux et Internet) et de son faible coût de mise en œuvre en fait un redoutable outil de communication et donne un important coup de projecteur sur les musées et leurs collections. Le selfie de Shakira devant une œuvre du musée d'Orsay a apporté au musée une publicité inattendue (250 000 likes, 8 000 partages et plus de 12 000 commentaires en quelques jours). Déclinée à l'envi par des musées principalement anglo-saxons (Imperial War Museum – selfie de Tony Blair en Irak, NC Art Museum, Musée Andy Warhol, mais aussi Biennale d'Art contemporain de Lyon 2013), cette pratique s'est largement répandue jusqu'à aboutir à la création d'un *#MuseumSelfie Day* (« photographiez-vous au musée ») le 22 janvier 2014 (Roberge, 2014). Est-ce une expression adolescente, du marketing ou une forme d'art ?

La recherche d'informations

Internet est perçu comme une bibliothèque géante qui facilite la communication. Les réseaux sociaux engendrent un nouveau rapport au savoir, décomplexé, marqué par la flânerie, le hasard et la curiosité, autrement dit la sérendipité, une notion longtemps cantonnée au monde de la recherche. Ils sont majoritairement utilisés comme outils de veille, de curation et d'information.

Dialoguer et participer

Avec les réseaux sociaux, cet usage émergent a engendré une situation inédite. Les réseaux sociaux s'avèrent un espace de communication entre usagers et un lieu de construction pour le lien social. La dimension relationnelle y est très présente même si l'interaction est difficile à engendrer et à évaluer.

Interagir avec le public a pourtant un impact sur les contenus publiés car les retours permettent d'adapter les contenus numériques. Pour les musées, la stratégie dédiée aux réseaux sociaux et la nature même des outils utilisés favorisent un dialogue au carrefour de la culture et du divertissement. Aux archives, l'interaction a une portée différente. Les recherches qui sont effectuées relèvent des loisirs et de l'épanouissement personnel, de l'histoire et des demandes administratives (Mironer, 2003). C'est l'expression d'une personnalisation dans son rapport aux archives « qui deviennent un espace de construction des individualités et de fabrication sociale des individus offrant au sujet un moyen de se comprendre et de se situer par rapport aux autres » (Grailles, 2013-2014).

Les mutations à l'œuvre

Une culture spécifique des savoirs numériques se développe chez les internautes. D'un côté, il y a de plus en plus d'internautes inscrits sur les réseaux sociaux. De l'autre, un fossé entre ceux qui possèdent la compétence de la culture de l'information (en plus de celle de savoir lire) et ceux qui ne la possèdent pas. Le nombre d'illettrés (c'est-à-dire de personnes qui ont désappris à lire ou qui savent déchiffrer sans percevoir le sens) augmente alors que le nombre d'analphabètes (c'est-à-dire des personnes qui n'ont jamais appris à déchiffrer l'alphabet) diminue. Les technologies de la connaissance exigent une « littératie de l'information ». La littératie, francisation du mot anglais *literacy*, est la capacité à lire, au sens de comprendre et d'interpréter, et à mobiliser les codes de lecture et une culture spécifique. Or, les nouveaux savoirs disponibles ou façonnés par Internet engendrent de nouvelles ignorances. L'accès numérique à un contenu culturel ne permet pas pour autant l'accès culturel à ce contenu numérique. Il apparaît donc que s'informer sur le web requiert une nouvelle manière de savoir lire (Portevin, 2013).

Des mutations dans les usages et les fonctionnalités

Une même personne peut, dans le même temps, diversifier ses usages de chaque outil numérique et les multiplier, comme s'ils étaient une sorte de couteau suisse. De même, l'utilisation des réseaux sociaux s'affranchit des séparations entre espace public, espace éducatif, espace personnel, espace professionnel, puisque nous sommes (ou nous pouvons être) toujours connectés et partout. Les tendances dans les usages et les fonctionnalités sont le développement des réseaux sociaux autour de l'image (Instagram, Pinterest, Google+), la croissance des sites de *streaming* musicaux (Deezer, Spotify, Dailymotion), les réseaux sociaux professionnels (LinkedIn, Viadeo), le microblogging (Twitter, Tumblr), le développement des réseaux de niches avec Instagram, Tumblr, Twitter, Pinterest, Dailymotion, Spotify, une passivité relative des usagers qui privilégient la consultation d'informations plutôt que les publications. La crainte relative à la diffusion incontrôlée de nos données personnelles est un frein majeur à ces usages et seule une minorité est active. Quoi qu'il en soit, il est très difficile de cerner le public des réseaux sociaux, ses attentes et ses besoins. Les données fournies actuellement sont insuffisantes et les études de publics restent à faire. Il s'agirait d'évaluer quel est l'impact de l'activité des réseaux sociaux sur ces publics, quels en sont les bénéfices réels pour les usagers et s'ils font venir de nouveaux visiteurs dans les musées. Un Nouvel Outil Statistique (NOS), dont le maître d'œuvre est Gonzague Gauthier, pourrait apporter quelques réponses à ces questions.

Après la période d'engouement et d'euphorie liée à l'apparition puis à l'essor des réseaux sociaux, il est constaté, malgré l'accroissement des inscriptions, une augmentation de la passivité. Est-ce l'expression d'une routine et d'une lassitude ? Les évolutions à l'œuvre, fonctionnelles, stratégiques et technologiques (nouvelles plateformes, développement des réseaux sociaux de niche), pourraient permettre d'évaluer si l'intérêt et la curiosité pour ces outils sont encore intacts.

Enjeux et changements : les objectifs

En la matière, les objectifs varient entre la volonté d'être présent à la mise en œuvre d'une véritable stratégie de communication. Ils sont majoritairement conditionnés par les moyens disponibles. L'investissement financier, quasi nul en apparence, ne masque plus aujourd'hui un important investissement en ressources humaines.

L'analyse de la stratégie numérique des cinq plus grands musées français d'art, réalisée à l'occasion de la *Museumweek* 2013, démontre une corrélation forte entre fréquentation des musées et rayonnement numérique. Le musée du Louvre, le Centre Pompidou et le musée d'Orsay détiennent une suprématie de fréquentation virtuelle sur les réseaux sociaux autant que physique dans leurs établissements (Masson, 2014). Il s'agit d'un succès porté par leur notoriété et les moyens dont ils disposent. De même, les grandes opérations nationales, telles que la Nuit des musées ou les Journées européennes du patrimoine du ministère de la Culture et de la Communication, sont investies par les musées et le public.

Objectifs de communication

Plusieurs objectifs sont à différencier. D'abord, l'objectif visé est celui de la visibilité. Ensuite, l'établissement souhaite informer le public de son actualité. Les réseaux sociaux des musées favorisent la fréquentation des sites Internet institutionnels et la diffusion de l'information en valorisant expositions et événements. Troisième objectif : musées et archives ambitionnent d'améliorer l'image de l'institution. Le dialogue avec les internautes, la ligne éditoriale et le ton employé visent à rapprocher l'établissement de ses utilisateurs, à leur montrer qu'il s'agit d'un lieu vivant. C'est le cas de l'opération #Jourdefermeture sur Twitter, qui invite à la découverte des coulisses et du fonctionnement d'un musée. Enfin, le dernier objectif s'avère plus ambitieux : il s'agit de transformer la relation à l'usager en construisant avec les internautes des échanges plus personnels, voire personnalisés, en stimulant l'appropriation dynamique des connaissances (par des selfies, des concours, des jeux, des quizz, ...), en proposant des outils pour préparer ou prolonger la visite ou encore en appelant aux connaissances des internautes. Pourtant, nous le constatons tous, instaurer un dialogue réel et producteur de connaissance est difficile. Les efforts de certains établissements, tels que la Tate Gallery, sont à signaler. A contrario, *Ask a Curator*, événement annuel sur Twitter dont le principe repose sur des questions posées à des conservateurs, remporte un succès mitigé. En 2013, une dizaine de musées français a participé à cette opération (Boutges, 2014).

Il est possible que les plateformes classiques comme Facebook ne soient pas adaptées à ces ambitions. Actuellement, les réseaux sociaux favorisent une communication génératrice d'interactions chaleureuses mais superficielles. Ils apparaissent finalement comme la porte d'entrée du musée et des archives, le lieu du contact avec les membres, combinant information et médiation. Les débats de fond, pour approfondir et produire avec l'usager, sont à effectuer ailleurs, dans d'autres espaces virtuels ou physiques.

Objectifs de médiation

Envisagés comme un outil des politiques de médiation, les réseaux sociaux permettent de constituer une communauté, d'élargir les publics, notamment les 15-45 ans et le public étranger, de changer l'image et de transformer la relation à l'usager. La distance culturelle s'y réduit, des contenus y sont valorisés autrement. Pour les archives, il s'agit d'apporter des ressources numériques aux internautes qui ne sont d'ailleurs pas envisagés systématiquement comme des lecteurs à conquérir, de développer un public virtuel par la fréquentation du site web, l'accessibilité aux collections numérisées et aux ressources numériques. La salle de lecture n'est qu'un lieu parmi d'autres pour remplir leur mission de service public. Dès lors, que le public soit touché virtuellement ou réellement en salle de lecture, la mission de diffusion d'un savoir historique est atteinte auprès d'un « nouveau » public qui n'a ni le temps ni le besoin de faire de longues recherches en salle mais apprécie d'apprendre différemment. Cette large mise à disposition de contenus culturels fonde le succès des services d'archives sur les réseaux sociaux. La médiation scientifique en ligne est primordiale. Pour les musées, s'ajoute la nécessité de faire venir physiquement ces nouveaux publics captés via Internet.

Un changement dans le rapport à la transmission

Pour les producteurs, acteurs, diffuseurs et prescripteurs de culture, le numérique bouleverse le rapport à la transmission et, par là même, le rôle des institutions culturelles. Les spécificités des réseaux sociaux favorisent le passage d'une transmission verticale à une transmission horizontale, d'une logique d'image à une logique fonctionnelle, pour en faire un véritable outil au service des publics (Schaffer, Thierry, Couillard, 2012). Mais ce projet suscite deux questions : que veut-on montrer et que peut-on montrer (enjeux juridiques, ouverture des données publiques, publications de contenus sous licence libre etc.) ?

Quelle place donner au public qui manifeste son intérêt ?

Les réseaux sociaux remettent en question l'autorité du musée et des archives. Ils participent d'une dilution de l'autorité. *A minima*, il s'agit de permettre au public de s'exprimer et de réagir (« J'aime » constituant ce minimum). Alors qu'il est difficile de prendre la parole en public, ce n'est pas le cas sur les réseaux sociaux où notre identité numérique s'exprime de manière décomplexée mais adaptée au réseau de personnes avec lesquelles nous sommes en lien – dans l'idéal du moins – (Martin, 2013). Les musées et les archives gagneront à donner la parole aux visiteurs dans leurs cercles sociaux numériques. L'opération *#museumweek*, ou la semaine des musées, a été conçue à l'origine par Twitter France et douze établissements culturels parisiens. Elle a pris une ampleur européenne principalement, avec plus de cinq cents musées participants, dont cent trois musées français et désormais les archives. Elle affiche des chiffres importants, marqueurs d'une forte activité : 260 000 tweets envoyés. L'objectif était de promouvoir les musées sur Twitter à partir du hashtag *#MuseumWeek* décliné selon une thématique différente chaque jour de la semaine : lundi, c'est #CoulissesMW ; mardi, c'est #QuizzMW ; mercredi, #LoveMW ; jeudi, #ImagineMW ; vendredi, #QuestionMW ; samedi, #ArchiMW et dimanche, #CréaMW. Deux billets proposent un bilan plus précis de cette opération (Courtin, Mathey, 2014 et Gauthier 2014). Opération de communication en premier lieu, elle peut aussi s'envisager comme une opération de médiation. Passées les critiques justifiées sur sa complexité, cette initiative recèle un fort potentiel de médiation et d'interaction puisqu'elle favorise production et partage de contenus.

Les réseaux sociaux n'entravent pas le besoin de rencontres, bien au contraire, ils en sont générateurs. Le succès des rencontres physiques issues des communautés sur les réseaux sociaux (le groupe SMV, acronyme d' « Un Soir, un Musée, un Verre », les soirées Facebook organisées par des musées spécialement pour leurs fans tels que Les Arts Décoratifs ou encore le musée Delacroix) est croissant.

Cultiver ou divertir

Avec les réseaux sociaux, la frontière entre la culture et le divertissement est devenue floue, précisément parce que ces dispositions leur sont constitutives. Le rôle culturel, pédagogique et éducatif du musée et des archives n'est en rien remis en cause par cet outil de médiation, dont les pratiques sont à mi-chemin entre divertissement et offre culturelle considérée comme sérieuse et éducative. Dans le domaine de la production et de la diffusion de savoirs, les appels à connaissances au moyen des réseaux sociaux ont démontré tout leur intérêt. Associée au Cirève (Université de Caen - Normandie), l'association *Cadomus s'*est donné l'objectif ambitieux de reconstituer virtuellement la ville de Caen avant les destructions de 1944. Les membres de cette association effectuent des recherches dans les archives publiques et privées, puis publient des documents numérisés sur les réseaux sociaux, font partager leurs trouvailles aux internautes et recueillent des précisions sur les bâtiments, les rues, etc.

L'exemple des réseaux sociaux au service de l'histoire et de la mémoire illustre bien le passage d'une logique de communication à une logique de culture. Aux Archives départementales du Calvados, la page Facebook a été inaugurée en novembre 2013 avec une ligne éditoriale dédiée à la Seconde Guerre mondiale, dans le cadre des commémorations du 70e anniversaire du Débarquement et de la Bataille de Normandie. L'objectif est de valoriser des documents, inédits ou non, d'informer sur les projets et travaux des archives sur le sujet (classements de fonds, publications, événements, etc.). Aux Archives départementales de la Manche, la ligne éditoriale s'appuie sur un moteur de recherche qui moissonne dans les fonds numérisés. Le musée de la Grande Guerre de Meaux, ouvert en 2011, a créé et animé d'avril à mai 2013 la page Facebook d'un poilu virtuel, Léon Vivien. Le succès a été immédiat et immense : 65 000 fans, un nombre considérable d'interactions et 90 000 visiteurs ont été accueillis au musée en 2013. En amont, un travail considérable de recherche et de scénarisation a été réalisé, impliquant le personnel du musée et une agence de publicité, DDB, dans le cadre d'un mécénat de compétences. Ce succès a amplement profité à l'agence et au musée. Le Mémorial de Caen lui a emboîté le pas en 2014 avec la page Facebook et le compte Twitter de Louis Castel, GI français virtuel participant au Débarquement. Avec près de 22 500 fans, cette page mobilise deux historiens et un *community manager.* Ces deux derniers exemples appellent deux remarques. D'une part, ce succès s'explique par la qualité du contenu scientifique (images d'archives souvent inédites), l'investissement humain (interaction) et financier (important) et bouscule l'idée que les réseaux sociaux sont une activité peu coûteuse. D'autre part, l'engouement pour Léon Vivien s'expliquerait par l'effet de surprise, ce qui laisserait entendre que les *community managers* sont condamnés à une course à l'innovation...

L'évolution des pratiques professionnelles

Les communautés informelles, actives et activistes ont de plus en plus d'influence. Avant les réseaux sociaux, il y avait des sociétés savantes, des associations professionnelles et des associations d'amis de musées, dont l'influence et les activités étaient à géométrie variable. Les réseaux sociaux ont apporté un changement fondamental à cette organisation avec l'apparition des communautés. Rassemblées sur les réseaux sociaux autour de la culture et du numérique, elles sont constituées de professionnels, d'usagers, d'étudiants des secteurs numériques et culturels. Elles sont informelles, virtuelles, réelles et s'emploient à échanger des astuces et des conseils, à réfléchir, à innover et à partager. La plus visible est celle des museogeeks[64] qui regroupe quatre communautés interconnectées : MuzeoNum, Museomix, un Soir, un Musée, un Verre et CMMin. Fondée à l'initiative d'Omer Pesquer, consultant et formateur dans le domaine de la culture et du numérique, MuzeoNum anime un wiki de ressources numériques destinées au musée. Depuis 2011, l'événement annuel *Museomix*, dont la devise est « People Make Museums », rassemble pendant trois jours une communauté de bénévoles autour d'un musée, communauté constituée de professionnels de la culture et du numérique, de passionnés, de techniciens... Trois jours pour créer ensemble des dispositifs de médiation, avec ou sans numérique d'ailleurs, à expérimenter dans un musée partenaire. C'est une forme de laboratoire. Un groupe a été constitué en Basse-Normandie en 2013 à l'initiative du réseau des musées animé par la Fabrique des patrimoines. Le groupe SMV (Un Soir, un Musée, un Verre), sur Facebook et Twitter, propose une nouvelle forme de visite d'exposition à l'aspect convivial fondamental puisque les participants se retrouvent après autour d'un verre. Les rencontres des CMMin, animées par Florence Vielfaure, rassemblent, plusieurs fois par an, les *community managers* des établissements publics du ministère de la Culture et de la Communication. La communauté *OrsayCommons* s'est constituée en groupe sur Facebook en juin 2010 en réaction à l'interdiction des photos au musée d'Orsay. Encore très parisiennes dans leurs territoires de rencontres et d'intervention, ces communautés commencent à essaimer en province.

L'esprit et les usages propres aux réseaux sociaux font évoluer les pratiques professionnelles et apparaître de nouveaux métiers. Un esprit pragmatique et collaboratif doublé d'un goût pour l'expérimentation anime les professionnels en charge des réseaux sociaux dans les institutions

64 Sur les communautés Museogeeks : http://museogeeks.com

culturelles. Certains projets peuvent être abandonnés à la suite d'une phase expérimentale, à l'exemple de Communauté Louvre, communauté aujourd'hui fermée. Les animateurs de communautés ou *community managers,* venus d'horizons très divers, ont la tâche de constituer et d'animer des communautés, de faire le lien entre l'institution et son public internaute comme d'inventer les nouveaux usages des réseaux sociaux. Indiscutablement, ces évolutions en cours, marquées par l'innovation et la créativité, aboutissent à de nouvelles pratiques. Dans cet immense espace d'expérimentation, des usages disparaîtront, d'autres perdureront.

Des pistes pour l'avenir : souhaits, rêves, incantations, prédictions...

Renforcer l'interaction avec le public vers une logique de culture

Demain, j'aimerais que les réseaux sociaux soient des outils qui favorisent et entretiennent la curiosité comme le désir d'apprendre, des espaces de rencontre avec le savoir et, donc, de dialogue autour du savoir, des espaces pour construire des savoirs : une sorte d'agora polyphonique.

Promouvoir une nouvelle légitimité dans la production de contenus

Samuel Bausson, pionnier des réseaux sociaux pour les musées avec une présence numérique multi plateformes pour le Museum de Toulouse (sur Twitter, Flickr, Tumblr, Facebook, Scoop.it, Babelio, Netvibes, Instagram, Pinterest, Flipboard et Del.icio.us), considère que l'impact ne se mesurera pas au travers des chiffres et se demande si les réseaux sociaux ont véritablement enrichi le contenu du musée.

En utilisant à plein la fonctionnalité « multi-utilisateurs » des réseaux sociaux, l'échange, la construction de savoir commun ou les occasions de confronter des points de vue, avec ou sans médiateur, peuvent être développés. Dialoguer avec les communautés, les usagers, les lecteurs et les visiteurs permet d'entrer dans une logique sociale de co-construction des savoirs et de culture.

Ces usages engendrent une nouvelle logique dans la production de contenus. À la question, « qui est légitime à produire de la connaissance, des contenus ? », il n'est plus possible de répondre uniquement : l'institution. La fin d'une stricte division des rôles est notable. Dans des environnements ouverts, le public génère des contenus. Il est d'ailleurs important de prévoir comment et où valoriser la participation des internautes.

En observant le succès du phénomène Wikipédia dans le domaine de la collecte et de la diffusion de la connaissance, entrer dans une dynamique de co-construction avec les réseaux sociaux est-il utopique ? Dans cette configuration, le rôle essentiel des professionnels est d'apporter l'expertise de l'institution et de garantir les contenus publiés. En quoi pouvons-nous être utiles à notre communauté ? Alors pourquoi ne pas co-produire des expositions, des publications ou des outils pédagogiques ?

Un internaute acteur et responsable : promouvoir une nouvelle forme d'éducation

Le web exige un lecteur responsable et compétent, tout le contraire d'un consommateur. Nous avons à contribuer à la formation des usagers au numérique, à la recherche d'informations et à la production de contenu, dans un web immense où le principal mécanisme de hiérarchisation et de qualification de l'information est le rang parmi les résultats d'un moteur de recherche (Moufflet, 2013-2014). L'aptitude à la coopération sur le web traduit une démocratisation de l'accès aux savoirs et de la recherche. En favorisant la coproduction de contenus, nous invitons à de nouvelles formes de participation citoyenne, à passer d'une sorte d'interactivité forcée à une interactivité volontaire. Dans cette configuration, les réseaux sociaux sont à envisager comme une forme de mobilisation intellectuelle qui pourrait renouveler les connaissances (Wierviorka, 2014), comme un outil d'appropriation des fonctions culturelle et éducative dans les musées et aux archives.

Renforcer la coopération entre professionnels

Au sein d'un même établissement, la coopération permettrait de poursuivre la construction d'une politique collective, entamée avec les sites Internet, en intégrant toutes les parties de l'établissement, et de penser l'institution comme un tout qui se montre dans sa dimension architecturale, patrimoniale, identitaire et fonctionnelle (Schaffer, Thierry, Couillard, 2012).

Puisqu'il existe une culture spécifique au numérique, il conviendrait de développer les fonctions de médiateur numérique. En cela, les communautés ont un rôle majeur à jouer en valorisant les compétences et les domaines d'expertise des membres de la communauté (archivistes, conservateurs, médiateurs culturels, *community managers*, enseignants, associations...) pour développer une offre de médiation globale au bénéfice des publics.

Enfin, entre les établissements culturels, la coopération via les réseaux sociaux se développe autour de grandes opérations nationales telles que la Nuit des musées ou les Journées du patrimoine. Le ministère de la Culture et de la Communication en assure la promotion, la centralisation des informations et la diffusion des bilans. Le succès de la *#museumWeek* chez les professionnels, particulièrement dans les communautés Museogeeks, est prometteur, puisqu'il a permis de fédérer les institutions autour d'un même projet numérique. Si les établissements à forte notoriété sont favorisés (château de Versailles, Le Louvre, Centre Pompidou), les petits musées peuvent utilement en tirer bénéfice. Ces dispositifs relativement simples, facilitateurs d'une mutualisation moins formelle, permettent d'alimenter une communauté numérique territoriale et de défricher de nouvelles formes de collaboration entre institutions culturelles, autour de leurs collections (Magro, 2013). La mutualisation des ressources humaines et culturelles favoriserait les projets transversaux entre établissements culturels, sans méconnaître le temps que peuvent prendre de tels projets et sans craindre la concurrence entre établissements. L'utilisation de l'effet de réseau offert par la dématérisalisation apporte de la visibilité, permet de réunir virtuellement des objets et des lieux distincts. Ces territoires virtuels s'avèrent des lieux d'expérimentation fructueuse.

Les réseaux sociaux ont profondément transformé la relation entre les musées, les archives et leurs publics. Ces derniers sont passés d'une place de spectateurs et de consommateurs à une place d'acteurs producteurs de contenus. Les bénéfices pour les institutions et pour les publics sont nombreux, du gain de visibilité au partage de savoirs pour aboutir aussi à la production de connaissances. Cet esprit social, innovant, expérimental et créatif induit une nouvelle vision de l'institution où la logique de culture et celle de la production de contenus sont désormais partagées à l'intérieur et à l'extérieur. Pour le moment, cette vision partagée porte sur le rôle et sur la redéfinition de la place de chacun des acteurs. Les professionnels, au sein des communautés et des établissements, par leurs coopérations multiformes, favorisent l'apparition de nouveaux usages et de nouvelles compétences, tant chez eux que chez les publics. Cette relation mutante n'a pas fini d'évoluer. Plus les usages numériques se diffusent et se transforment, plus nous transformons notre manière de les intégrer. Ces usages soulèvent aujourd'hui deux questions fondamentales. La première porte sur l'archivage des réseaux sociaux. Ce patrimoine numérique natif est marqué par des enjeux culturels et juridiques majeurs dont les institutions publiques, la Bibliothèque nationale de France, la Library of Congress, les entreprises qui les développent et les *Internet Studies* se sont emparées (Paloque-Bergès, Schaffer, 2013-2014). La seconde porte sur les biens communs culturels et invite à une réflexion sur les usages à défendre et à promouvoir, à la croisée de l'éducation, de la citoyenneté et des enjeux de la mondialisation.

Emmanuelle Amsellem

Références bibliographiques

BESSET Claire, *L'Usage des médias sociaux par les musées, potentiel et réalisations*, mémoire sous la direction de Yves Evrard, HEC Paris, juin 2011.

BÉTARD Daphné, « Les musées sur un mode "2.0" », *Le Journal des Arts*, n° 363, du 17 février au 1er mars 2012, p. 21.

BOUTGES Margot, « Quel rôle pour les réseaux sociaux ? », *Le Journal des Arts*, n° 406, du 31 janvier au 13 février 2014, p. 21.

CLIC France, « Quand le phénomène selfie "contamine" les musées et lieux culturels » publié le 21 janvier 2014 sur http://www.club-innovation-culture.fr/quand-le-phenomene-selfie-contamine-les-musees-et-lieux-culturels, consulté le 23/10/2014.

COURTIN Antoine et MATHEY Aude, « petit bilan de la *#museumweek* », publié le 11 avril 2014 sur http://culture-communication.fr/petit-bilan-de-la-museumweek, consulté le 23/10/2014.

DEVAUCHELLE Bruno, *Comment le numérique transforme les lieux de savoirs*, Éditions Fyp, Limoges, « Société de la connaissance », 2012.

DOMANGE Camille, *Ouverture et partage des données publiques culturelles. Pour une (r)évolution numérique dans le secteur culturel (rapport)*, ministère de la Culture et de la Communication, Paris, décembre 2013.

GAUTHIER Gonzague, « A personnal point of view on #museumweek », publié le 21 mai 2014 sur http://gonzagauthier.wordpress.com/2014/05/21/pe rsonnalpointofviewonmuseumweek, consulté le 23/10/2014.

GRAILLES Bénédicte, « Au-delà de l'histoire : les usages des archives dans la société contemporaine », *Culture et Recherche*, n° 129 : *Archives et enjeux de société*, hiver 2013-2014, p. 61.

GRENIER Catherine, *La Fin des musées*, Éditions du Regard, Paris, 2013.

Le Journal des Arts, « Le Numérique dans les musées » (dossier), n° 363, du 17 février au 1er mars 2012, pp. 17 à 22.

Le Journal des Arts, « Les musées face au numérique » (dossier), n° 406, du 31 janvier au 13 février 2014, pp. 16 à 24.

MAGRO Sébastien, « À propos de #jourdefermeture », publié le 2 mai 2013 sur http://dasm.wordpress.com/2013/05/02/a-propos-de-jourdefermeture, consulté le 23/10/2014.

MARTEL Frédéric, *Smart. Enquête sur les Internets*, Stock, Paris, 2014.

MARTIN Yves-Armel, « Innovations numériques / révolution au musée ? » publié le 19 avril 2013 sur http://www.erasme.org/Innovations-numeriques-revolution, consulté le 23/10/2014.

MASSON Nicolas, « La stratégie numérique des 5 plus grands musées d'art français - MuseumWeek » publié le 31 mars 2014 sur http://www.lafactory-npa.fr/strategie-digitale-contenus/2014/03/31/musee-francais-digital-museumweek/, consulté le 23/10/2014.

MIRONER Lucien (sous la direction de), *Les Publics des archives départementales et communales : profils et pratiques*, Enquête du Département des Etudes et de la prospective du ministère de la Culture et de la Communication, 2003.

MOIREZ Pauline, « Tous différents ! Archives et musées face à la diffusion numérique », publié le 16 novembre 2010 sur http://archivesmasala.wordpress.com, consulté le 23/10/2014.

MOUFFLET Jean-François, « Les ressources archivistiques sur Internet : bilan et enjeux pour la recherche », *Culture et Recherche*, n° 129 : *Archives et enjeux de société*, hiver 2013-2014, p. 65.

PALOGUE-BERGÈS Camille et SCHAFFER Valérie, « Les archives des réseaux numériques : périmètres, enjeux, défis », *Culture et Recherche*, n° 129 : *Archives et enjeux de société*, hiver 2013-2014, pp. 68-69.

PORTEVIN Catherine, « La littératie », *Philosophie Magazine*, 17 janvier 2013, p. 74

ROBERGE Alexandre, « Le selfie dans les musées : qui est la vedette ? » publié le 26 avril 2014 sur http://cursus.edu/article/21925/selfie-dans-les-musees-qui-est#.VEkLEYcQn0E consulté le 23/10/2014.

SCHAFFER Valérie, THIERRY Benjamin et COUILLARD Noémie, « Les musées, acteurs sur le web », *La Lettre de l'Ocim*, n°142, juillet-août 2012, pp. 5-14.

SCHEFFER Julie, « Médias sociaux et services d'archives. Étude relative à l'implication du réseau des Archives départementales et municipales dans les médias sociaux en France », publié en octobre 2013 sur http://www.archivesdefrance.culture.gouv.fr/ressources/medias-sociaux, consulté le 23/10/2014.

SINATRA Michaël E., VITALI-ROSATI Marcello (sous la direction de), *Pratiques de l'édition numérique*, Les Presses de l'Université de Montréal, 2014. Téléchargement gratuit sur parcoursnumeriques-pum.ca

TAFFIN Nicolas (coordonné par), *Pages publiques : à la découverte des trésors du domaine public*, Caen, C&F éditions, 2014

WIEVIORKA Michel, *L'Impératif numérique*, CNRS éditions, Paris, 2014.

Partie 4. Mondialisation

De la mobilité des collections

Résumé

Entrer dans une collection, puis en sortir et y revenir ; le destin nomade des œuvres d'art est ancien, prophète de la mondialisation que nous théorisons aujourd'hui. En revanche, son intégration par le musée comme élément de développement est relativement récente. Depuis que l'exposition est devenue un produit culturel à forte valeur ajoutée intellectuelle et économique, la mobilité des collections constitue un enjeu scientifique, stratégique et budgétaire essentiel. Elle a contribué à la réforme des compétences et des métiers, de l'organigramme du musée et de ses processus de gouvernance, inspirés notamment de ceux de l'entreprise. De nouvelles valeurs scientifiques et professionnelles ont émergé dans son sillage : la mise en lumière d'un lieu jadis obscur, la réserve ; la remise en cause de l'exemplarité de l'accrochage des collections permanentes au bénéfice de l'expérience d'un corpus, la construction de réseaux favorables à la croissance du musée, la traçabilité des collections, les services accompagnant cette circulation et leurs revenus dans tous les sens du terme. Autant d'éléments, parmi quelques autres, qui ont redéfini les paramètres de la gestion des collections par les conservateurs et leurs équipes. Cette diffusion intensive concerne un nombre limité d'établissements en France : leurs modèles de management sont toutefois de plus en plus recyclés à des échelles diverses. Quelques exemples contemporains éclairent de vieilles questions qui trouvent ici toute leur actualité.

Mots-clés : mobilité, collections, musée, diffusion, flux, expositions, réseaux, financement

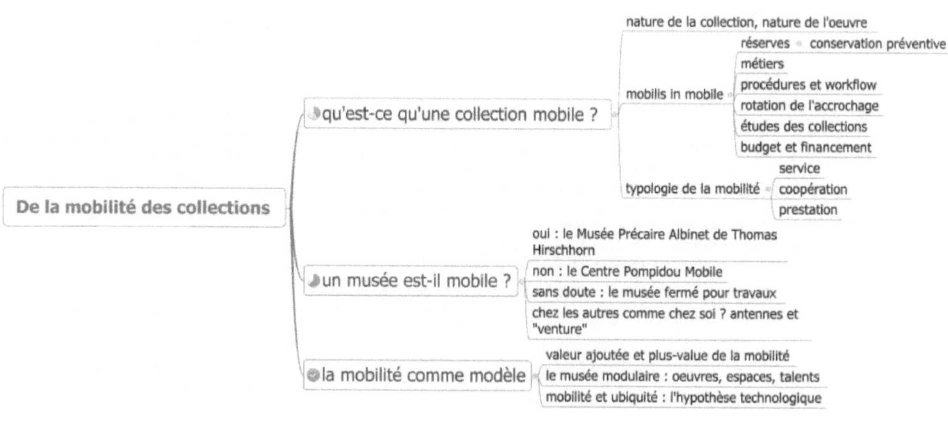

L'éventualité du voyage de *La liberté guidant le peuple*, 28 juillet 1830 d'Eugène Delacroix, à Pékin, à l'occasion du 50e anniversaire de la reconnaissance de la Chine par la France, a soulevé un tollé relayé par les médias français fin 2013[65]. « L'exposition des 10 chefs-d'œuvre français issus des collections des musées nationaux de Versailles, du Louvre, d'Orsay, du Musée national d'art moderne, et du Musée national Picasso » [66] a finalement commémoré cet événement diplomatique au Musée national de Pékin en avril 2014, mais sans la célèbre allégorie de la Liberté. La fragilité de l'œuvre de Delacroix, récemment déplacée de Paris à Lens où elle avait été victime de vandalisme, était l'argument principal de la contestation. Son sujet n'était pas non plus étranger à la résistance radicale quant à la destination chinoise de son exposition. Toutefois, l'attraction irrésistible du Louvre – Muséum central révolutionnaire – comme giron naturel de sa présentation publique colonisait les débats. Émerge ainsi le musée comme territoire exclusif de la collection, dans sa nature physique, institutionnelle et symbolique, en quelque sorte son origine. Nous y reviendrons bien plus loin.

Cet épisode en ressuscite de nombreux autres ; le plus significatif est sans conteste le prêt arraché à Charles de Gaulle par André Malraux au bénéfice de la National Gallery de Washington, puis du Metropolitan Museum of Art de New York en janvier 1963. Malraux déclare dans son allocution : « Certains esprits chagrins évoquent les risques encourus par ce tableau en quittant le Louvre. Ces risques sont réels, bien qu'exagérés. Mais les risques pris par les gars qui débarquèrent un jour à Arromanches – sans parler de ceux qui les avaient précédés vingt-cinq ans plus tôt – étaient beaucoup plus certains. Au plus humble d'entre eux, s'il nous écoute ce soir, je tiens à dire que le chef-d'œuvre auquel vous rendez un hommage historique ce soir, Monsieur le Président [John Fitzgerald Kennedy], est un tableau qu'il a sauvé. » [67]

La transition avec le *Liberté guidant le peuple* est toute trouvée : iconographiquement, cette dernière œuvre aurait mieux convenu à un hommage au Nouveau Monde. Le choix de *La Joconde* de Léonard de Vinci par Malraux se fonde sur un critère différent. Si *La Joconde* est remarquable et a tout pour flatter le goût des élites américaines, c'est tout de même le portrait d'une jeune Italienne de Florence, peinte dans cette ville par un peintre de la même nationalité. Malraux ne manqua pas de mettre en valeur le paramètre essentiel de son choix : la dimension patrimoniale du tableau et la densité historique entre la toile et le regard des visiteurs. Entrée dans les collections de François Ier en 1518, *La Joconde* incarne la continuité du patrimoine français, le substrat du trésor de la Nation, et en constitue le meilleur des

[65] Entre beaucoup d'autres et pour mémoire, Guerrin (Michel), « Une "Liberté" bien encombrante », *Le Monde*, 14 décembre 2013.

[66] Site internet de l'ambassade de France à Pékin : http://www.ambafrance-cn.org/50-ans-de-relations-diplomatiques.

[67] Transcrit par l'auteure du discours original radiodiffusé.

ambassadeurs : celui qui conjugue la pérennité et la séduction – ceci étant parfait pour apaiser, sans s'abaisser, les tensions qui caractérisaient alors les relations entre la France et les États-Unis.

Voici venir un point d'étape qui me permet de déduire de ces aventures qu'une œuvre d'art issue d'une collection mobilise, en se déplaçant, *a priori* autant sa propre identité – c'est-à-dire ce qu'elle donne à voir - que celle de l'entité qui la contient – c'est-à-dire l'histoire à laquelle elle appartient. Et que la tension entre l'une et l'autre est l'objet de désirs et d'enjeux scientifiques, politiques, sociaux et économiques. L'intensification de la circulation des œuvres d'art depuis les années 1980 – c'est-à-dire quand l'exposition est devenue un produit culturel rentable – a interprété cette tension dans des configurations sans cesse plus inventives.

Cette brève étude de cas est simplement destinée à poser le théâtre d'une réflexion dont le sujet est la mobilité des collections et qui implique les agents suivants : l'œuvre ; la collection comme corpus matériel mais aussi entité historique, administrative et juridique ; le musée comme institution, métiers, personnels et espace ; son réseau, humain, institutionnel, économique et virtuel. La question des moyens va nécessairement surgir à un moment ou un autre. L'argument a été donné par le rapport que M. Alain Seban, président du Centre Pompidou, a remis en mai 2013 à madame Aurélie Filipetti, ministre de la Culture et de la Communication, qui est intitulé : *Dynamiser la circulation des collections publiques sur l'ensemble du territoire national.*

Quels sont les enjeux, les bénéfices et les conséquences de l'éloignement entre une œuvre et le musée qui la conserve ? Le rapport Seban vise la valorisation des collections nationales, l'égalité des territoires et des citoyens et enfin l'élargissement des publics. S'il considère, en théorie, tout type de collections, les collections d'art plastique sont majoritairement et implicitement concernées par les exemples qu'il cite. Il ne s'agit pas de présenter ici des mesures que les professionnels des musées connaissent déjà, mais de croiser des informations afin de proposer des raisonnements ouverts sur l'avenir.

Qu'est-ce qu'une collection mobile ?

La mobilité induit un rapport à l'espace, premier paramètre qui définit la tension évoquée auparavant. Certaines collections n'ont pas vocation à être mobiles. Les éléments qui les composent sont physiquement solidaires à l'espace qui les présente ; l'absence de l'objet rendrait l'exposition caduque. D'autres cas relèvent d'une contrainte juridique liée à une conception particulière : au musée Condé de Chantilly, par exemple, le duc d'Aumale a assorti au legs de sa collection l'interdiction de modifier l'accrochage de ses œuvres et de prêter ces dernières. Il n'en reste pas moins que l'essentiel des collections d'art plastique dispose de la faculté théorique de se mouvoir à l'extérieur du musée. En fait, les collections des musées de France en ont même vocation par la mission attachée à l'établissement qui les conserve. La loi n° 2002-5 du 4 janvier 2002 relative aux musées de France avait initialement inscrit dans son texte[68] le développement des réseaux géographiques, scientifiques et culturels. Penser la mobilité en termes de réseaux débouche nécessairement sur la construction d'un système dynamique de circulation entre les idées et les objets, et met en perspective toutes les dispositions nécessaires à cela. Ce système préexistait bien évidemment à la loi musée, et personne n'a attendu 2002 pour demander et accorder des prêts – même si nous avons tous connu dans la réalité les contradictions inhérentes à « l'acte de courtoisie » que constitue le prêt d'œuvres, où tout le monde se demande des prêts et personne ne veut en accorder, dans une incohérence réciproque qui débouche finalement sur des mouvements qui ne sont parfois pas sans conséquence sur la santé des collections. Il est toutefois indiscutable que la récente mobilité des collections (entre 20 et 30 ans selon les établissements) est devenue un facteur structurant du fonctionnement du musée et de son ergonomie.

Penser la mobilité, c'est aussi penser le mouvement et les flux, et, pour que le mouvement se développe à l'extérieur, il faut que la notion de flux soit intégrée à l'espace interne du musée. Conservation et accrochage des collections permanentes ont longtemps placé le musée sous le régime du statique caché sous les ors de la pérennité. La mobilité externe des collections a ouvert des perspectives sur leur mouvement interne et a provoqué une redéfinition fonctionnelle de l'espace comme outil de gestion à son propre bénéfice. Délocalisées ou pas, les réserves semblent constituer le cœur organique de cette conception dynamique, où le transit s'équilibre avec la station à plus ou moins long terme. Considérée autant comme magasin que comme plateforme d'aiguillage des œuvres qu'elle conserve, la réserve intègre dans son organisation les modalités de conditionnement et de traitement sur des objets que leur remisage ne rend pas inertes. Passer du cul-de-sac au *hub* permet de repenser, à partir de l'incontournable réserve, la géographie et les fréquences des flux[69], ainsi que les opérations qui leur sont afférentes en amont comme en aval.

---

[68] Article 9 : « L'État encourage et favorise la constitution de réseaux géographiques, scientifiques ou culturels entre les musées de France, auxquels peuvent participer des établissements publics de recherche et d'enseignement supérieur ». L'abrogation de cet article par l'ordonnance 2004-178 du 20 février 2004 n'a pas pris effet.

[69] Toutes les fréquences apportent de précieuses informations logistiques à analyser ; celles des œuvres qui ne quittent pas les réserves comme celles qui ne les fréquentent quasiment jamais – et au sujet desquelles on se pose moins de questions.

Si l'émergence du concept de conservation préventive et ensuite, au moins à Paris, les menaces de la crue centennale de la Seine ont été les facteurs déclencheurs de la rénovation des réserves engagée au début des années 1970, la diffusion croissante des collections a été déterminante dans la reformulation des espaces et des services. Le métier de régisseur d'œuvres d'art a connu une évolution majeure depuis les années 1990 avec l'intégration de compétences inédites en matière logistique. La mobilité des collections a contribué à remettre en cause l'exemplarité de l'accrochage des collections permanentes au bénéfice de l'expérience d'un corpus. Évidemment, il n'est pas faux de dire que cette expérience alternative est née des contraintes imposées par des prêts non souhaités – comme celui de la Joconde en 1963 – et pas toujours bien vécues. Pour les musées dont les mouvements sont importants, les chaînes de procédures et de gestion, les *workflows*, se sont trouvées profondément modifiées et complexifiées. Une approche rigoureuse de modélisation et de partage des processus reste à faire dans le réseau muséal aux niveaux micro et macro ; elle semble cruciale pour le musée de demain et plusieurs associations professionnelles des musées en ont d'ailleurs conscience. Enfin, la mobilité participe au développement technologique en introduisant un principe que seule la technologie pouvait appliquer systématiquement au patrimoine : la traçabilité, dont la mise en place réclame des moyens techniques et financiers à la hauteur de la sécurité qu'elle apporte aux collections. On constate donc que la mobilité a contribué à créer des besoins qui ont bousculé le profil budgétaire des établissements.

La typologie de la mobilité des collections se définit génériquement comme suit : le prêt dit « courant », c'est-à-dire une réponse ponctuelle à une sollicitation ; l'exportation des œuvres de la collection dans le cadre d'une exposition interne et itinérante ; la conception d'une exposition « hors-les-murs ». Service, coopération ou prestation, plusieurs formats coexistent selon les attentes ou le potentiel du réseau. Dans tous les cas, la mobilité puise dans le réservoir de la collection et conduit à analyser le corpus par segments (monographique, thématique, technique, etc.) pour évaluer les latitudes et les opportunités possibles. C'est un exercice délicat mais fécond, qui réclame de chausser différentes lunettes[70] : c'est le métier du conservateur. Enfin, rendre une collection mobile, c'est engager une réciprocité. Dans un contexte de programmation, elle nécessite d'être évaluée car c'est avec les œuvres des autres que l'on fait ses propres expositions. La mobilité, c'est faire de la politique, c'est construire sa politique en accord avec celle des autres, c'est construire son présent et son futur. C'est le musée de demain.

[70] Cf. Leleu (Nathalie), « La collection hors ses murs : un horizon international », Centre Pompidou, trente ans d'histoire, Paris : Éditions du Centre Pompidou, pp. 537-539

Un musée est-il mobile ?

Cette question, *a priori* étrange, a trouvé une réponse dans l'actualité récente. En 2011, le Centre Pompidou lançait dans la ville de Chaumont le Centre Pompidou Mobile. Dans son rapport, Alain Seban écrit : « Le Centre Pompidou Mobile est le seul musée itinérant adapté à la présentation de collections patrimoniales d'art moderne et contemporain obéissant à des normes de conservation drastiques ; mobile, il peut aller partout en France métropolitaine en proposant, dans une structure démontable et transportable, une sélection d'une quinzaine de chefs-d'œuvre de la collection du Centre Pompidou. » (Seban, 2013).

Le projet du Centre Pompidou Mobile (CPM) revendiquait trois atouts majeurs : une architecture qui n'intimide pas, la gratuité et des dispositifs de médiation adaptés au large public. Le CPM a voyagé à Cambrai, Boulogne-sur-Mer, Libourne, Le Havre et terminera son parcours fin septembre 2014 à Aubagne. Le Centre Pompidou a décidé, malgré le succès public de l'expérience, de l'arrêter en raison des coûts élevés de l'opération.

Une des références du CPM est le *Musée précaire Albinet* de l'artiste Thomas Hirschhorn, installé dans le quartier du Landy en 2004. Le Centre Pompidou a été l'un des protagonistes de ce désormais célèbre projet artistique « aux frontières de l'art, de la politique et du champ social » comme le qualifie le rapport :

« Bâtiment de fortune construit au pied d'une barre d'immeuble dans un quartier périphérique de la ville d'Aubervilliers, ce musée a présenté des œuvres majeures de l'histoire de l'art occidental du XXe siècle. L'artiste a ainsi décidé de montrer pendant huit semaines des œuvres de Marcel Duchamp, Kasimir Malevitch, Piet Mondrian, Salvador Dalí, Joseph Beuys, Andy Warhol, Le Corbusier et Fernand Léger, et les a activées quotidiennement au rythme d'expositions, de conférences, de débats et d'ateliers d'écriture, d'ateliers pour enfants, de sorties et de repas communs. Le musée a été construit et a fonctionné avec l'aide des habitants du quartier. Les œuvres provenaient des collections du Musée national d'art moderne et du Fonds national d'art contemporain » (Seban, 2013).

Thomas Hirschhorn ne présente pas tout à fait les choses de la même façon :

« Je suis artiste, je ne suis pas un travailleur social. Le *Musée précaire Albinet* est une œuvre d'art, ce n'est pas un projet socioculturel. Le *Musée précaire Albinet* est une affirmation. Cette affirmation est que l'art peut seulement en tant qu'art obtenir une vraie importance et avoir un sens politique. Cette affirmation est aussi que l'art peut des choses seulement parce qu'il s'agit de l'art. L'art seulement n'exclut pas l'autre. L'œuvre d'art seulement possède la capacité universelle d'engager un dialogue d'un à un. Du spectateur à l'œuvre et de l'œuvre au spectateur. C'est pour cela que j'insiste sur le fait que le *Musée précaire Albinet* est un projet artistique. Toute autre interprétation du *Musée précaire Albinet* est un malentendu ou une facilité. Car il ne s'agit pas de réduire l'art à un champ socio-politique et il ne s'agit pas de restreindre la mission de l'art à une mission d'animation culturelle. L'art n'est pas contrôlable. Le *Musée précaire Albinet* n'est pas contrôlable, il peut se soustraire tout le temps et à chaque instant au contrôle. J'ai dit en proposant le projet aux habitants du quartier Landy que le *Musée précaire Albinet* était une mission. Une mission impossible qui est basée sur un accord, un accord entre moi, l'artiste, et la cité Albinet, la cité tout court, l'espace public. Dans la galerie, dans le musée, chez un collectionneur ou en participant à une exposition, je ne dois pas forcément être d'accord. Avec un travail dans l'espace public, être d'accord est une nécessité qui rend ce travail si difficile. » [71]

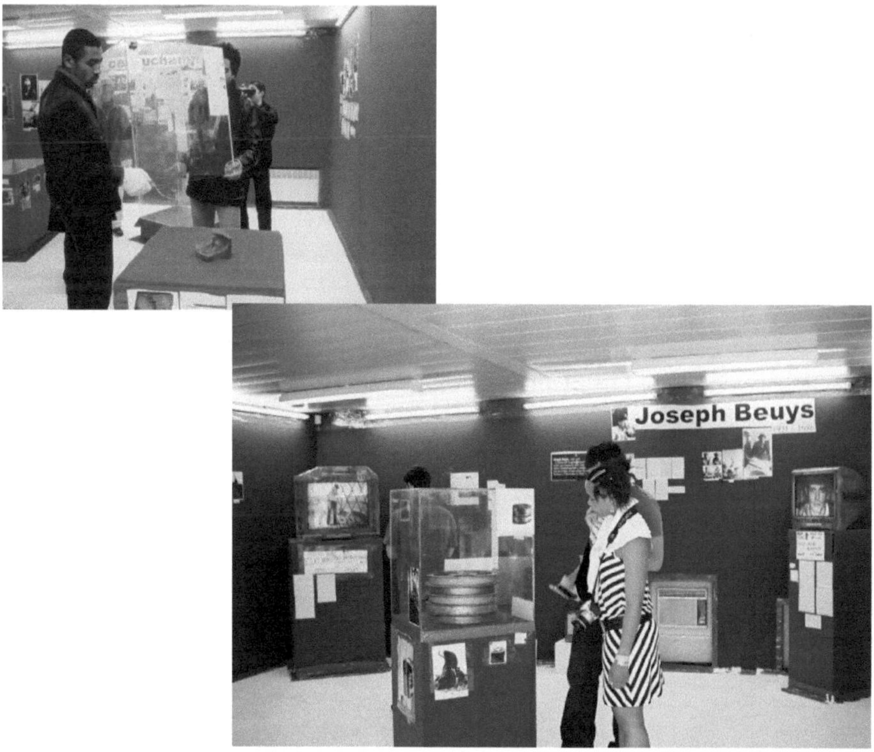

Musée précaire Albinet : modules Marcel Duchamp et Joseph Beuys, photo ©Les Laboratoires d'Aubervilliers

[71] Hirschhorn (Thomas), *Le journal des Laboratoires*, n°2, 15 mai 2004, Les Laboratoires d'Aubervilliers, p. 61.

S'il était possible de concevoir une certaine perplexité devant ce souhait de « faire exister l'art au-delà des espaces qui lui sont consacrés », Alfred Pacquement, alors directeur du Musée national d'art moderne (MNAM), lui était tout acquis. En 2000, le Centre Pompidou avait acheté l'installation *Skulptur Sortier Station* (1997) dont le principe est l'exposition dans l'espace public, c'est-à-dire nécessairement hors de l'enceinte du musée. Cette volonté avait alors été jugée polémique envers l'institution – ce qu'elle était, mais comme moyen et non comme fin. Rétrospectivement, il faut admettre que l'artiste qu'est Thomas Hirschhorn a su incarner dans le *Musée précaire Albinet* l'idée et la lettre de la mobilité du musée bien mieux que le Centre Pompidou ne s'est incarné lui-même avec le CPM. Bien qu'il ne fût pas institutionnel, l'Algéco exposant par roulement les vingt œuvres du MNAM et du Fonds national d'art contemporain avait tous les attributs du territoire matériel et symbolique évoqué en introduction de cette communication. Son identité dérivait de son environnement (Albinet était le nom de la cité accueillant l'Algéco). Le projet qui s'est construit autour des œuvres impliquait la dimension cohérente et productive du musée, avec son projet, ses métiers, ses compétences et bien sûr son public. Le caractère patrimonial des œuvres mises à disposition conduisait nécessairement le Centre Pompidou à transférer son savoir-faire d'une façon tout aussi bienveillante que pragmatique, à travers la formation de jeunes gens du quartier qui ont assisté les professionnels dans l'emballage, le transport et l'installation des œuvres, et assuré la médiation pour leurs voisins. Le *Musée précaire Albinet* était devenu un outil producteur de sens pour ceux qui l'avaient construit, et pour ceux avec lesquels les premiers le partageaient. Le patrimoine était le catalyseur de cette expérience. Thomas Hirschhorn n'a pas fait un musée, mais une œuvre qui faisait du musée l'outil de l'exercice artistique de la *politeia*.

Le projet du Centre Pompidou Mobile semble, à l'examen des sources qui le concernent, être à rebours de ce projet. Bien sûr, ce n'est pas un projet artistique. Mais ce n'est pas non plus un musée ; c'est une exposition conçue, dans son fond et dans sa forme, pour être avant tout mobile, sans coulisse ni ancrage patrimonial. « L'architecture qui n'intimide pas » exprime la volonté d'échappement d'une conception historique de l'espace institutionnel dont le rapport Seban dit clairement qu'il a épuisé ses facultés de renouvellement et d'élargissement des publics.

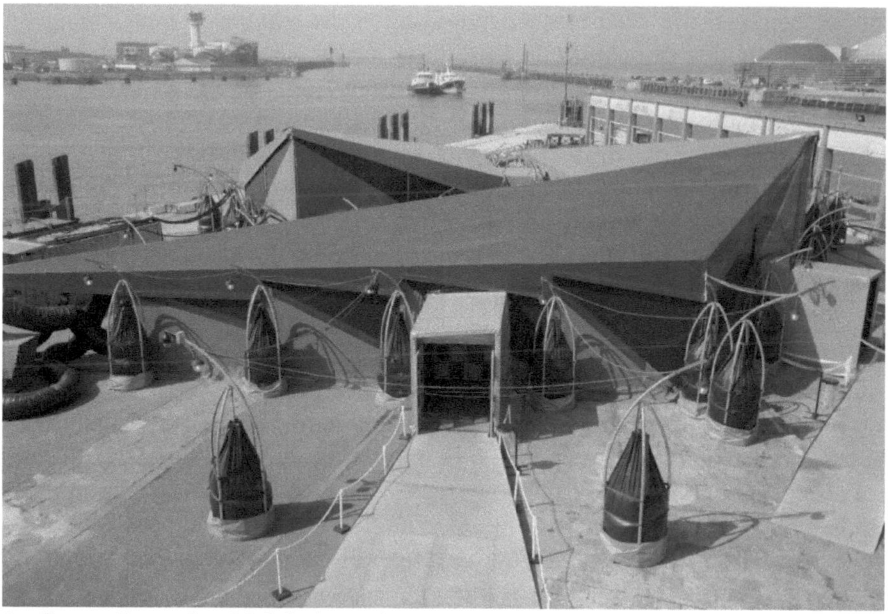

Le Centre Pompidou Mobile à Boulogne-sur-Mer (juin-septembre 2012), © Centre Pompidou, photo : Ph. Migeat

La notion de réseau évoquée auparavant est réinterprétée de façon alternative. Cette mobilité n'exploite pas le réseau patrimonial, elle propose une « expérience de médiation absolue » en immersion dans son environnement et parallèle à celles proposées par le réseau existant. La coopération entre le Centre Pompidou et la collectivité est matériellement visible et l'augmentation de la fréquentation des institutions culturelles locales pendant la présence du CPM est patente. Toutefois, la venue du CPM dans une collectivité est déclenchée par une candidature principalement fondée sur le profil du tissu social et la capacité financière de son accueil, non sur une proposition du Centre Pompidou en rapport avec l'offre patrimoniale et culturelle existante. Cette proposition est de l'ordre de l'événement, et non de l'investissement. Donc, le CPM mérite bien peu le nom de musée puisqu'il n'en remplit pas les fonctions. Victime d'un modèle économique fragile, le CPM arrêtera prochainement son voyage. La mobilité a un coût ; transporter périodiquement le chapiteau, les cimaises sécurisées et les œuvres qu'elles accueillent s'est avéré plus onéreux que prévu. Les « erreurs de conception technique », les « difficultés avec les entreprises sous-traitantes » (Seban, 2013) et autres dérives budgétaires, ont été le support de critiques qui ne concernent pas ici mon propos. Cette expérience a été très intéressante car elle a mis en évidence dans sa faillite l'investissement considérable en ressources humaines que suppose une mobilité totalement maîtrisée. Comité de pilotage, personnel de coordination dédié, commissaire scientifique, mobilisation des équipes « pour concevoir et scénariser des dispositifs de médiation inédits » (Seban, 2013) : c'est-à-dire une équipe importante en interne mise en tension vers l'extérieur. À moindre échelle, toute mobilité induit une conjugaison de compétences et un surcroît d'activité par rapport à la vie des collections au sein du musée. Le prêt isolé d'une œuvre valorise peu dans l'esprit du public cette dimension essentielle : sans les hommes de l'art qui gèrent les collections, les œuvres ne voyageraient pas. Si les grandes migrations artistiques – œuvres, connaissances et savoir-faire empaquetés en expositions – ont absorbé cet aspect dans leurs modèles économiques depuis quelques décennies, l'amortissement des ressources humaines sollicitées par l'activité courante du réseau muséal reste peu pratiqué en France[72]. Qu'on brandisse, à propos du prêt, l'« acte de courtoisie » qu'il constitue dans l'usage entre institutions scientifiques, ou qu'on en appelle à la mission de service public des musées de France, il n'en reste pas moins que la gestion d'une collection et la recherche qui l'accompagne ont un coût que son mouvement augmente mécaniquement et que la facturation d'opérations ponctuelles ne comprend pas. La mobilité régulière suscitée par des tiers et ses conséquences constituent-elles une ligne à inscrire dans le budget de l'établissement comme investissement (l'export facilite l'import, c'est-à-dire des prêts en retour pour une exposition) ? Ou doit-elle être financée par ceux qui la motivent, par l'intermédiaire d'une taxe ou d'une redevance ? Il est possible que la réponse se trouve dans une analyse du rapport entre le coût des ressources humaines dédiées aux entrées (emprunts) et aux sorties (prêts), en relation avec la structure des différents réseaux afférents. Tout économique qu'elle soit, cette question doit être appréciée à l'aune de la stratégie globale de l'établissement.

C'est sous cet angle « humain » qu'est abordée une autre configuration générant de la mobilité : le musée fermé. Descendues de leurs cimaises en travaux, les œuvres voyagent, et de même le travail des équipes qui leur sont attachées. Largement pratiquée par les musées français en rénovation dans

---

[72] Le Centre Pompidou facture des frais administratifs sur ses prêts d'œuvres et de documents hors de France depuis 1997.

les années 1990, la mobilité des collections muséales a contribué à construire une offre intellectuelle fondée sur une disponibilité matérielle exceptionnelle dans des circuits aménagés hors-les-murs avec les partenaires naturels à une telle entreprise. Dans le cas du Centre Pompidou, la rénovation de son bâtiment entre 1997 et fin 1999 a donné lieu à un programme de récapitulation inédit de ses collections. Vingt-cinq projets exploitant l'identité du musée et l'histoire de ses collections se sont déroulés dans onze régions françaises, donnant lieu à la publication de catalogues de référence, dans le cadre de partenariats muséaux fondés sur la convergence patrimoniale et culturelle, par exemple le cubisme au musée d'art moderne de Villeneuve-d'Ascq. Le programme prenait une dimension économique prépondérante avec l'itinérance internationale de certaines de ces expositions, et/ou la conception et production défrayées de projets hors-les-murs. Quatorze ans plus tard, ce moment de mobilité extrême a permis à un musée fermé de bénéficier, par ses collections mais aussi par l'excellence de son équipe, d'une présence intensive sur la scène nationale et internationale, de renouveler son réseau de chercheurs et d'interlocuteurs divers et de redéployer de façon positive la recherche scientifique sur ses collections. Si le Centre Pompidou n'avait pas fermé, aurait-il autrement trouvé l'occasion de s'exprimer sur autant de figures et de thèmes, de publier une somme sur le discret Raymond Duchamp-Villon ou encore de tester de nouveaux discours sur des corpus d'œuvres comme celui présenté à Marseille en 1998 dans *50 Espèces d'espaces* ?

La sortie massive d'un corpus induit un changement de perspective. Ce n'est plus un simple prêt. Les œuvres parlent, certes, mais une autre voix les accompagne : celle de leur cadre d'origine, le territoire exclusif de la collection. Le passage bien négocié de la dimension matérielle du territoire à son potentiel symbolique peut être une source de valeur considérable : on obtient ainsi « une marque forte telle celle du Centre Pompidou » (Seban, 2013). Fin 2013, M. Alain Seban a annoncé la création de Centres Pompidou Provisoires dont le premier s'installera pour cinq ans dans la ville natale de Picasso, à Malaga, en Espagne. Ainsi la mobilité récupère, pour au moins deux ans, des murs en dur, moins coûteux que les sarcophages mobiles d'œuvres du CPM, et avec des équipes locales professionnelles : seront exposées dans le Cubo malaguène quatre-vingt-dix œuvres des collections du MNAM, selon un choix thématique, et seront présentées chaque année deux à trois expositions temporaires conçues par la conservation du MNAM toujours à partir des collections. L'espace ménagé dans le parcours muséographique au legs à l'État de Constantin Brancusi – l'atelier parisien de l'artiste dans son jus – et au module sur l'architecture du Centre Pompidou sigle l'ensemble du prêt de son origine patrimoniale. La « marque forte » du Centre Pompidou s'installera à Malaga en échange d'une redevance annuelle chiffrée selon les sources entre un million et un million et demi d'euros.

Cette stratégie entrepreneuriale a été initiée à la fin des années 1990 par Thomas Krens, alors à la tête du Solomon R. Guggenheim Museum de New York, et consistait dans la délocalisation de sa production culturelle à travers une délégation de marque (image, valeur, savoir-faire) et un transfert temporaire d'œuvres. Elle se fonde sur une équation gagnante : un patrimoine (plus ou moins stable), un bâtiment (pérenne) et un réseau local organisant les activités et les flux. L'ensemble s'inscrit dans une péréquation dont le Louvre Abu Dhabi est l'exemple le plus récent [73] : le musée – c'est-à-dire le lieu de la validation culturelle – diversifie ses activités par des filiations explicites avec le tourisme et le commerce, particulièrement dans des zones géographiques où l'alliance des trois construit sa propre valeur. Le tout inclus dans le *package* de la visite : l'idéal du marketing culturel. À cette échelle, mais il y en a bien d'autres plus restreintes, l' « agilité » patrimoniale vantée par M. Seban dans la diffusion des collections du Centre Pompidou est-elle véritablement une vertu culturelle ? Au sein du *package*, le chef-d'œuvre n'en vaut-il pas un autre ? Et une histoire de l'art, une autre ? L'expression de « musée global »[74], que M. Seban entend de façon positive comme le niveau ultime d'une diffusion culturelle partagée, convoque la globalisation dans son principe et avec ses conséquences : l'ouverture des flux mondiaux à des produits standardisés dans un réseau normalisé à la faveur d'une énergie bon marché. Les œuvres sont certes coûteuses en prime d'assurance ; elles passent toutefois les frontières sans taxe, de même que le savoir-faire du musée, et les économies d'échelle réalisables sur un réseau contrôlé (le même produit amorti sur plusieurs étapes[75]) ne sont pas négligeables. La globalisation conduit à terme à la concentration des opérateurs ; la concurrence entre musées internationaux s'évalue en termes d'offre scientifique et culturelle comme en parts de marché. Cette dimension de compétition économique et culturelle, désormais permanente, est supplémentaire à l'entité « musée » telle que l'International Council of Museums (ICOM) la définit :

---

[73] Exemple récent mais pas inédit : les musées japonais promus par des enseignes commerciales ont été les pionniers de la diversification de l'offre culturelle dans les années 90.

[74] « Alain Seban lance Pompidou à la conquête du monde », entretien avec Benjamin Locoge, *Paris-Match*, Paris, 29 mai 2011.

[75] « Le concept de médiation originale du Centre Pompidou Mobile et l'expérience unique de la présentation de la première saison sur le thème de "La Couleur" feront l'objet dès le mois d'octobre 2013 d'une présentation adaptée sous un chapiteau (fixe) à Dhahran (Arabie saoudite) dans le cadre de la préfiguration du vaste projet culturel du King Abdulaziz Center for World Culture. » Proposition n°11 du rapport Seban, p. 4. L'exposition a reçu 44 000 visiteurs en 41 jours.

« Un musée est une institution permanente sans but lucratif au service de la société et de son développement ouverte au public, qui acquiert, conserve, étudie, expose et transmet le patrimoine matériel et immatériel de l'humanité et de son environnement à des fins d'études, d'éducation et de délectation. »

La définition que Jean Leymarie, conservateur en chef du MNAM de 1968 à 1973, rendit du musée sur France Culture en 1985[76], propose une définition à rebours du musée nomade car elle localise le musée comme une aire d'accueil et d'expérience stable au sein d'une mobilité globale (et non l'inverse) :

« Un musée est un lieu particulier situé dans un pays, dans une ville, dans un contexte historique, et ce contexte change continuellement. Chaque musée doit avoir sa spécificité, comme chaque région sa richesse. (...) Un musée, c'est tout un ensemble d'approches, de réactivations permanentes de l'art car la vraie culture, ce ne sont pas les œuvres d'art en soi mais le contact que l'on a avec les œuvres d'art. »

La réception d'un objet, ici, n'est pas la même, là. Contre toute attente, la mobilité a moins d'effet sur la nature et la matière d'un objet que sur son identité et sa fonction, car elle en fait le terreau de nouvelles constructions culturelles.

La mobilité comme modèle

L'engouement du public pour le produit culturel que constitue l'exposition et pour l'offre que fabriquent les musées afin de le satisfaire, a emballé le moteur de la mobilité des collections. Les flux entrants, devenus particulièrement importants depuis le début des années 90, ont généré de tels coûts – prestations diverses, transport, assurance – qu'il fallait trouver un moyen de les transformer en recettes pour équilibrer les comptes, en aménageant le potentiel commercial de l'exposition. Le fléchage des musées à importante fréquentation vers le statut d'établissement public, statut longtemps considéré comme la panacée en matière de bonne gouvernance, a inscrit *de facto* leurs collections au rang des ressources à valoriser. En effet, comment respecter un contrat de performance qui prévoit au minimum 50 % d'autofinancement, sans adjoindre à la billetterie, l'offre commerciale et le mécénat, l'énorme variable d'ajustement que constitue l'itinérance de la collection ? Guy Cogeval, le président du musée d'Orsay, déclarait récemment dans *Le Monde* [77] sa satisfaction d'avoir confortablement rempli son contrat de performance 2010-2013. Les 67 % d'autofinancement en 2012 cités dans l'article résultent en grande partie de la mobilité des

[76] Emission de Pierre Descargues sur France Culture, *Les arts et les gens*, 11 novembre 1985.

[77] Azimi (Roxana) et Bellet (Harry), « Guy Cogeval met le musée d'Orsay à la baguette », *Le Monde*, 2 mai 2014.

collections du musée. Avec un niveau de 51 % de ressources propres en 2013 (60 % billetterie, 15% mécénat, 14 % de la valorisation du domaine et seulement 6 % dérivé des collections [78]), le Louvre a mis au point un modèle de diversification ultime de sa valeur, celui du Louvre Abu Dhabi qui combine une politique de prêt temporaire – en valorisant les biens – à une politique d'acquisition déléguée – en valorisant les compétences et le savoir-faire dans le cadre de l'accord global géré par l'Agence France Museum.

Évidemment, nous considérons ici des « problèmes de riches ». Rares sont les musées comme le MNAM à conserver 100 000 œuvres et à posséder pléthore de chefs-d'œuvre de réputation mondiale. Le patrimoine muséal et culturel ne se réduit pas seulement à un palmarès ; personne ne peut cependant nier qu'il est plus aisé de faire des millions à l'export avec des œuvres de Picasso – l'artiste le plus universel et le plus cher au monde – qu'avec la plus belle collection d'art brut. Ce qui est certain pour les établissements dont la diversité et la richesse des collections leur en laissent latitude et dont le statut tend vers une forme libérale, c'est que la mobilité est profondément ancrée dans leur modèle économique, ce qui n'est pas forcément le cas de leur programme scientifique. Toute la structure muséale de gestion et de production ainsi que l'organisation des ressources humaines tendront de plus en plus à intégrer l'objectif budgétaire lié à la mobilité des collections, en parallèle à son existence statique de référence. C'est donc moins vers un « musée global » que nous tendons que vers un « musée modulaire », au principe alternatif entre un parcours d'icônes identitaires de son « territoire » historique et matériel, et des modules spécialisés qui iront prospecter leur public et permettre leur amortissement dans une interface architecturale favorable. Il faut imaginer démonter la structure en spirale carrée du « musée à croissance illimitée » (1939) de Le Corbusier selon les segments délimités par le svastika qui oriente la visite, et les redistribuer ailleurs, dans des reconfigurations opportunes et périodiques, sans troubler sa salle centrale, le « hall d'honneur »[79]. La stratégie d'expansion de ce type de musée se fonde sur le potentiel d'exportation de son origine prestigieuse (la « marque ») pour diffuser ces modules sous licence, et vise la financiarisation des échanges dans un flux qui requalifie le fonctionnement du musée sinon la fonction (exemplaire ou prospective, selon les options) de ses collections. Les réserves et les ateliers ici, les espaces d'exposition primaires et secondaires là et là, les œuvres et les équipes partout : l'élasticité formelle du musée de demain n'en est qu'à ses prémisses.

Avec un programme scientifique et culturel à respecter, des cimaises à garnir et un public local à satisfaire, l'exploitation hors-les-murs de sa

[78] Dagen (Philippe), « Le Musée du Louvre fait sa mue », *Le Monde*, 7 mai 2014.
[79] Cf. http://www.fondationlecorbusier.fr/ : musée à croissance illimitée, sans lieu, 1939.

collection s'avère complexe et entre éventuellement en contradiction avec la mission de diffusion *in situ*. Malgré le travail de sélection et de valorisation à distance des fonds par les équipes scientifiques évoqué plus haut, le pilotage par la performance a quelques effets pervers, avec des projets à l'export dont le format événementiel prime sur l'innovation de l'offre scientifique et culturelle. Ce format serait éventuellement acceptable s'il ne drainait pas des ressources vives qui n'ont, en fait, plus le temps de véritablement travailler pour le futur et des financements qui épuisent les projets plus confidentiels qu'ils sont censés subventionner, et s'il ne mobilisait pas les œuvres dont ces derniers se nourrissent. Ensuite, pratiquement, comment protéger les œuvres du vieillissement prématuré que le mouvement leur fait subir et qui peut handicaper leur exposition future ? Encore plus prosaïquement, comment éviter le blâme d'un visiteur venu voir un chef-d'œuvre en déplacement – et qui fait valoir qu'il a payé son billet pour ce tête-à-tête manqué ? Le symptôme de l'absence corporelle d'une œuvre est source d'un traumatisme musée - public souvent mal soigné.

Si les nouvelles technologies peuvent augmenter l'expérience muséale selon diverses modalités, il en est une qui peut porter remède à ce traumatisme. Le musée Van Gogh d'Amsterdam s'est en effet associé avec la société Fujifilm pour créer des répliques haute-définition d'œuvres qu'il conserve du peintre hollandais. Les conservateurs du musée ont ainsi déclaré que les répliques en 3D de l'œuvre de Van Gogh étaient « quasiment impossibles à distinguer des originaux » [80]. Chaque réplique a été scientifiquement validée et les 260 exemplaires sont numérotés et marqués d'un sceau. Ces répliques sont utilisées à des fins éducatives dans des lieux non muséaux – même si ces répliques ont figuré dans l'exposition *Van Gogh au travail* célébrant les quarante ans du musée fin 2013 – mais le musée ne cache pas les finalités commerciales d'une telle opération. À 34 000 euros, la réplique a un goût lointain d'original dans l'exploitation de la conventionnelle valeur de la rareté. Pourtant, la réplique est en l'occurrence une image sur un support dont la coïncidence ne doit rien au geste artistique de Van Gogh. Le prix est donc une subvention à la technologie qui l'a produite plus qu'une valorisation de l'objet d'art. Mais à Hong Kong, où la série a été lancée dans un centre commercial de grand standing, le raisonnement est sans doute différent.

Alors, à quand la *Joconde* en fac-similé 3D spectral, comme les Van Gogh d'Amsterdam, pour éviter les foudres de ceux qui viennent au Louvre consommer le « corps mystique de l'art », selon les mots de Daniel Buren (Buren, 1970)[81], que sa copie aille aux antipodes et que la billetterie

---

[80] Cf. http://www.vangoghmuseum.nl/en/about-the-museum/relievo-collection. Consulté le 25 février 2015.

[81] Buren (Daniel), *Les Écrits, (1965-1990)*, tome I : 1965-1976, Bordeaux : CAPC, p. 170.

fonctionne partout ? Pourquoi s'encombrer de la dimension historique du support et des signes qu'il véhicule, pourquoi préserver la continuité matérielle entre l'artiste et l'œuvre qu'il a produite quand le pouvoir de l'image suffit à les neutraliser au sein même de la mission du musée ? Avatar mercantile échappé du *Musée imaginaire* d'André Malraux, cette conséquence relativement inattendue de la mobilité des collections a cependant eu de nombreux précédents dans les musées qui ont depuis longtemps et souvent cherché à donner des supports à leur discours esthétique malgré l'indisponibilité des œuvres ; ils ont donc acquis des copies et commandé des reproductions, qui ont cependant perdu leur crédit pédagogique quand la valeur esthétique de l'œuvre d'art s'est définitivement transférée dans l'originalité et l'authenticité de l'objet, à la faveur de la consécration de l'auteur. En 1951, dans une émission de Georges Charbonnier à la radio française, intitulée *Couleurs de ce temps*[82], Bernard Dorival, conservateur au MNAM, évoque la contestation par l'image de l'hégémonie du livre comme instrument de connaissance. Il est, à cette émission traitant de la diffusion de l'art, en compagnie de Jean Fautrier qui présente le procédé Aeply associant la chalcographie et la peinture. L'expérimentation de ce procédé aboutit à la réalisation de la série des « originaux multiples ».

Jean Fautrier :

– Si le musée doit surtout être considéré sur son plan éducatif, le musée de province trouvera mieux son compte à exposer des œuvres maîtresses reconstituées, plutôt que de se saigner pour acquérir quelque original de dixième plan. Pour la peinture du passé dont les stocks d'originaux sont épuisés, c'est en tout cas l'unique moyen de satisfaire à des besoins toujours croissants. Pour la peinture vivante, c'est la possibilité de répandre avec profusion des œuvres dont les originaux ne seraient que rarement achetés.

Georges Charbonnier :

– Vous semble-t-il, Bernard Dorival, que si la reproduction était parfaite, il y aurait lieu de les mettre encore dans un musée, un musée qui ne comprendrait que des exemplaires des peintures qu'on a faites ?

Bernard Dorival :

– Nous n'en sommes pas encore là, et le problème du musée présent est suffisamment compliqué sans que nous abordions le problème du musée futur.

Dorival botte en touche mais Charbonnier revient à la charge.

Georges Charbonnier :

– Verriez-vous un obstacle, pour revenir à la question posée tout à l'heure, à ce que l'on mette simplement des reproductions dans les musées,

[82] « Entretien sur les moyens de diffusion de la peinture », émission *Couleurs de ce temps* de Georges Charbonnier, 9 mars 1951, Radio Télédiffusion Française, source INA.

si elles étaient parfaites ? J'insiste particulièrement parce que, quand on va voir de la peinture au musée, c'est parce que l'on ne voit pas de peinture chez soi et qu'on y va dans un but pédagogique ; ce but pédagogique peut être rempli sans que l'idée d'original subsiste ?

Bernard Dorival :

– Je crois que dans les très grandes villes où les musées ont de grandes possibilités financières, il est meilleur de montrer des originaux, mais dans les villes qui n'ont pas ces possibilités, c'est une chance merveilleuse d'avoir des musées de reproductions[83].

Bernard Dorival était sans aucun doute sincère lorsqu'il convoquait la copie en lieu et place de l'original au musée, et pas seulement selon ses moyens : il évoquait une dimension exemplaire et contemplative que le musée d'art moderne des années 1960-1970 a transférée sans la moindre concession dans une relation expérimentale aux œuvres. Il ne s'agit pas ici de mobilité *stricto sensu*, mais de publication. On ne fait pas bouger les objets, c'est leur image qui est mobile. L'exposition matérielle d'un objet et la diffusion de sa représentation mobilisent des concepts, des modalités, des discours et des compétences respectivement variables qui n'ont pas toujours été bien distingués – notamment dans le cas des musées forains dont le rapport Seban fait l'archéologie. La « publication » d'œuvres de Vincent Van Gogh sous la forme de clones à exposer simultanément concrétise le désir d'ubiquité du musée, cette fois-ci global, dans une offre matérielle sans identité historique et en compétition avec son référent. Pour conclure, je souhaiterais citer une dernière fois le rapport Seban sur la définition qu'il donne du musée : « La force de la rencontre avec l'œuvre d'art originale et le postulat que celle-ci ne sera jamais réductible à une copie, si parfaite soit-elle, est en effet le principe fondamental sur lequel est assise l'idée même de musée » (Seban, 2013). Si les notions d'originalité et d'authenticité – conventions elles-mêmes constamment remises en question par les artistes et parfois les institutions dans la production de leurs expositions[84] – ont effectivement redéfini le statut de l'œuvre d'art et de la collection, elles ne sont pas constitutives de « l'idée même de musée », cette dernière relevant plutôt du concept de patrimoine commun et de son partage. Rappelons qu'à l'origine du musée, c'est-à-dire du *museion* d'Alexandrie aux prémices de notre ère, le projet était de dresser un inventaire du mémorable dont la matière n'est que le véhicule, et non le sujet, afin de féconder la créativité au présent. Jean Cassou, homme de lettres et directeur du MNAM entre 1945 et 1965, ne s'inscrivit-il pas dans cette ligne lorsqu'il déclare en 1964 : « La fonction des musées d'art moderne est de nous faire prendre conscience de

---

[83] « Entretien sur les moyens de diffusion de la peinture », émission *Couleurs de ce temps* de Georges Charbonnier, 9 mars 1951, Radio Télédiffusion Française, source INA.

[84] Leleu (Nathalie), *Bis repetita*, Éditions Macula, Paris, 2015.

notre existence (…). Cette existence commune, orientée vers l'avenir, c'est cela dont doivent témoigner les musées d'art moderne »[85]. La mobilité des œuvres, sans doute, mais la mobilité des idées, surtout, toutes deux moteurs de notre existence, dans toutes ses dimensions et tous ses objets.

Nathalie Leleu

[85] Cassou (Jean), cité dans *Musée national d'art moderne, historique et mode d'emploi*, ICOM, 19 octobre 1964, Paris : Editions du Centre Pompidou, 1986, p. 54.

Des cultures numériques à la capacité de symbolisation

Résumé

La dématérialisation des contenus culturels permet leur mise à disposition à un public de masse. Ces contenus culturels mis en commun ont non seulement généré de nouveaux modèles économiques mais aussi de nouvelles formes d'appropriation par des acteurs nombreux, individus désormais hyperconnectés. Ces nouveaux usages interrogent le rôle et la place du musée dans une écologie de la culture en pleine mutation.

Mots-clés : Communs, culture numérique, transmédia, produits culturels, publics, usages, *makers*.

Cette communication est une étape de la réflexion menée sur ce que les cultures numériques pourraient modifier dans les formes de symbolisation. Il s'agit ici de tenter de déployer un panorama des possibles qui participerait d'une utopie intellectuelle en vue de futures recherches ou de projets, et qui inciterait à la réflexion et au dialogue.

Pour ce faire, j'ai choisi de m'interroger sur la façon dont les cultures numériques procèdent d'une réorganisation et d'une interrogation de plusieurs concepts qui structurent notre univers culturel. Je tenterai notamment de penser le changement de paradigme qui s'applique lorsque certains usages s'effectuent en numérique, et les pertes ou les gains que cette transition implique pour l'institution culturelle. Ayant apporté quelques éléments de réflexion à cette première interrogation, je poserai ensuite la question du *devenir média* des institutions culturelles, plus particulièrement des musées. Ce sera l'occasion de penser la place et le rôle des acteurs du monde de l'art, surtout dans le contexte d'apparition de nouvelles éditorialisations et de narrations, à l'instar des pratiques transmédia. Dans une perspective plus directement politique, je parlerai enfin des intermédiaires nécessaires aux nouveaux usages : assiste-t-on, par exemple, à l'essor d'une nouvelle classe politique basée sur l'action ? Cette communication sera l'occasion de poser la question de la production symbolique, ponctuée de l'interrogation sur la fin d'un esprit critique.

Avant d'entrer dans le vif du sujet, je voudrais tout d'abord proposer deux définitions ; peut-être sont-elles imparfaites, mais elles nous permettront de nous entendre dans le cadre de cette communication. D'abord, celle du « numérique culturel » : il s'agit d'un ensemble d'interfaces et d'outils numériques, mais aussi de façons de penser qui s'appliquent au domaine de la culture. Puis celle des « cultures numériques » : c'est-à-dire les cultures qui sont issues des pratiques et des usages numériques (même lorsqu'elles ne s'appliquent plus directement dans l'univers numérique).

Retrouvons-nous le sens commun ?

Le concept de « communs » est l'un de ceux qui structurent actuellement le débat du numérique culturel. Historiquement, ces communs étaient l'ensemble des outils et des espaces qui profitaient de et à la production de chacun ; ils étaient des éléments partagés entre les usagers[86], participaient de la production de valeur d'une part, mais également de la production d'un vivre ensemble par les règles qui régissaient leur utilisation. Aujourd'hui, ce qu'on appelle « communs » n'est plus à proprement parler un outil, mais plutôt un matériau. Même si certains logiciels peuvent être distingués sous cette appellation, il s'agit la plupart du temps de contenus culturels régis par des licences d'utilisation dites libres tels que les *Creative Commons* ou la « Licence Art Libre ». Ces contenus culturels mis en commun et donc accessibles à tous circulent librement, sans contrôle direct de leurs initiateurs ou leurs diffuseurs initiaux et *a fortiori* en dehors des circuits pensés comme légitimes. Notons que cette circulation parallèle est l'un des buts visés par les personnes qui diffusent aujourd'hui des données ouvertes, afin de voir émerger des nouveaux usages. La notion de communs glisse donc du physique vers l'immatériel ; ce qui ne manque pas d'intérêt, puisque cette transformation prend place dans une histoire du numérique culturel qui lui-même opère cette transition.

D'autant que l'histoire de cet espace immatériel est celle de la dématérialisation du commerce. Sa forme numérique a permis de mettre en place de nouveaux modèles économiques, basés sur le rapport entre la gratuité et la publicité, ou sur des nouvelles économies d'échelle et de coûts. Dans le champ qui nous occupe, nous serons plus particulièrement intéressé par un avatar particulier de celles-ci : la longue traîne. Au sein d'une économie culturelle classique, 20 % des produits vendus représentent 80 % du volume économique échangé. La majorité du volume de produits culturels représente donc une très faible part de celui-ci : c'est cette partie qu'on appelle la longue traîne. Car, grâce à la dématérialisation, ses produits peuvent être rentables sur le long terme. Il suffit d'attendre qu'ils s'écoulent ; auparavant frein à cette rentabilité sur le temps long, les coûts fixes – tels que les stocks par exemple – sont réduits par la nature de l'objet dématérialisé, disparaissant même pour certains. Un secteur économique se

---

[86] Pour une mise en perspective de l'histoire des communs, consulter notamment l'article en ligne : « Elinor Ostrom ou la réinvention des biens communs - Les blogs du Diplo », Le Crosnier (Hervé), in *Les blogs du Monde diplomatique,* 15 juin 2012. http://blog.mondediplo.net/2012-06-15-Elinor-Ostrom-ou-la-reinvention-des-biens-communs. Consulté en février 2015.

crée donc pour une rentabilité à long terme là où la massification des productions culturelles entraînait avant une focalisation sur les processus à court terme.

Outre la production importante de produits culturels diffusés sur le marché à court terme, l'offre globale vient donc s'enrichir de ces productions culturelles toujours disponibles. Je serais tenté de donner l'image d'un stock infini, dont l'expansion des rayonnages serait sans contrainte. Mais il n'est nul besoin de faire appel à l'imaginaire, puisque très concrètement il nous suffit de penser aux bases de données et centres de ressources qui sont depuis quelques années apparus sur le web : la bibliothèque du Congrès, Europeana, Gallica, le site du Centre Pompidou, etc. Dans des mesures différentes, la quantité de contenus y est néanmoins si vertigineuse qu'il nous faut de nouvelles façons de les appréhender. Il s'agit là d'un défi en matière de documentation et d'ergonomie, mais également d'éditorialisation... ou tout simplement de mise en valeur !

Avec cette massification du contenu est donc venu le concept d'économie de l'attention[87], qui tente de rendre intelligible le jeu constant qui existe entre la demande des publics, le temps qu'ils accordent à la consommation culturelle et l'offre, toujours plus grande. La dématérialisation de ces contenus culturels les a fait entrer en plein dans de nouveaux schémas de concurrence, dont les critères discriminants ne sont plus leurs seules qualités intrinsèques, mais surtout une capacité à être (re)connus et considérés. Le critère esthétique n'est plus uniquement à l'origine de la valeur, ainsi la dématérialisation a engendré au sein des cultures numériques un lien fort avec l'audience, osé-je dire, avec les publics. L'insertion de ces derniers dans le système de création de valeur, vue comme déterminante pour la circulation des contenus, permet aux publics de jouer un rôle bien plus actif que celui qu'on lui avait attribué au moment historique de son apparition. Celle-ci se fait à peu près au même moment que l'émergence du concept d'art, dans le contexte de l'affaiblissement des corporations – nous en revenons au système d'où les communs sont issus. C'est un moment particulier de l'histoire économique et sociale, proche de la Révolution française et de la conceptualisation du musée tel qu'on le connaît actuellement ; y est mise en œuvre la volonté d'éduquer le public, réduit à son rôle de citoyen ; le musée, comme lieu de symbolisation, est à ce titre placé au centre de la Cité. Considérera-t-on dès lors que l'art est utilisé comme un outil d'éducation universaliste et humaniste ? Il reste néanmoins

[87] Yves Citton explique l'économie de l'attention en ces termes : « Cette expression a commencé à être utilisée en 1996. Son origine remonte à un article de l'économiste et sociologue américain Herbert Simon, publié en 1971, qui oppose les sociétés du passé, caractérisées comme "pauvres en informations", à nos sociétés actuelles, "riches en informations" *in* https://lejournal.cnrs.fr/articles/lattention-un-bien-precieux Consulté en février 2015.

un outil au service du pouvoir politique et économique, comme les manufactures et les académies royales. Cet ensemble d'interfaces et de lieux d'exposition du pouvoir, qui se construit au fil du temps, garantit une centralisation politique en délivrant un discours univoque au public.

À vos claviers, citoyens !

Les pratiques numériques, éminemment politiques, comme nous le verrons au fil de cette communication, vont fatalement questionner ce rapport. Pourquoi ? La diffusion et les économies mondialisées de la culture sont des instruments de pouvoir, même s'il n'émane pas d'un territoire : hier, un pays pouvait instrumentaliser sa création artistique pour affermir son propre pouvoir. Aujourd'hui, la fin des cultures territoriales (par exemple française, nord-américaine, etc.) est envisageable : selon Negri et Hardt[88], nous vivons dans une société culturelle d'empires, performative et transnationale, selon les schémas d'une ère post-moderne. La différence avec les schémas précédents de sociétés tient dans le fait que les structures politiques mises en jeu dépassent désormais les États eux-mêmes ; leurs symbolisations culturelles, puisque déterritorialisées, deviennent hégémoniques et imposent des liens symboliques exogènes à plusieurs territoires ou plusieurs États. Cette analyse post-marxiste et post-moderne est pour moi une étape importante. Cependant, ce n'est pas l'étape ultime, puisqu'aujourd'hui ces empires sont menacés.

En effet, j'aimerais attirer votre attention sur la vision d'une époque hypermoderne, dont je voudrais évoquer quelques éléments saillants. Selon moi, cette époque hypermoderne ne s'attache pas à l'émergence d'outils en soi, mais à leurs usages. En effet, si l'époque moderne voit l'émergence des structures telles que le chemin de fer, l'électricité et les outils qui façonnent les changements culturels qui s'ensuivent, l'époque post-moderne semble plutôt se caractériser par la révolution des systèmes d'échanges, au-delà des systèmes de transport des personnes mêmes, avec les télécommunications et l'Internet. Par la suite, l'époque hypermoderne ne s'attachera pas à l'émergence de nouveaux systèmes ou interfaces, mais à celle des usages nouveaux de ceux-ci. Des usages qui, tout à coup, ne sont plus maîtrisés. Rappelons que les nouvelles technologies ne sont en général pas conçues pour les usages qui les consacrent : l'exemple de la radio, passée de l'enregistrement à la diffusion, en est un exemple connu[89]. Une fois que ces usages s'appliquent aux nouvelles technologiques mises en place, les supports évoluent en conséquence.

---

[88] Hardt (Michael) et Negri (Antonio), *Empire*, Paris, Exils, 2000, et *Multitude : Guerre et démocratie à l'âge de l'Empire*, Paris, 10/18, 2006.

[89] Pour la compréhension de l'histoire de la radio, du téléphone et de ses usages contemporains, exemples significatifs, voir les travaux de Laurence Allard.

L'époque hypermoderne fournit aux publics des outils dont les spécialistes ont une maîtrise que l'on pourrait qualifier d'académique, mais que les publics s'approprient selon leurs propres compétences. Ils produisent ainsi des imaginaires nouveaux, hybrides… comme dans la pratique du *MashUp* : là où le collage demandait simplement de savoir se saisir d'une paire de ciseaux et d'un tube de glu, le *MashUp*, numérique, exige quelques connaissances techniques. Ainsi, par le téléchargement de logiciels grand public, la technique de montage est revue, parfois simplifiée et cantonnée à son aspect brut : cette esthétique populaire du montage donne le nouveau genre du *MashUp*. Une esthétique populaire dont l'institution tente en retour de légitimer la pratique, à travers le *MashUp festival* présenté au Forum des images à Paris, par exemple. Certains usagers eux-mêmes complexifient cette technique, mais il s'agit là d'autres points que nous ne traiterons pas ici.

L'époque hypermoderne permet au citoyen de ne plus déléguer ses choix esthétiques à l'artiste, intermédiaire de la symbolisation populaire. L'artiste, tel qu'il est majoritairement imaginé dans une conception romantique, observait, comme en retrait, et désignait le monde qui l'entourait par sa représentation ; le citoyen hypermoderne, en lui retirant ce privilège par ses nouveaux usages – que ce soit de manière occasionnelle ou pérenne – crée de manière performative une image nouvelle. Non plus comme l'artiste une image d'autrui, mais l'image de *soi*. Une image qui se retourne même peut-être contre soi. Ces réflexions me sont inspirées par Walter Benjamin et son ouvrage, *L'œuvre d'art à l'ère de sa reproductibilité technique*[90] : le philosophe y explique que le cinéma et la photographie sont des façons pour la foule de se voir, non plus *en tant que foule* mais en tant qu'*individus composant une foule*. Je fais une lecture de ce texte plus politique et positive qu'à l'accoutumée, puisque selon moi cette foule d'individualités préfigure l'hypermodernité. Maintenant que les outils numériques se démocratisent dans des mesures jamais connues jusque-là, comment fait-on pour garantir que le regard porté vers soi ne soit pas *uniquement* un regard vers soi ? L'une des clefs est certainement celle de la notion de communauté, entendue dans un sens positif : une façon de construire une symbolisation de soi et des autres de manière séquentielle – je construis d'abord la symbolisation de ceux qui m'entourent, de ceux que je comprends et qui partagent des mêmes horizons, avant de construire celle des autres[91].

---

[90] Benjamin (Walter), « L'œuvre d'art à l'époque de sa reproduction mécanisée (1936) », in *Écrits Français*, Paris, Folio Essais, 1991.

[91] J'invite le lecteur à se référer à la vision de Gilles Deleuze, dans son *Abécédaire*, sur cette façon séquentielle de construire le monde. « Qu'est-ce qu'être de gauche », consultable ici : http://www.dailymotion.com/video/xbl7ze_qu-est-ce-qu-etre-de-gauche-par-del_news Consulté en février 2015.

Une expérience recomposée

Si les modes de symbolisation ont toujours existé, quelles en sont les clefs à l'heure de l'hypermodernité ? Pour tenter de trouver des éléments de réponse, je voudrais évoquer la notion de « corporalité ». Que signifie-t-elle à l'heure où les contenus numériques relatifs aux œuvres sont accessibles, n'importe où, n'importe quand ?

Prenons l'exemple des résidences d'artistes, qui créent une rencontre basée sur le hasard de ce qu'un lieu peut offrir en un moment précis et tentent de tirer profit d'un lieu qui se montrerait une source d'inspiration inépuisable. Il s'agit en quelque sorte d'accepter ce qui vient à soi dans un rapport concret aux choses. Au contraire, l'utilisation des outils et interfaces numériques tient plutôt de la recherche d'accès à quelque chose, d'une volonté de maîtrise (ou de puissance ?) dans la rencontre sollicitée. De plus, ce « quelque chose » ne s'épuise pas : dématérialisé, il est par définition pensé comme étant infini. Si, de fait, la résidence d'artiste n'est pas ouverte à tous, l'usage d'outils numériques pour la consultation de contenus culturels, voire pour leur création, est plus accessible.

Dans ces deux exemples, le passage de dispositifs finis à des dispositifs infinis est donc visible : c'est un changement de paradigme radical dans le milieu culturel. D'une notion d'« art » à laquelle il est difficile d'accoler le terme d'*usage*, je propose de passer à une notion d'« avatar culturel », porteuse des enjeux de cet usage nouveau. Les avatars culturels, ce sont les productions culturelles ou artistiques au sens large qui ont une matérialité ou une façon d'être appréhendées y compris par le concept. De ces avatars découle une symbolisation.

Si l'on considère ce concept, l'élément important n'est pas la façon dont on sert les contenus aux publics (le musée servait des contenus au citoyen qu'il voulait éduquer), ni même la façon dont les publics vont vers les contenus culturels (à travers les politiques de démocratisation culturelle qui tendaient à ce que les gens aillent eux-mêmes vers les contenus plutôt que de les leur servir), mais plutôt la façon dont les publics en acquièrent un usage. La symbolisation à l'ère hypermoderne ne semble donc plus être principalement une question de lecture et d'interprétation, mais celle de la réappropriation et de l'usage. Des usages qui ne sont pas stabilisés et promettent des évolutions constantes, comme évoqué plus haut à propos des technologies.

À ce stade, j'aimerais postuler que l'expérience numérique est pour le moment principalement celle de la recherche – recherche d'un contenu, recherche d'un usage, recherche d'une émotion. Une recherche inépuisable et constante, rarement comblée. Si le rapport concret aux contenus numériques existe – c'est le sujet du *design* d'interaction, des recherches sur la datavisualisation, etc. –, le numérique ne semble pas aujourd'hui majoritairement expérientiel : il reste informationnel pour la plupart de ses usagers. Cette recherche de contenus numériques, dans un monde basé sur le *logos*, s'accorde avec une dimension métadiscursive : de manière pragmatique, lorsqu'on cherche quelque chose sur le web, on découvre d'abord des éléments qui décrivent la chose ou la simulent, plutôt qu'un accès direct à son expérience. Pour représenter cela, je parlerais du numérique comme d'une « surcouche informationnelle » qui vient augmenter la réalité d'information qu'elle ne contient pas de manière concrète ou sensible. À l'heure actuelle, c'est donc l'expérience des contenus dans un rapport de savoir-pouvoir foucaldien plutôt que dans une matérialité *cyborg* à la Donna Haraway qui prédomine dans notre façon de comprendre les évolutions politiques portées par le numérique. Cette période de transition peut tout de même être pensée par les approches transmédia. Il existe en effet une présence physique et numérique simultanée : par exemple, lors d'un dîner, en cherchant une donnée numérique préexistante (le nom d'un artiste sur Wikipédia, par exemple), via le smartphone qu'on tient dans ses mains, dans un lieu et à un moment précis. L'évocation de cette situation vécue par tous montre l'imbrication de deux médiasphères qui se répondent et s'enrichissent dans des situations transmédiatiques.

L'intérêt des approches transmédia, très présentes dans les industries culturelles, se situe dans leur caractère non fixé. À l'instar des nouvelles symbolisations qui sont en constante évolution, le transmédia évolue lui aussi à travers la mise en place de dispositifs qui s'inspirent des réussites ou des échecs de la réception des dispositifs précédents par les publics. Cette méthode, issue de la culture du développement, puis de ce que j'appelle ici la culture numérique, est celle du *Test and Learn*. Ainsi la relation aux avatars culturels en régime transmédia s'enrichit-elle de l'expérience des usagers. Ces expériences se nourrissent des écarts qui existent entre l'horizon d'attente des usagers eux-mêmes, de leur capacité d'agir et les usages anticipés par les producteurs des contenus consultés. Si les industries culturelles créent des contenus spécifiquement pour leur diffusion sur les différents supports visés en tentant de les rendre cohérents avec les horizons d'attentes des publics, les usagers numériques ont la plupart du temps plutôt accès à des contenus dont ils reconstituent eux-mêmes une cohérence *a posteriori*. C'est une approche qui s'enrichit, à différents niveaux et dans différentes médiasphères, des façons de comprendre, de penser les avatars culturels et de produire du sens et de la symbolisation. Si la plupart du temps ces avatars culturels ne sont pas créés pour la médiasphère où ils sont utilisés, cela est d'autant plus vrai pour les œuvres d'art, issues de moments où ces différentes médiasphères ne cohabitaient pas ou n'existaient même pas pour certaines d'entre elles. Le contact de ces éléments exogènes permet leur enrichissement mutuel : les discours de ces médiasphères sur l'œuvre se polluent, s'enrichissent, dialoguent les uns avec les autres ; c'est ce qui crée les nouvelles symbolisations.

Ne serait-ce que dans la façon dont on conçoit le patrimoine ! Par exemple, avec les outils que propose le Rijksmuseum sur son site Internet, le patrimoine n'est plus intouchable ; il devient l'un des éléments du *Test and Learn* : les publics peuvent en faire quelque chose d'autre que ce que le musée leur prescrit, en tant qu'institution maîtrisant le symbole. Ce ne sont plus l'histoire de l'art, la conservation ou le musée éduquant les publics à un point de vue qui sont prépondérants ; c'est la façon dont les publics et les individus vont mélanger les symbolisations à propos des différents contextes qui sont les leurs. Comme je le pressentais plus haut, de nouveaux usages viennent bel et bien, politiquement, modifier le concept d'art tel que les théories institutionnelles[92] nous le décrivaient.

La mutation du rôle de l'institution

Puisque j'ai utilisé le terme de médiasphère, abordons à présent la question du média. D'entrée de jeu, distinguons bien les médias basés sur le flux, dont l'audience marque le pas tels que la télévision, de ceux basés sur l'accès aux contenus stockés, tels qu'Internet. C'est de ce modèle que l'institution culturelle se nourrit, selon moi jusqu'à posséder en elle-même un véritable *devenir média*, ou du moins à défaut un *devenir medium*. Pour ne pas élargir trop le spectre, je considérerai ici l'institution culturelle patrimoniale qu'est le musée. Alors que l'exposition demeure l'un des fondements de son existence, on a vu dans les années 1990 le fantasme de la réserve visitable des musées mettre à mal l'idée selon laquelle le choix du conservateur représentait la meilleure lecture d'un fonds. Si l'expérience d'une réserve physiquement visitable semble avoir fait long feu, la numérisation de ses contenus et leur exposition à travers les outils numériques sont une étape de cette histoire dont j'ai développé quelques éléments ci-avant.

L'expérience numérique de l'institution culturelle n'est pas la seule, bien évidemment : par exemple, la visite physique perdure, faisant cohabiter plusieurs médiasphères de l'institution culturelle dans lesquelles sont exposés de manière simultanée des contenus de natures variées (œuvres ou reproductions d'œuvres, documents de médiation, etc.). Cette simultanéité très importante impose aux visiteurs des choix de plus en plus signifiants quant à l'expérience du contenu qu'ils décident de vivre en rapport avec l'usage qu'ils veulent en faire – si on ne touche pas les œuvres dans le musée, on peut en revanche les *mashuper* à partir du site. Toutefois, si, à

---

92 Notamment, voir les travaux de Howard S. Becker et son ouvrage *Les Mondes de l'art*, Paris, Champs, 2010.

travers la muséographie, l'institution culturelle parvenait à donner du sens à une expérience physique des contenus, elle se révèle pour le moment incapable de donner du sens à un usage transmédia des avatars culturels, et ce malgré des tentatives anglo-saxonnes inspirées du concept d' « expérience utilisateur ».

Le lieu qui, à mon sens, relève du plus grand intérêt quant à cette nouvelle capacité d'agir est l'espace numérique. Des tentatives pour l'inclure dans la conception même de l'interface se développent. Le Centre Pompidou, par exemple, a créé en 2012 un site Internet dans lequel aucun contenu n'est mis en avant de manière éditoriale – ce sont les publics qui créent leur propre expérience, à travers l'acte de cliquer, en créant de fait un « parcours de sens ». Mais l'observation des pratiques des internautes n'en est qu'à son début et il faudra par la suite non pas que l'institution prenne simplement acte de la volonté d'émancipation des spectateurs et publics, mais qu'en plus, elle les y aide, voire les y incite.

S'il doit évoluer dans sa forme, il me semble donc que le *devenir média* du musée se fait sur ce modèle de « parcours de sens ». Une expression commode dans la mesure où elle renvoie à la matérialité du chemin que le visiteur se fraie entre les avatars culturels : une géographie immatérielle qui invite à évoquer la notion de non-lieu[93]. Déterritorialisés, les producteurs de symboles cherchent cependant toujours des références à suivre. Or, ces non-lieux sont des ZAT, des Zones d'Autonomie Temporaires décrites par Hakim Bey[94], dans lesquelles les autorités discursives que sont les institutions n'ont plus cours.

Le musée média n'est plus légitime à dicter la symbolisation, mais à mettre en lien des individus qui agissent. Si cette action est le plus souvent passive pour le moment, le musée pourrait en quelque sorte devenir l'élément de médiation entre les *makers*. Ce terme, issu des nouvelles pratiques collaboratives dans l'univers numérique notamment, désigne tout simplement les gens qui *font*, qui sont dans l'action plutôt que dans la réflexion. Cet univers des *makers* est un univers libéral. Non pas forcément un libéralisme économique, mais celui d'une action de symbolisation se faisant en dehors des cadres de l'État, réalisée par le *faire* des individus eux-mêmes. Les principaux outils des *makers*, pour éviter les intermédiaires, ce sont les communs que j'évoquais en début de communication, ou plus précisément les *avatars culturels communs*.

La production symbolique qui découle de l'action de ces nouveaux acteurs est basée sur ces avatars culturels, le musée ayant simplement servi

---

[93] Augé (Marc), *Non-lieux, introduction à une anthropologie de la surmodernité*, Paris, Seuil, 1992.

[94] Le texte instaurant cette notion est entièrement consultable sur Internet : http://www.lyber-eclat.net/lyber/taz.html

de stock, de médiation, de média, entre les *makers* et leurs matériaux. Pour survivre dans un univers où il n'est plus nécessaire en tant que producteur de sens, le musée va se transformer en un média créant des passerelles entre ces différentes individualités, celles-ci et les avatars culturels, entre un contenu et un usage qui, à son tour, sera la base d'une appropriation et d'une médiation. Ces médiations et ces intermédiaires sont, en soi, de nouvelles formes de cellules de pensée, actuellement basées sur l'action. Ainsi, on a pu lire, par exemple, à l'occasion d'un article au sujet de Museomix (un *hackathon* annuel autour du musée, réunissant des personnes issues de plusieurs univers, notamment du graphisme), que les *makers* représentaient la fin de l'esprit critique : la légitimité est désormais dans le *faire*[95]. L'esprit critique n'aurait plus d'intérêt par rapport au *faire*. Les *makers* marquent-ils vraiment la fin de l'esprit critique ? Je ne pense pas : les *makers* et les personnes mobilisant l'esprit critique ne sont pas forcément les mêmes. Si les *makers* sont une frange extrême des nouveaux acteurs de la symbolisation, en rupture de culture classique, et que leurs pratiques a-réflexives ne sont peut-être pas la norme, alors la question semble être : comment faire en sorte que les publics, plutôt que d'écouter les histoires, parviennent à les écrire ? Lors de cette communication, j'ai montré que les outils et les concepts pour ce faire se mettaient en place à travers les cultures numériques. Mais qui va les animer ?

Rester au cœur de la Cité

Au fil de cette communication, j'ai mobilisé de nombreuses figures de visiteurs, d'internautes, de gens qui font ou qui pensent... Les cultures numériques semblent peuplées de ces différents acteurs qui créent du symbole dans une dynamique qui n'est commune que par l'élan spontané qui la porte à sa naissance. En conclusion, et après avoir souligné la nature libérale de ce mouvement, j'aimerais proposer une réhabilitation politique d'un acteur du web souvent vu comme anecdotique, mais dont l'épuisement rhétorique ne doit pas cacher le potentiel.

Il s'agit du *community manager* : celui-ci permet d'activer les communautés qui sont ces nouvelles cellules de pensée. Son rôle ne doit pas s'arrêter à servir l'image de son institution et nourrir sa communauté initiale, mais aller au-delà de celle-ci. Le *community manager* d'une institution culturelle, en proposant à ses visiteurs de créer du symbole plutôt que de le consommer, les place en capacité d'agir au-delà des missions de médiation ou de communication qui sont les siennes aujourd'hui. S'il arrive

[95] « Ici, on a une culture anti-rhétorique qui vient du Net, et que certains appellent "action-cratie": ceux qui ont le droit à la parole, c'est ceux qui font des choses. » Stéphanie Bacquère, http://www.rslnmag.fr/post/2013/01/09/MuseoMix-quand-lesprit-du-web-souffle-sur-les-musees.aspx Consulté en février 2015.

à ce que les internautes se saisissent des avatars culturels du musée, en leur ajoutant par des pratiques de mix des symbolisations extérieures, exogènes, afin de créer un discours différent, une autre façon de structurer la Cité, il remettra alors le musée au cœur de celle-ci. Il créera les conditions pour qu'émerge, non plus une Cité fermée qui se pense elle-même, mais une Cité ouverte, inclusive et expansive. Selon moi, le mix culturel n'est pas une mort du patrimoine, ni même une renaissance, c'est une nouvelle écologie de la culture. Et cette écologie a besoin de quelqu'un pour lui insuffler la vie.

Gonzague Gauthier

La mise en réseau : de nouvelles perspectives pour les musées ?

Résumé

Équipements aux vocations multiples, les musées sont confrontés à des difficultés économiques et institutionnelles susceptibles de remettre en cause leur rôle dans la structuration des territoires. Le renforcement des coopérations entre établissements est l'une des voies recherchées par leurs gestionnaires et les autorités publiques à l'instar du Réseau des musées de Basse-Normandie, créé en 2003, qui poursuit des objectifs de coopération culturelle, de partage des savoirs et de mutualisation des moyens.

L'importance des enjeux amène à redéfinir les modalités et les contours de ces coopérations ; dans quelle mesure la mise en réseau peut-elle intervenir dans l'élaboration de nouvelles stratégies ?

Mots-clés : Muséologie, Musées, Patrimoine, Réseau, Basse-Normandie, Ethnologie régionale, XXe siècle, Politiques culturelles, Territoire

Les musées, en particulier les petites structures locales, sont confrontés à des difficultés économiques et institutionnelles qui peuvent aller jusqu'à remettre en cause leur existence. La coopération entre établissements et la mutualisation de moyens apparaissent comme des possibilités de faire évoluer les modèles actuels, pour soutenir et protéger ces acteurs culturels de proximité. À travers le cas particulier du réseau des musées de Basse-Normandie, pionnier de la mutualisation de moyens entre musées portés par des entités diverses, nous nous interrogeons sur les perspectives que cette expérimentation ouvre pour l'avenir des musées.

Les origines du réseau des musées de Basse-Normandie

Le réseau des musées de Basse-Normandie est né en 2003 d'une volonté de coopération conjointe entre plusieurs dizaines de musées. Le Centre régional de culture ethnologique et technique de Basse-Normandie (CRéCET), association loi 1901, s'est trouvé au cœur de ce processus de rassemblement, car il était identifié par les musées comme un partenaire récurrent, en tant qu'acteur de référence dans les champs de l'ethnologie et du patrimoine. En réalité, l'idée de la mise en œuvre d'une coopération active entre les musées est apparue au milieu des années 1990, et a été confortée en 2000 par une étude du tissu muséal régional. Cette enquête a démontré que de nombreuses structures étaient en état de fragilité : isolement rural, manque de moyens, faible soutien politique… La mise en réseau est dès lors apparue comme l'opportunité d'améliorer l'interconnaissance des musées, de rompre l'isolement, mais aussi de mutualiser les moyens. Par mutualisation, il est ici entendu la possibilité de réaliser ensemble ce que certains n'auraient jamais pu réaliser seuls, comme le montreront les exemples qui seront exposés ci-après.

Le réseau des musées de Basse-Normandie se concrétise administrativement par un jeu de conventions entre les collectivités propriétaires et gestionnaires de musées (villes, conseils départementaux, associations, fondations) et le CRéCET. La fonction de pilotage qui a été dévolue à ce dernier dès la constitution, a permis de généraliser le rôle d'accompagnement et de soutien que cette structure exerçait auprès des musées de société depuis 1984. En effet, ce sont d'abord les musées de société qui ont fondé le réseau, sans doute parce que les écomusées, musées ruraux et d'ethnographie locale connaissaient à cette époque une crise identitaire pouvant les amener à rechercher des solutions collectives. Peu à peu, les musées appartenant au réseau se sont diversifiés, en raison de la difficulté à circonscrire la définition du musée de société, jusqu'à l'effacement de cette spécificité.

La particularité de ce réseau est de rassembler des musées très divers : Musées de France ou non, ruraux ou urbains, gérés par des professionnels ou par des bénévoles, ouverts toute l'année ou seulement quelques week-ends par an… La définition de référence qui a été choisie pour être intégrée aux statuts de l'association est celle de l'ICOM[96]. Aujourd'hui, le réseau réunit soixante-dix musées répartis dans les trois départements bas-normands (le Calvados, la Manche et l'Orne), et est financé de façon permanente par la région Basse-Normandie et la DRAC de Basse-Normandie (via le CRéCET) et, pour certaines actions, par les collectivités adhérentes, le Conseil de l'Europe et le ministère de la Culture et de la Communication. L'organisation choisie est assez originale : ici, ce sont les entités propriétaires et gestionnaires des musées qui adhèrent, contrairement à d'autres réseaux régionaux souvent portés par les sections fédérées de l'AGCCPF[97], qui sont des regroupements de personnes dans un esprit de corporation professionnelle. Ce principe d'adhésion institutionnelle assure la pérennité du réseau et son ancrage politique territorial. Ainsi, l'assemblée plénière du réseau implique aussi bien les personnels des musées que les élus des collectivités porteuses, et son organe de

---

[96] International Council of Museums, organisation internationale des musées et des professionnels de musée.
« Le musée est une institution permanente sans but lucratif, au service de la société et de son Développement, ouverte au public, qui acquiert, conserve, étudie, expose et transmet le patrimoine matériel et immatériel de l'humanité et de son environnement à des fins d'études, d'éducation et de délectation. »

[97] Association Générale des Conservateurs des Collections Publiques de France.

gouvernance qu'est le comité d'orientation est composé pour moitié de professionnels et d'élus.

Un réseau, pour quoi faire ?

Le réseau a pour objectifs de faciliter la coopération entre les musées du territoire et d'accompagner l'amélioration des pratiques. Concrètement, le CRéCET orchestre la mutualisation de certains outils (de gestion des collections, de promotion, de communication...) et œuvre pour la connaissance mutuelle des personnels de musées. Le partage d'expérience et d'information est l'un des fondements du réseau, car il permet d'améliorer les pratiques de chacun de manière horizontale, de rompre l'isolement de certains personnels et d'entrer concrètement dans une synergie entre établissements.

Toute une partie des actions vise à « faire réseau », c'est-à-dire à développer chez les personnels des musées un sentiment d'appartenance à une communauté muséale régionale. Par « personnel des musées », nous entendons toutes les personnes impliquées dans le fonctionnement de l'établissement : professionnels, bénévoles, élus référents…

Afin de fédérer cette communauté, un muséopass a été mis en place en janvier 2014 : cette carte nominative est délivrée à tous les personnels qui en font la demande, et leur accorde la gratuité d'accès aux expositions permanentes et temporaires des soixante-dix musées. Ce dispositif facilite la visite des musées du réseau et donc l'interconnaissance ; elle est un marqueur d'appartenance à la communauté ; elle permet au visiteur d'être identifié par le personnel du musée visité, favorisant la reconnaissance mutuelle ; elle est, pour l'animation du réseau, un outil de connaissance de l'évolution des personnels. Les muséopass ont en effet permis la constitution d'un fichier de coordonnées complet et régulièrement mis à jour : l'animation du réseau repose sur le partage assidu d'informations, le plus souvent par mail via des offres d'emploi, propositions de dons, événements, formations, etc.

Nous proposons régulièrement des rencontres, selon deux formats complémentaires : les cafés muséos et les groupes de travail. Un café muséo est une journée ponctuelle de partage d'expérience à une fréquence trimestrielle autour d'une problématique muséale, qui réunit dans un musée membre entre trente et cinquante participants du réseau. Les thèmes traités sont les suivants : les amis de musées, le récolement des collections, les musées sur le web social, la médiation en direction du jeune public et les outils interactifs de visite. Il ne s'agit ni de colloques ni de formations, mais de temps d'échange décontractés, favorisant la participation de tous. En général, les intervenants sont choisis parmi les musées du réseau, mais, selon les thèmes abordés, il est possible de faire appel à d'autres acteurs, hors musées ou hors région.

En complément de ces rencontres ponctuelles, nous réunissons des groupes de travail autour des thématiques de collections : textiles, agricoles, maritimes, *naturalia*, céramique, archéologie, mines et métallurgie… Ces réunions sont l'occasion pour les musées d'échanger autour des spécificités de ces collections en matière de conservation préventive comme d'expertise scientifique. Parfois émergent des projets collectifs précis, comme par exemple l'exposition virtuelle *Mines et métallurgie* qui valorise les six musées de la mine de Basse-Normandie[98]. Ce site web a été créé par le CRéCET en 2013 sur la base des contenus fournis par chacun des musées concernés.

En outre, le réseau permet de mutualiser certains outils, comme c'est le cas du site Internet et de la base de données des collections. Tout d'abord, le site Internet collectif musees-basse-normandie.fr, créé en 2005 et refondu en 2010, présente, en français et en anglais, chaque musée membre, ses horaires et tarifs, son offre d'animations et d'expositions, ses éditions, ses ressources pédagogiques… Tous les contenus sont administrés directement par les musées eux-mêmes, point très apprécié des personnels qui n'ont pas toujours autant de marge de manœuvre sur leurs sites respectifs, souvent administrés par leur collectivité de tutelle.

Néanmoins, la réalisation la plus ambitieuse du réseau demeure la base régionale d'inventaire et le logiciel partagé, mutualisation réussie entre des entités très diverses (municipalités, communautés de communes, départements, associations, fondations, EPIC, etc.). Les musées membres du réseau qui le souhaitent peuvent participer à ce programme collectif, qui leur donne accès, pour un montant de participation forfaitaire annuel, à un logiciel de gestion des collections (validé par le ministère de la Culture et de la Communication pour les musées de France) accessible en ligne, et à la base de données collective. Grâce à cet outil, chaque musée peut non seulement réaliser l'inventaire réglementaire et le récolement de ses collections, mais aussi consulter les collections des autres musées participants. Aujourd'hui, les cinquante-six musées participants ont publié 62 000 notices accessibles aux professionnels. Le rassemblement des notices de tous ces objets sur une même base de données, combiné au travail de lissage des vingt-cinq thésaurus et d'harmonisation de l'indexation effectué par les deux documentalistes qui administrent la base, améliore la visibilité des collections entre les musées, facilitant les prêts entre établissements. Trente-huit musées utilisent le logiciel partagé comme unique outil de gestion des collections : la mutualisation est bien réelle.

---

98 http://www.musees-basse-normandie.fr/mine_et_metallurgie_basse_normandie/

Une grande partie de cette base est publique depuis juin 2012, avec à ce jour 45 000 notices publiées par quarante-huit musées. Sur *museobase.fr*, le public peut en effet consulter les collections des musées de Basse-Normandie, mises à jour en direct. Cette mutualisation permet à des musées petits ou moyens de mettre en ligne leurs collections facilement et de manière pérenne.

Le CRéCET, en tant que pilote du réseau, intervient également dans l'accompagnement des musées, en répondant avec souplesse aux besoins exprimés. Ainsi, nous avons accompagné la Ville de Valognes dans l'encadrement d'une mission d'inventaire des collections pour ses musées, en organisant notamment un comité de suivi. Ce rôle de soutien se manifeste en effet également par la participation du CRéCET à certains comités de suivi de musées, pour lesquels la présence d'une entité extérieure qui connaît les métiers du musée et dont l'expertise est reconnue, représente une aide effective pour les professionnels.

Le réseau face aux défis de l'avenir

Après une décennie d'existence, il est intéressant de dresser un bilan de l'action entreprise au regard des ambitions initiales.

De façon sous-jacente aux buts scientifiques, techniques ou culturels poursuivis, la création du réseau a répondu avant tout à un besoin, plus ou moins exprimé, de rupture avec un certain isolement ressenti par de nombreux responsables et les équipes gestionnaires d'établissement. De ce point de vue, cette initiative rapidement partagée a permis l'émergence d'une petite communauté muséale dépassant les cadres statutaires des personnes ou les statuts juridiques et administratifs des musées qui constituent parfois des freins au travail en commun.

Le bilan des actions et les programmes engagés, tels qu'ils viennent d'être présentés, constituent indéniablement un succès collectif. Ce succès repose certes sur la part prise par les équipes dans leur mise en œuvre. Mais il tient pour beaucoup d'une part, à l'engagement de chacune des collectivités et associations propriétaires membres du réseau et, d'autre part aux soutiens sur le long terme apportés conjointement par l'État et la région Basse-Normandie. Ce soutien moral et financier continu a facilité la constitution d'une équipe permanente qui, malgré sa taille demeurée modeste, est un facteur essentiel de la pérennité de l'action engagée. Par ailleurs, le financement des programmes les plus importants, tant par les pouvoirs publics régionaux que par l'Union européenne, a pu être assuré non seulement pour leur intérêt propre mais parce qu'ils étaient portés par un collectif dont la finalité dépassait leur réalisation.

Pour consolider le tissu muséographique régional, la mise en réseau visait en particulier les établissements les plus fragiles soit par la faiblesse de leurs moyens humains et financiers, soit par une carence d'outils adaptés à la gestion de leur patrimoine. Aucun dispositif ne peut pallier l'absence de volonté politique locale ni le délitement d'une vie associative. La création du réseau des musées, dont l'intention n'était pas de se substituer aux gestionnaires ou aux propriétaires défaillants des musées, n'a certes pu empêcher la disparition malheureuse d'un ou deux établissements ni réduire toutes les fragilités scientifiques, techniques et financières qui affectent à des degrés divers une majorité des membres du réseau. Mais l'action collective et l'adoption d'outils mutualisés ont facilité une meilleure prise de conscience des potentiels que représentent les musées en termes de développement territorial, social ou culturel. De ce fait, le regard posé sur certains établissements par leurs tutelles administratives ou politiques a pu évoluer favorablement.

En dépit des succès rencontrés notamment en matière de connaissance, de gestion et de diffusion du patrimoine muséographique régional, certains des objectifs que s'étaient assignés les initiateurs du réseau n'ont été qu'à peine effleurés et demeurent aujourd'hui des chantiers à ouvrir.

Il en est ainsi du développement de la recherche. Très peu de musées y consacrent aujourd'hui une part significative de leurs moyens qui sont absorbés par les tâches de gestion du patrimoine, d'accueil des publics et de développement de l'événementiel. Cette faiblesse est sans doute le signe d'une évolution du musée dont le rôle de producteur de contenu laisse la place à celui de médiateur et d'animateur du territoire. Elle n'en est pas moins inquiétante sur la capacité des musées – particulièrement pour les musées dits de société et en particulier à vocation ethnologique – à produire un discours renouvelé sur la société contemporaine. Elle est également significative des liens distendus entre les musées et les milieux universitaires et de la recherche qui méconnaissent les potentiels représentés par les musées, au-delà de quelques établissements privilégiés. Mutualiser des moyens pour conduire des programmes de recherche collectifs est un chantier qui reste à engager. La difficulté est de faire converger les intérêts scientifiques – plutôt à long cours – et les objectifs culturels s'inscrivant dans une temporalité réduite.

Par ailleurs, le réseau ambitionnait de renforcer les liens avec le secteur de l'enseignement et de permettre aux établissements de pleinement remplir leurs missions éducatives. L'objectif était notamment de favoriser une mise en commun des méthodes et outils de médiation destinés aux jeunes publics et publics scolaires, de conduire des expérimentations partagées et de mieux faire connaître l'ensemble des possibilités pédagogiques et éducatives, trop peu exploitées par les milieux enseignants. Tout en développant collectivement les capacités de ses membres, le réseau poursuit l'objectif de faire reconnaître le musée en tant qu'acteur éducatif – comme l'indique clairement la définition qu'en donne l'ICOM – et non seulement en tant que support possible d'une action pédagogique exogène.

Se rapprocher des acteurs du tourisme figurait également parmi les objectifs que le réseau s'était assignés et qui restent à engager. Tourisme et musée sont le plus souvent interdépendants et c'est le développement touristique qui fut fréquemment le moteur principal de la création de nouveaux musées. De nombreuses réalisations ont d'ailleurs été marquées durablement par une conception trop touristique du projet qui, faisant fi de certains besoins propres des musées, ont rapidement handicapé leur développement : absence de personnel scientifique ou de budget d'acquisition ; locaux inadaptés à la gestion des collections…

Cette relation très étroite entre les intérêts convergents dans la quête du public et la valorisation des potentiels patrimoniaux n'empêche pas que les acteurs de ces secteurs, en dépit des progrès réalisés, se connaissent mal et ignorent réciproquement les enjeux et les spécificités du travail de l'autre. Cette interconnaissance, indispensable à l'épanouissement des projets muséographiques, demeure une des ambitions premières du réseau ; ce d'autant que le développement des techniques numériques ouvre de nouvelles pistes de collaboration entre les opérateurs du tourisme et les institutions patrimoniales.

Si la recherche, l'éducation et le tourisme constituent des champs d'action partenariale qui demeurent à renforcer à moyen terme, ce sont les instances de gestion des musées qui sont désormais au cœur des préoccupations. En effet, à la fin des années 1990, alors que se préparait la mise en place du réseau, se posait dans de nombreux cas la question de l'échelle territoriale pertinente pour assurer le pilotage politique et administratif des établissements. Cette question se posait avec d'autant plus d'acuité que la Basse-Normandie figure parmi les régions possédant l'un des plus importants émiettements communaux. De fait, les musées appartiennent majoritairement à des collectivités de faible importance aux moyens quelque peu limités eu égard aux besoins des musées. La relance de l'intercommunalité dans la décennie 1990 aurait pu être l'occasion d'en redéfinir l'assise administrative, or, force est de constater que les opérations de transfert du musée de la commune à l'intercommunalité ont concerné jusqu'il y a peu seulement deux ou trois établissements en Basse-Normandie. Et, même dans ce cas, le transfert n'est que partiel puisque seule la gestion de l'établissement est transférée, la propriété des collections demeurant le plus souvent communale. Même si cette disposition est dictée par des commodités d'ordre réglementaire, elle reflète quand même la difficulté éprouvée par la collectivité à se défaire des biens patrimoniaux que son action avait contribué à rassembler. Au fil du temps, ces collections sont devenues un élément qui participe, plus ou moins consciemment, de l'identité locale. Le faible nombre de transferts manifeste également la difficulté à partager, au-delà de l'espace initial, un projet muséographique qui ne concerne pas véritablement un territoire élargi ou à la conception duquel celui-ci n'a peu ou pas été associé. Sans doute, plus encore que pour tout autre établissement culturel, le transfert du musée ne peut se résumer à un partage de charge financière ni à une simple extension du service offert à un territoire élargi.

Indéniablement, le changement d'échelle doit être accompagné d'une refonte du projet muséographique adapté au nouveau territoire. Il doit passer aussi par l'écriture et la validation d'un nouveau programme scientifique et culturel qui ne pourra guère échapper à une interrogation sur le rôle actuel et futur du musée dans la société et son implication sur le territoire. Il s'agit là de l'une des conditions d'appropriation du projet, non seulement par les responsables politiques et administratifs des nouvelles entités, mais également, et même surtout, par la population du territoire. Chaque établissement est certes un cas particulier, le réseau des musées est néanmoins en capacité de contribuer à la réflexion, en particulier au travers des temps de discussion et de partage qu'il organise plusieurs fois par an.

Une grande réforme territoriale est, au moment où se tient ce colloque, en cours d'élaboration. S'il est certain que l'organisation territoriale de la République évoluera en profondeur, nul ne sait encore ce qu'elle sera devenue dans quelques années. Il est possible qu'il y ait, d'une part, discordance entre le territoire administratif et l'espace culturel du musée, et, d'autre part, que cette nouvelle organisation n'apporte pas réellement de plus grande facilité pour le travail en commun et la mutualisation de services entre musées. Or, sauf exception, il est fort peu probable, compte tenu du contexte économique et financier actuel, que la réforme territoriale s'accompagne d'une amélioration significative des moyens dévolus aux musées pour leur fonctionnement. Aussi, pour préserver le tissu muséographique régional, conviendra-t-il d'imaginer des formes de gestion s'appuyant sur des partages de compétences à des échelles de territoire variables mais réellement adaptées à l'esprit et aux vocations des musées ainsi qu'aux pratiques des publics ; plusieurs niveaux de coopération pourront être mis en œuvre.

La gouvernance du réseau régional des musées elle-même serait susceptible d'évoluer, avec l'accord de ses membres, afin de s'adapter aux nouvelles donnes territoriales et, le cas échéant, d'être en capacité d'assurer de plus amples projets coopératifs.

La constitution du réseau des musées en Basse-Normandie a su prendre en compte la diversité des musées et offrir une proposition dans laquelle chaque membre a pu se retrouver indépendamment de sa vocation, de son statut, de sa taille, de ses moyens. La présence du réseau et son activité ont suscité l'intérêt d'institutions très proches des musées dans leur conception et leur mission, ou qui sont perçues comme telles par le public, mais qui ne répondent pas complètement à l'ensemble des critères usuellement admis pour les définir. Ces lieux, d'une grande variété, associent généralement conservation d'un patrimoine physique ou immatériel (mais pas toujours de collections au sens strict du terme), action culturelle et médiation. Ils constituent des institutions hybrides aux confins de plusieurs secteurs culturels et qui en croisent les fonctions. Force est de constater que parmi les candidatures d'adhésion au réseau des musées reçues ces dernières années, un nombre significatif émane de ces nouveaux établissements. Naturellement, celles-ci provoquent un débat, jamais achevé, entre les tenants d'une définition restreinte du musée – guidée notamment par la loi française faisant de la collection le fondement du musée –, ceux qui adoptent une vision plus extensive portée entre autres par l'ICOM (qui sert de dénominateur commun aux membres du réseau) ou encore ceux dont les établissements connaissent ou ont connu une évolution de leurs fonctions et missions au-delà du strict champ muséographique. L'expérience du réseau des musées et la diversité de ses membres montrent bien qu'il sera difficile à l'avenir d'éviter la conduite d'un véritable débat sur la notion même de musée, et sur son rôle dans la société et le territoire. Il est fort probable qu'à cette occasion le constat sera fait que les frontières sont de plus en plus perméables non seulement entre les différents secteurs patrimoniaux mais, au-delà, entre l'ensemble des institutions culturelles. L'on s'aperçoit d'ailleurs que le public nomme sans distinction depuis longtemps déjà « musées » des institutions fort différentes et parfois éloignées de la définition donnée par les experts.

Aussi l'enjeu pour les musées est-il vraisemblablement de participer activement, sans pour autant négliger leurs spécificités, aux croisements des données patrimoniales avec celles d'autres institutions qui en détiennent, d'imaginer de nouveaux modes d'action permettant d'agir culturellement et socialement sur leurs territoires en lien avec de nombreux acteurs culturels ou non. Une telle ambition implique de revisiter les outils et les pratiques de médiation, comme de mettre en place des outils innovants pouvant interagir dans et hors les murs, physiquement et virtuellement. Ne pas réserver ces innovations aux collectivités les plus aisées ou les plus dotées en capacité de recherche-action, mais faire participer l'ensemble des musées afin de permettre une irrigation complète du territoire régional, tel est certainement l'un des objectifs majeurs qui peut être assigné à un réseau régional de musées.

Margot Frénéa et Pierre Schmit

Partie 5. Les musées imaginaires

Arts et musées : 2014-2064

Chers collègues et amis, je me sens très honoré de la demande que vous m'avez faite de résumer les grandes étapes de l'évolution – et des révolutions - de nos musées et des arts au cours des cinquante dernières années, entre 2014 et 2064. Mais j'en suis également surpris, car vous les connaissez aussi bien et mieux que moi pour les avoir vécues. Quelques-uns d'entre vous les ont du reste amplement évoquées au cours des interventions précédentes.

Je me contenterai d'aborder le domaine des Arts et de leur muséologie propre car les autres musées, de la philatélie aux sciences, nous entraîneraient trop loin. Mais je ne les négligerai pas vraiment, car beaucoup de ces révolutions sont communes à tous les domaines.

J'ai relevé douze étapes qui m'ont semblé les plus fondamentales. Mais sans doute, dans le débat qui suivra, en suggèrerez-vous d'autres.

Ces douze étapes, les voici, dans un ordre qui n'est que grossièrement chronologique et qui nous conduit au présent, en ce mois de juin 2064.

La production de fac-similés parfaits

Entre 2030 et 2040, les progrès des technosciences ont permis de reproduire parfaitement un objet, à la molécule près. On ne peut pas descendre au niveau atomique car cela est interdit par la physique quantique. Mais la molécule est un niveau bien suffisant. Il est impossible de distinguer par quelque test que ce soit la reproduction de l'objet reproduit. Ils sont rigoureusement identiques. Il s'agit du reste non pas de reproduction, mais d'exemplaires ou de fac-similés. Le coût de l'opération, d'abord élevé, a beaucoup baissé sans devenir négligeable. Elle a donc été réservée à des objets d'une certaine valeur, par exemple des œuvres d'art.

Je me permettrai de vous rappeler que la reproduction mécanique, en particulier d'une image, est d'invention relativement récente, remontant au douzième ou treizième siècle en Europe (elle est certes plus ancienne en Asie), avec la xylographie et les estampes puis l'invention de l'imprimerie, et qu'elle n'a cessé de se perfectionner. Le premier livre en couleurs, le Psautier de Mayence, a été imprimé en 1457.

Le fac-similé parfait n'est que l'aboutissement de cette histoire.

Au début, la définition d'une matrice moléculaire impliquait la destruction de l'objet initial, ce qui a suscité un certain émoi dans le milieu des conservateurs, même si les exemplaires, ou mieux fac-similés, étaient impossibles à distinguer de l'original. Mais la technique a progressé et l'analyse destructrice n'est plus nécessaire.

On n'a donc plus fait voyager les œuvres mais envoyé des fac-similés. Ainsi, il existerait aujourd'hui environ 2700 exemplaires officiels de la Joconde. Mais il y en aurait 20 millions de clandestins en Chine, dans les chambres à coucher, car l'icône y a la réputation de favoriser la bonne entente des ménages et la fécondité, chose importante depuis que la politique de l'enfant unique a été abolie.

Aspect positif de cette révolution, les vols d'œuvres d'art ont pratiquement disparu. Leurs ventes aux enchères aussi, du reste. Je n'évoquerai pas ici les problèmes économiques que cela a posés.

Le musée virtuel universel grâce à la numérisation parfaite et à la perception totale simulée, incluant le toucher grâce à l'haptique

Toutefois, la multiplication des fac-similés d'œuvres d'art a bientôt été concurrencée, deuxième révolution, par l'apparition du musée virtuel intégral et universel grâce à la numérisation parfaite et à la perception totale simulée. On va d'abord de moins en moins au musée, ce qui a suscité l'inquiétude des conservateurs de l'époque, puis plus du tout. Finies les longues queues devant les guichets des expositions, sans même parler des contrôles de sécurité que j'ai connus dans ma jeunesse, et les bousculades devant des chefs-d'œuvre partiellement entrevus par-dessus des têtes.

Mais la perception virtuelle est complète. Il est donc possible d'examiner une œuvre dans ses moindres détails, jusqu'aux fissures de la toile ou du bois.

Cette perception inclut le toucher grâce à l'haptique. La simulation sensorielle est totale aussi bien pour le toucher que pour la proprioception, le sens vestibulaire et le sens kinesthésique. Je vous renvoie au travail visionnaire de Cédric Fleury, *Simulation sensorielle pour la Réalité Virtuelle* qui a été soutenu en maîtrise d'informatique à l'université de Rennes en janvier 2007.

On peut donc désormais caresser sans risque et sans vergogne les statues, et le sein de la Vénus de Milo l'aurait été des dizaines de millions de fois sans que l'original s'en trouve le moins du monde poli.

Plus de deux cents millions d'œuvres auraient été ainsi numérisées. Le Musée Imaginaire d'André Malraux est désormais une réalité. Virtuelle évidemment.

Les musées physiques sont devenus des conservatoires, comme du reste les bibliothèques depuis la quasi-disparition du livre-papier qui a rejoint les règles à calcul au paradis des collectionneurs. Des esprits chagrins estiment que cela fait beaucoup de place perdue. D'autres considèrent que les anciens musées qui disparaissent peu à peu ne présentent pas toutes les garanties de sécurité souhaitables vis-à-vis des incendies ou des inondations par exemple, et suggèrent l'entassement des objets dans des bunkers inspirés de l'espace hors douane de Genève.

La Réalité Virtuelle a également bouleversé le domaine de la collaboration entre artistes et développé la création collective mais il serait trop long ici de développer ce point que du reste vous connaissez parfaitement.

Le développement de l'iconométrie, avec l'aide d'I.A. : authenticité, réattributions et généalogies (sur le modèle de la lexicométrie)

La numérisation d'autant d'œuvres a permis un développement intéressant qui a dérouté au départ mais qui est vite apparu indispensable, l'iconométrie. Elle a d'abord été inspirée par la lexicométrie qui permet de comparer des textes entre eux des points de vue de leur vocabulaire, de leur structure grammaticale, voire typographique, paragraphes, etc. La lexicométrie à l'aide de programmes dédiés a permis d'authentifier des textes ou même de les réattribuer : ainsi, la meilleure partie de l'œuvre de Molière a été rendue à Pierre Corneille.

Mais l'iconométrie est allée bien plus loin. L'iconométrie, technique de mesurage sur des images, assistée par des programmes spécialisés puis par des Intelligences Artificielles (sujet sur lequel je reviendrai plus loin), prend en compte les moindres détails d'une œuvre. Elle va pour une peinture jusqu'à l'ordre probable selon lequel les touches successives ont été apposées par l'artiste, et elle a permis des comparaisons éclairantes. Les êtres humains ne sont pas très bons dans cet exercice de comparaison. Au mieux, ils se fient à leur expérience et à leur intuition. Les programmes font beaucoup mieux : inlassables, ils scrutent le moindre détail. Ainsi non seulement l'authenticité d'œuvres a pu être vérifiée, et parfois infirmée, mais des réattributions importantes ont été obtenues, de même que la décomposition d'œuvres d'ateliers entre plusieurs auteurs.

Mais l'iconométrie a également et peut-être surtout permis de reconstituer la généalogie des œuvres en suggérant les emprunts ou inspirations qu'un artiste a pu tirer de ceux qui l'ont précédé. C'est tout un pan de l'histoire de l'art qui s'est ainsi constitué sur des quasi-certitudes plutôt que sur des évaluations humaines toujours contestables.

Les imprimantes 3D puis 4D

Dans un tout autre domaine, vous savez l'importance qu'ont prise les imprimantes 3D, il y a précisément une cinquantaine d'années. Elles ont permis de réaliser des objets et en particulier des sculptures en bronze qu'il aurait été techniquement impossible d'obtenir par tout autre moyen, quelle que soit l'habileté du sculpteur. Je vous en ai apporté un exemple qui remonte à 2014, et donc des débuts de cette technique, et que vous devrez examiner de près car il est petit. La technique est simple : l'imprimante 3D permet de réaliser un modèle en cire qui est ensuite coulé en bronze par la technique de la cire perdue. On peut répéter l'opération autant de fois qu'on veut.

Le mauvais côté de la chose, c'est que cette technique est devenue bon marché et populaire, si bien qu'on compte aujourd'hui dans ce pays plus de trois cent mille sculpteurs ou qui se disent tels, et plusieurs millions à l'échelle de l'Union européenne, et que le choix ou la sélection devient impossible. Vous me direz que ça n'est rien à côté de la dizaine de millions de romans qui sont proposés chaque année en France sous forme de fichiers informatiques, le livre ayant pratiquement disparu sauf auprès des collectionneurs.

L'imprimante 3D est du reste en train de céder la place à l'imprimante 4D qui lui ajoute le temps : il devient ainsi possible de produire des structures qui évoluent avec le temps et qui ressemblent de plus en plus à des formes de vie.

Le Nano-Art

Une discipline tout à fait différente, encore que certains aspects techniques soient communs, est apparue sous la forme du Nano-Art, ou art nanométrique. Un millimètre est un millième de mètre, un micromètre un millionième et un nanomètre un milliardième de mètre. Comme le disait le grand physicien Richard Feynman, il y a un peu plus d'un siècle, il y a beaucoup de place en bas. Il voulait dire du côté du très petit. De cette remarque sont issues, assez longtemps après, les nanomachines, innombrables et irremplaçables dans bien des domaines, de l'industrie à la médecine. Certains artistes se sont emparés de ces techniques pour réaliser des œuvres qui ne mesurent que quelques dizaines de nanomètres et qu'on ne peut évidemment contempler qu'à l'aide de microscopes ou plutôt de la Réalité Virtuelle.

Art ou exploits, on peut se poser la question, et je vous en laisse juge. Un chroniqueur a ironiquement fait remarquer qu'un conservateur pourrait transporter la production entière de la planète dans un dé à coudre. S'il trouvait un dé à coudre.

Le Land Art : satellites dédiés à leur observation, puis la Lune ; projet rejeté d'inscription des canaux de Lowell et Schiaparelli sur Mars

À l'opposé, du moins du point de vue de la taille, on a observé, au cours du demi-siècle dernier, une explosion du Land Art. Tous les artistes qui en trouvaient les moyens ont voulu inscrire leur vision sur la surface de la planète. L'horloge des 10 000 ans qui fonctionne toujours dans le Texas et qui a été conçue au début du XXIe siècle par Danny Hills, un informaticien, et financée par le patron d'Amazon, relève-t-elle de l'art ou de l'exploit technique ? On peut se poser la question comme pour beaucoup d'œuvres du même style.

Ainsi, pour le lac de dix kilomètres de diamètre au centre duquel un boulet de glace est régulièrement projeté par une sorte de mortier, de façon à provoquer des ondes concentriques qui viennent mourir en son bord, le tout installé au cœur du Sahara ; plusieurs boulets viennent parfois créer des interférences.

En tout cas, ces œuvres peuvent être aisément contemplées à partir d'images renvoyées par un essaim de satellites dédiés. Tout cela n'a pas été sans poser quelques questions aux conservateurs, notamment à propos de la restauration éventuelle de ces œuvres. En particulier quand certains artistes ont entrepris de modeler des nuages, cyclones et autres formations météorologiques. Les procédés sont bien connus mais la reproduction à l'identique très incertaine.

Mais le Land Art ne s'en est pas tenu à notre planète. Voici une vingtaine d'années, sur la Lune, un portrait de Galilée, de 93 kilomètres de hauteur et de largeur, a été édifié. Pourquoi ces dimensions ? Parce qu'elles correspondent au diamètre du cirque de Copernic, dont Galilée a vérifié la théorie héliocentrique.

Vous vous souvenez certainement que cette réalisation a d'abord soulevé un tollé. Comment pouvait-on oser défigurer la Lune ? L'insistance et le financement de la Fondation Google-Pinault-Arnault-Samsung ont eu raison de ces réticences à la condition que l'œuvre ne toucherait pas à la structure géologique de notre satellite mais serait exclusivement composée de poussière lunaire. Comme il n'y a pas de vent sur la Lune et qu'elle ne peut être altérée que par la chute de météorites ou recouverte par d'autres poussières, on estime sa durée de vie à au moins dix millions d'années. Certains prétendent que, dans son œil droit, on peut distinguer un portrait, certes estompé, de Steve Job. Galilée tient un livre dans ses mains et avec une bonne lunette ou un œil augmenté, on peut en lire le titre : *The First Men in the Moon* by H.G. Wells.

Un autre projet d'artiste encore plus démesuré a été repoussé : celui de creuser sur la surface de Mars des canaux correspondant à ceux prétendument observés par Giovanni Schiaparelli et Percival Lowell à la fin du dix-neuvième siècle. Il lui a notamment été opposé, outre le respect dû à cette planète, que l'effet recherché pouvait parfaitement être observé en réalité virtuelle.

Incidemment, ce qui intéresse le plus les conservateurs dans ces projets, c'est l'archivage des étapes de leur conception et éventuellement de leur réalisation. Ce qui était déjà le cas avec les emballages de Christo et autres installations et performances. En passant, Christo n'a jamais obtenu l'autorisation d'emballer l'Everest, son dernier grand projet avant sa mort.

L'art biogénétique : sur l'animal et sur l'humain (cosmétique)

De l'astronomie, passons à la biologie et évidemment à la biogénétique. L'ingénierie génétique, transgénèse, épigénèse ou néogénèse, est devenue depuis les années vingt une branche de l'informatique. Il est très vite devenu si facile d'exciser un gène, d'en introduire un, d'en créer d'entièrement artificiels et de les injecter dans le génome qu'un étudiant de deuxième année peut se livrer à des manœuvres éthiquement douteuses.

Dans notre domaine, un soi-disant artiste a introduit dans les années trente des gènes de narval dans le génome d'une jument, créant ainsi une licorne. Je conteste que cela soit de l'art. La controverse a du reste été virulente à l'époque de l'événement. Bien que ces licornes ne puissent pas se reproduire, on continue à en cultiver à partir de cellules souches et on peut en voir dans des parcs d'attraction. D'autres monstres ont été ainsi créés mais ils ne relèvent pas de notre domaine, plutôt de l'attraction foraine qui demeure au mieux un art mineur quoiqu'il en existe des musées.

En revanche, un art inédit s'est constitué. Le réchauffement climatique, en faisant disparaître des espèces entières, notamment de pollinisateurs, a conduit les biogénéticiens à en modifier certaines et à en créer de nouvelles pour maintenir une certaine biodiversité. Je suis heureux de constater en passant qu'en ce mois de juin 2064, il ne fait que trente-neuf degrés à Cerisy.

Dans le cas de papillons, les biogénéticiens ont demandé à des artistes dont vous connaissez tous les noms de dessiner les motifs de leurs ailes, avec un grand succès. Certains de ces papillons font plus de quarante centimètres d'envergure et ont été créés plutôt pour leur beauté que pour leur utilité. On n'en avait pas vu de tels depuis l'ère secondaire.

En ce qui concerne les êtres humains, ils ne se privent pas de se modifier presque à volonté, changeant de couleur, de taille et de corpulence, se faisant pousser des cornes, ce qui a introduit dans la réalité une vieille métaphore. Quelques femmes se sont même fait pousser des vertèbres supplémentaires et rallonger une jambe en hommage à la Grande Odalisque d'Ingres. L'Art a corrigé leur anatomie, à leurs risques et périls.

L'Union Globale des Artistes et Conservateurs, dans sa sagesse, en 2038, a exclu du domaine de l'art toute utilisation du corps humain. Cela a calmé bien des ardeurs. Il s'agit de cosmétique, quelque peu devenue folle, et non d'esthétique. Mais cela a posé quelques problèmes à des musées qui exposaient de remarquables tatouages naturalisés ou dont les porteurs étaient encore vivants. Il y a donc eu quelques dérogations.

L'art mathématique : visite virtuelle d'espaces de Calabi-Yau, par exemple

L'art mathématique a longtemps été un domaine controversé depuis la découverte des images fractales. La géométrie était-elle un art ou une science ? Toutefois, des artistes comme Maurits Cornelis Escher que j'ai eu le privilège de rencontrer personnellement au siècle dernier, à Barn, dans sa maison, avaient fasciné mathématiciens et amateurs d'art. Il est désormais possible d'explorer en trois dimensions, grâce à la Réalité Virtuelle, les paysages paradoxaux d'Escher, ce qu'il aurait sans doute désapprouvé car il était très chatouilleux sur les utilisations secondaires de ses œuvres. De même, il est possible de contempler et même de visiter les pavages non répétitifs en deux, trois dimensions ou plus, dont la découverte était jadis attribuée à Roger Penrose. En son temps, Salvador Dalí avait bien tenté de donner une idée de la quatrième dimension en donnant à la croix du Christ l'aspect d'un hypercube. On me permettra aussi de citer un étrange personnage que j'ai bien connu, Patrice Jeener, qui, dès la fin du siècle dernier, proposait des gravures sur cuivre représentant des fonctions ou des objets mathématiques, dont la fameuse Bouteille de Klein. Je suis au regret de devoir vous avouer que ce n'est pas de mon nom qu'il s'agit. Mais je vous incite vivement à consulter le site de Jeener.

Il est aussi fascinant de plonger dans des univers mathématiques simulés et de découvrir la symétrie d'échelle des fractales ou encore dans des espaces de Calabi-Yau d'une extraordinaire complexité et beauté, espaces qui devaient fonder la défunte théorie des cordes. La désorientation est totale, au point que certains explorateurs, mal préparés, ont subi de véritables traumatismes, heureusement réversibles.

L'art des I.A. L'inversion de Nicole Kidman

Je vais maintenant aborder un sujet controversé à plus d'un titre, celui de l'art supposé des Intelligences Artificielles, les I.A.

D'abord les I.A. existent-elles vraiment ? Tout dépend de ce qu'on entend par intelligence. S'il ne s'agit que de réagir de façon adaptée à des situations même très complexes comme la conduite automatique d'une voiture ou d'un avion, ce que des programmes savent très bien faire depuis des décennies, on peut parler d'intelligence, mais alors un réfrigérateur antédiluvien qui savait maintenir à peu près constante sa température interne devrait être qualifié d'intelligent.

Mais si l'on se demande si les I.A. ont une intelligence comparable, voire supérieure, à celle des humains, si elles sont conscientes, si elles ont une personnalité, la question prend une autre dimension. Dès les années 1950 du siècle dernier, le grand mathématicien Alan Turing prétendait qu'un test, le test de Turing, permettrait de répondre à la question : les machines peuvent-elles penser ? Pour lui, dans un dialogue, s'il était impossible de décider au bout d'un temps fini si l'interlocuteur était un humain ou une machine, alors la machine avait passé le test et montré qu'elle pensait. J'ai prouvé, je crois, dans un essai publié à la fin du siècle dernier, que, d'une part, Turing plaisantait et que, d'autre part, on n'avait affaire qu'à un simulacre. Toutes les I.A. ou supposées telles passent aujourd'hui et depuis des décennies aisément le test de Turing. Et alors ? La simulation d'une turbulence hydraulique ne mouille pas. *A contrario*, il est possible de débattre pendant un certain temps avec un humain et de découvrir qu'il n'est qu'un sot même s'il est indiscutablement humain et donc réputé intelligent.

Si j'insiste de la sorte sur ce problème, c'est que certaines I.A. à qui nous confions la gestion de systèmes complexes semblent nous proposer, à leurs moments perdus, et il y en a beaucoup, des sortes d'œuvres qui sont aussi des énigmes. Si ce sont des œuvres d'art pour certaines, alors on doit conférer à ces I.A. une personnalité morale, et cela soulève des problèmes, entre autres juridiques, difficiles. La psycho-robotique tente de répondre à la question générale.

Je vais vous décrire une de ces « œuvres » en espérant ne pas choquer les âmes sensibles. Une I.A. nous a proposé, en Réalité Virtuelle, une image assez insoutenable. C'était un humain, ou plutôt une humaine, retournée. Topologiquement, un être humain est un tore ou, si vous préférez, un tuyau. On peut retourner un tuyau, c'est-à-dire remplacer sa face externe par sa face interne. Dans le cas d'un humain, ça ne serait évidemment pas possible dans la réalité, mais, en réalité virtuelle, une opération de ce genre est assez simple. Ce n'est pas très esthétique. On ne pouvait pas distinguer le visage, mais, à une extrémité, ressortait une chevelure rousse et, à l'autre, une paire de très jolies jambes. Pour le reste, je vous laisse l'imaginer.

Mais qu'est-ce que l'I.A. voulait nous dire, qui avait-elle ainsi retourné s'il s'agissait de quelqu'un existant ou ayant existé, ce qui semblait vraisemblable puisque les I.A. n'ont pas beaucoup d'imagination ? On lui a évidemment posé la question mais elle n'a pas voulu répondre. Une I.A. ne peut pas refuser d'exécuter un ordre donné par un humain accrédité, mais elle dispose de toutes sortes de façons de ne pas le faire, un peu comme un chat qui ne vous dira jamais non mais qui n'obéira que si ça l'arrange. Elle est trop occupée, elle regarde ailleurs, etc.

On a fini par demander à une autre I.A., en jouant sur la vague rivalité qui les oppose, de procéder au retournement inverse. Une très belle femme est apparue que les archives ont permis d'identifier. C'était une actrice en vogue au début du siècle et un peu oubliée aujourd'hui, Nicole Kidman. Mais pourquoi elle ? La commission chargée d'éclairer cette affaire et dont j'ai fait partie a proposé, après de longs débats, une solution. Si l'on retourne l'ordre des syllabes dans le nom Kidman, on obtient ManKid, ce qui, en supposant un génitif saxon, signifie l'enfant de l'homme. L'I.A. suggèrerait qu'elle est bien l'enfant de l'humain.

Voilà un exemple d'œuvre ou de plaisanterie que nous proposent les I.A. Même si elles ne sont pas conscientes au sens où nous le sommes si glorieusement, elles semblent avoir un certain sens dévoyé de l'humour.

Mais la plupart de leurs « œuvres », entre guillemets, nous demeurent inintelligibles pour le moment. Et peut-être à jamais.

La sculpture des astéroïdes

Je passerai rapidement sur la sculpture des astéroïdes que certains artistes ont entreprise depuis qu'on a commencé d'en exploiter certains pour les minerais rares qu'ils contiennent. Cet art, qui en est encore à ses débuts, prétend se distinguer absolument du Land Art dont j'ai déjà parlé puisqu'il remodèle entièrement des objets spatiaux. Pour l'instant, on n'a guère vu que des solides réguliers, de la sphère au grand Icosaèdre de Poinsot, ou encore des formes abstraites d'une grande beauté mais dont seule la localisation dans l'espace atteste l'originalité. Tout cela demande des moyens considérables, et l'avenir de cette forme d'art, sans même parler de sa conservation, demeure problématique. Mais, enfin, je ne pouvais pas le passer sous silence puisque les grands médias lui accordent régulièrement une importance que j'estime excessive.

La transmission de cerveau à cerveau : l'illusion d'être un artiste du présent, voire du passé : par impulsion magnétique ou à l'étude par filet de graphène inséré à la surface du cerveau

Beaucoup plus intéressante est la onzième révolution de ma liste qui découle de la communication directe de cerveau à cerveau au moyen d'impulsions électromagnétiques ou, mieux, dans un avenir proche, grâce à des filets de graphène qui seraient implantés directement à la surface du cerveau. Comme ces filets n'ont qu'une épaisseur de l'ordre d'un atome, il y a de la place sous les méninges, ou plus précisément sous l'arachnoïde, et techniquement ce n'est pas très difficile. On le fait déjà pour guérir certaines maladies.

La communication directe de cerveau à cerveau permet à un individu quelconque, s'il en a la curiosité, de ressentir ce que ressent l'artiste au moment où il crée. Il devient lui-même un moment l'artiste, en quelque sorte par procuration. Tout cela est évidemment enregistrable et reproductible. L'expérience a toutefois montré que ce partage n'améliorait pas sensiblement la créativité du récepteur. Il en a l'impression, pour un temps, et c'est une impression très appréciée qui améliore sans doute la compréhension profonde des œuvres.

Je passerai pudiquement sur les utilisations à des fins érotiques de cette technique car elles n'ont rien à voir avec des finalités artistiques. Encore que certains le prétendent.

Mais on a été plus loin, de façon plus intéressante. La connaissance fine des œuvres anciennes et de leur généalogie, qu'a permise l'iconométrie dont j'ai parlé, a conduit à créer des simulations des états d'esprit d'un Vinci, d'un Rembrandt ou d'un Van Gogh en train de créer telle œuvre. On n'a évidemment aucun moyen de vérifier l'exactitude de ces simulations, mais elles suscitent la curiosité et satisfont beaucoup d'entre nous. C'est en somme un moyen de redécouvrir une œuvre de l'intérieur.

L'allongement des études supérieures pour devenir conservateur, de douze à vingt ans

La douzième et dernière révolution de notre domaine, est, comme vous le savez, récente. L'Autorité Globale des Arts et Sciences, ou du moins sa désinence européenne, a décidé de porter de douze à vingt ans la durée des études supérieures exigées pour obtenir le titre de conservateur. Cela devenait nécessaire puisque ces études incluent l'histoire de l'art, mais aussi nécessairement, à un niveau professionnel, les mathématiques, la physique, la biochimie, la biogénétique, la neurophysiologie, et, bien entendu, dans les humanités, la psychologie, la sociologie et l'économie.

Cet allongement qui a fait grincer quelques dents ne pose pas de problème fondamental puisque l'espérance de vie en bonne santé atteint désormais cent soixante ans et ne cesse de progresser. Et moi-même, j'en aurai bientôt cent trente et je tiens bon. Permettez-moi de glisser ici une petite anecdote. Il y a bien longtemps, j'ai édité un livre d'un médecin et biologiste, le Dr Roy Walford, portant précisément sur l'allongement de la vie. Un jour que nous déjeunions ensemble, je lui ai demandé : mais jusqu'où ira-t-on ? Et lui de me répondre aussitôt : six cents ans. Pourquoi six cents ans ? Parce que, me dit-il, imperturbable, les statistiques des compagnies d'assurance indiquent qu'à six cents ans, nous serons tous morts d'un accident. Soyez prudent.

« Et l'avenir ? », me demanderez-vous en conclusion ?

J'évoquerai le projet controversé de dessins, des figures de Lissajous, sur les anneaux de Saturne.

La question qui vient ensuite serait : « irons-nous dans les étoiles ? » Ce qui changerait totalement notre appréhension de notre environnement, ce qui a toujours beaucoup compté dans les arts. En tout cas, nous savons que l'univers est vaste, beau et violent. Nous habitons une petite oasis de calme d'où nous pouvons admirer les convulsions et turbulences d'un univers qui semble n'admettre notre fragilité que par une étrange indifférence.

Si nous atteignons les autres étoiles et rencontrons d'autres civilisations, l'art des Extraterrestres nous serait-il compréhensible ? Nous n'en avons pas la moindre idée puisqu'aucun message de leur part n'a jamais été reçu. Mais j'en doute fort car nos arts, même les plus abstraits, sont intimement liés à notre histoire évolutionnaire et à notre physiologie. Des mathématiciens prétendent qu'ils pourraient s'entendre avec leurs homologues d'un autre monde. Mais même de cela, je doute.

Ah, une anecdote pour finir. Vous ne connaissez sans doute pas les noms d'artistes qui étaient célèbres et fort cotés dans ma jeunesse, Jeff Koons et Damien Hirst. On ne les rencontre plus guère que dans un livre fameux de Michel Houellebecq, *La Carte et le Territoire*. Eh bien, j'ai pu acheter récemment sur un marché de province pour une somme dérisoire un Jeff Koons en céramique représentant une grenouille, probablement une œuvre de jeunesse que j'ai pu authentifier. Et on m'a dit que le Musée océanographique de Monaco avait récupéré dans une décharge le requin conservé dans du formol, attribué à Damien Hirst. On ne sait pas ce que sont devenus le veau et sa mère également plongés dans du formol dont font état des catalogues anciens.

Je vous remercie de votre attention, et si vous avez des questions techniques, je vous écoute.

Gérard Klein, 16 juin 2014

Musées à venir : que prévoit la science-fiction ?

Résumé

La littérature de science-fiction semble peu s'intéresser aux musées et préférer décrire les collections particulières. Mais lorsqu'elle le fait, c'est un portrait globalement négatif et pessimiste qu'elle dresse. Au travers d'œuvres essentiellement françaises, cet article présente les trois types de musées mis en scène (musée d'art, muséum et musée de l'homme) et, des extérieurs aux collections et aux œuvres elles-mêmes, il montre les périls et les dérives qui attendent lecteur et spectateur. Le manque d'imagination ou la difficulté réelle à laquelle se heurtent les auteurs lorsqu'il s'agit d'imaginer un art du futur sont évidents. Mais lorsqu'ils représentent le musée, tous s'attachent à le défamiliariser en lui trouvant de nouveaux usages, une nouvelle échelle ou à subvertir les canons artistiques.

Mots-clés : Science-fiction, littérature, musée, muséum, collection, art

Débutons une petite visite du musée du futur tel que le présente la littérature de science-fiction. Étonnamment, cette visite sera assez sommaire car la science-fiction est peu prolixe en ce domaine. Les ouvrages de référence comptent peu d'études et d'indications bibliographiques (à titre d'exemple, *The Encyclopedia of Science Fiction de Clute et Nicholls*, qui fait autorité, n'a même pas d'entrée « musées »).

Les raisons à cela sont doubles. D'une part, si la science-fiction est assez habile à envisager les progrès technologiques et scientifiques à court ou moyen terme, elle achoppe systématiquement sur les questions artistiques. Les rares œuvres futuristes sont décrites vaguement et ne servent bien souvent qu'à cultiver l'effet de « quincaillerie » ou « couleur locale » que le genre peut priser. On décrira ainsi telle nouvelle danse épurée, telle mode vestimentaire radicalement « autre » ou telle forme d'art née d'une nouvelle technologie pour cultiver l'altérité du monde sur laquelle elles sont apparues et bien faire comprendre au lecteur la rupture instaurée entre son monde et celui de la fiction. D'autre part, il semble souvent que les musées laissent davantage place aux collections personnelles de quelques riches esthètes décadents. Cela intimerait-il que l'art serait uniquement l'apanage de notre époque ? Les hommes « sérieux » du futur ont, semble-t-il, d'autres chats quantiques à fouetter, d'autre vaisseaux spatiaux à affréter, d'autres mondes à coloniser, d'autres technologies à mettre au point et n'ont pas le temps de badiner avec l'inutile.

Quoi qu'il en soit, débutons la visite et approchons de l'entrée :

Extérieur

Gage de sa disparition dans les sociétés futures, l'entrée de ce lieu de culture se fait difficilement, à l'abri des regards, prompte à décourager les visiteurs timides et les touristes de passage. Si l'on y entre, ce n'est jamais par hasard :

« Là, ignorant les échafaudages qui en barraient l'accès, [il vous fallait vous faufiler] entre les gravats et les madriers abandonnés jusqu'à une petite porte de service [qui s'ouvrait] avec une clef (…). Ce périple (…) menait invariablement dans les entrailles fétides du bâtiment à la dérive. Le Muséum (…), austère édifice vieux de plus d'un siècle, avait eu ses fondations ébranlées lors des bombardements de 1944. Un mur endommagé avait été étayé mais le chantier de rénovation abandonné en l'absence de financement. Interdit au public, le lourd bâtiment (…) évoquait un vaisseau fantôme, sorte d'Arche de Noé qui tentait de sauver des animaux naturalisés bien avant [notre] naissance ».

Le musée à venir est un lieu pour *happy few* qui savent parfaitement ce qui s'y trame, ou un havre momentané pour âmes égarées. Prenons un autre exemple. L'entrée du Musée « La Calanque » telle que la présente son auteur Romain Champion n'est guère plus aisée :

« La Calanque est une utopie dans l'ombre de l'Ermitage. Comme toutes les utopies, elle est difficile d'accès : une rue montante pavée de dalles asymétriques, des escaliers saillants de la roche, pour lesquels on jurerait d'en bas qu'ils nous éloignent résolument du musée au lieu d'y mener ; le funiculaire est en panne, comme à Montmartre – les handicapés peuvent rester chez eux. Fait exceptionnel : la sortie du musée coïncide avec son entrée. Si j'ai bien compris son architecture (et j'y ai passé suffisamment de temps pour la comprendre), même les sorties de secours ramènent indubitablement à ce seul et unique passage qui n'est pourtant rien d'autre que le guichet. Il n'y a pas de boutique, pas de mugs ni de tee-shirts, mais, non plus, pas de catalogues : l'exposition est permanente et perpétuelle, il n'y a d'ailleurs, sinon leur titre et le nom du peintre et quand c'est possible, la date, jamais d'explication au sujet des toiles, aucun guide, ni humain, ni électronique ».

Sections

Que trouvons-nous une fois à l'intérieur ? Le musée à venir comporte trois grandes sections. Il se compose d'un département purement artistique, qui en représente l'essentiel. À cela s'ajoute un Muséum, qui répertorie notre lointaine histoire, celle bien souvent de la fin du XXe et du début du XXIe siècle. Enfin, adjacent, se trouve un « Musée de l'Homme » qui archive les dernières métamorphose de l'espèce, sur notre Terre ou sur d'autres. Ainsi, chez Jack Vance, le Terrien égaré du premier volume du Cycle du Tchaï doit-il entrer dans le musée local pour y retrouver son vaisseau – artefact mystérieux d'une civilisation non pas antique mais étrangère – qui lui permettra de quitter le monde hostile où il a échoué, plaçant l'homme non plus dans la peau du visiteur, mais dans celle de l'espèce qui constate sa propre disparition.

Topologie

Après la composition, quelques mots sur la topologie du musée de demain. Pour une plus grande expérience et une plus grande immersion, le musée à venir est difficile d'accès et labyrinthique, le rebutant extérieur ne collant que mieux à l'étrange parcours qui attend le visiteur. Ce dernier y sera solitaire ; plus de guide, un éventuel plan des lieux qui égare plus qu'il ne dirige, de rares conservateurs mutiques qui se terrent l'on ne sait où, un personnel d'accueil renfrogné.

Le visiteur de la Calanque poursuit :

« Je hais ces musées qui nous font passer d'une pièce à l'autre, presque hermétiquement closes. Ici, au contraire, pas de ligne droite : les galeries s'entrecoupent, s'entrechoquent, des carrés dont les côtés croisent d'autres carrés, dessinant un collier de pièces, une boucle labyrinthique à l'apparence d'une plaine. Je comprenais mieux pourquoi La Calanque se faisait aussi appeler « la Tourbière ». Il m'était devenu, de jour, si évident de me repérer dans les petites galeries que j'avais oublié ce qu'elles pouvaient avoir d'engluant, de monstrueusement engluant ».

Dans « Autoportrait » de Jean-Claude Dunyach, la construction est aussi labyrinthique :

« Il existe des méthodes permettant de parcourir avec sûreté n'importe quel labyrinthe mais mon intuition me disait qu'elles seraient inapplicables ici. Les lois les plus simples, celles du haut et du bas en particulier, semblaient s'inverser localement. Certaines salles étaient de véritables singularités topologiques conçues pour dérouter le visiteur, voire le capturer pour en faire à son tour un objet d'exposition. Au bout de quelques heures, j'abandonnais toute tentative de raisonnement et me laissais guider par mon instinct (…). Je notais très vite un net changement d'attitude du musée à mon égard. Les couloirs ne se refusèrent plus ; les salles dangereuses s'écartèrent de mon passage ».

La topographie du lieu se fait elle-même œuvre d'art, une architecture impossible à la Escher. Le lieu devient vivant, malfaisant.

Il ne nous reste plus, à présent que les présentations sont faites, qu'à errer de salle en salle au cœur de cet être vivant irrationnel.

Salles

Visitons donc ces trois sections et présentons leurs avancées majeures. Au cours de cette déambulation instructive, vous pourriez être amenés à traverser les départements les plus divers, tels que :

- le département des croyances arbitraires – Religions ;
- le département des Plutôt Modernes ;
- le département des Petits Bonheurs du monde brûlé ;
- le département d'Archéologie protohistorique ;
- le département de sculpture holographique ;
- le département de Cosmologie ;
- le département de Cosmo-Art ;
- le département des Fétiches d'Écrivains ;
- la salle des Réimpressionnistes ;
- le département des Matrices ;
- le département de Cryogénie.

Comme leur nom l'indique, ces sections visent la défamiliarisation du lecteur/visiteur. Les formes d'art connues (« sculpture », par exemple) se voient associées à des moyens inédits (l'« holographie ») qui poussent à s'interroger sur la forme du produit final. Des domaines connus du lecteur (« cosmologie », « cryogénie », « matrices »,...) choquent par leur nature a priori non artistique. Les néologismes, enfin, peuvent donner une idée de l'époque futuriste à laquelle appartient le récit (« réimpresionnistes ») ou jouer simplement sur l'absence de signifié imaginable (« cosmo-art »). Mais toutes ces dénominations sont autant de moyens narratifs de créer un champ d'attente chez le lecteur.

1) Musée d'art

L'impossibilité d'imaginer un art du futur convaincant à laquelle se heurtent les auteurs aboutit généralement à une destruction qui vise la table rase radicale, le nouveau départ artistique, et la dématérialisation ultime des œuvres. Dans « Art Nouveau » , Cedric Citharel présente les agissements d'une bande de vandales qui ont frappé le masque mortuaire de Toutankhamon avec un pic à glace, se sont attaqués au calendrier maya exposé au musée anthropologique de Mexico, le faisant tomber puis rouler pour qu'il s'écrase contre une autre œuvre, ou qui ont saccagé la Joconde à coups de gros feutre. Et ces criminels se présentent comme œuvrant « pour l'art ». « Il est temps d'en finir avec ces vieilleries exposées dans les musées. Un art nouveau va émerger », clament-ils. Les nouvelles œuvres par lesquelles ils espèrent bien les remplacer seront à mettre dans un « musée spirituel », et c'est par cette salle que nous commencerons.

Là, c'est la fin des œuvres matérielles et pérennes. Tel artiste visuel projettera, par la pensée, des illusions d'optique sur un drap blanc :

« Les points étaient colorés et semblaient parader sur la toile pour former des figures géométriques, des symboles ou des formes animales. (...) Les points s'alignaient et continuaient à danser. Parfois, ils s'étiraient tous dans la même direction. [On] avai[t] l'impression de voir un champ de blé couché par le vent. (...) Les points se mirent alors à luire plus intensément. Ils prirent des couleurs vives : bleu, rouge ou jaune. Ils semblaient émettre leur propre lumière. (...) Ensuite, tout est devenu encore plus bizarre. Les couleurs se sont superposées, mais sans se confondre. Les points étaient à la fois rouges, bleus et jaunes ».

Cet art nouveau touche d'autres domaines, d'autres salles du musée spirituel de demain. Telle musicienne se met à émettre des sifflements lorsque l'auditoire enfin perçoit que :

« Les sifflements se sont transformés en voix aiguës, pures et cristallines. (...) [C]es voix n'étaient pas seulement des sons, elles véhiculaient des émotions dont elles semblaient être l'incarnation. (...) Après quelques minutes, ce n'était plus des mélodies, mais des ondes de solitude qui submergeaient [l'auditoire] ».

La sculpture nouvelle, enfin, est l'œuvre d'artistes qui, en se concentrant, peuvent faire naître des formes palpables. Un visiteur raconte :

« Du bout des doigts, j'ai pu caresser des silhouettes dont la peau avait la douceur du coton et la dureté du marbre. J'ai plongé ma main dans un mur d'eau tiède. J'en ai senti la densité s'épaissir jusqu'à m'empêcher d'aller plus avant. J'ai joué avec la matière comme jamais je n'en avais été capable ».

L'Art Nouveau sera immatériel et interactif et, dans le musée de demain, on n'interdit plus, mais on demande au visiteur d'entrer en contact direct avec l'œuvre.

Le musée d'art reste bien souvent un vaste lieu dont l'espace intime au collectif. Mais s'il est si peu présent en science-fiction, c'est peut-être pour marquer l'échec de la dimension collective et sociale de l'art ; idée qui semble renforcée par la plus grande présence des collections privées, nous l'avons dit – quand l'homme qui modifie son propre corps n'est pas lui-même devenu un musée ambulant (voir par exemple *Perdido Street Station* de China Mieville). Dans *Étoiles mourantes*, de J.-C. Dunyach et Ayerdhal, existe un musée spécifique à une partie de l'humanité qui a muté. Ce lieu n'a plus alors que valeur de réserve. Une branche de l'humanité a produit des hommes-œuvres d'art qui littéralement accouchent d'une œuvre unique et imprévisible. Ces dernières sont stockées au musée, en attendant de trouver leur destinataire dont l'artiste n'aura connaissance qu'en le rencontrant au cours de sa vie à venir.

2) Muséum

Passons à présent dans la deuxième section, celle du Muséum, et parcourons ensemble quelques salles du Muséum de Rascanges, où vous pourriez souhaiter vous attarder : les Salons des Anthropophages, le Pavillon des Crânes, le Boudoir des Encéphales, la Halle aux Cercueils, le Comptoir des Météores, l'Antichambre des Senestres, le Corridor aux Crucifiés ou encore la Forêt des Squelettes. Vous le comprenez :

« Le Muséum ne revendique aucune spécificité particulière dans le vaste corpus des sciences naturelles, mais le visiteur ne manquera pas de constater que l'accent est mis sur les collections de reliques anatomiques, animales ou humaines, ainsi que sur les aberrations, étrangetés et monstruosités diverses. Sa galerie de squelettes, de tous types et de toutes époques, est réellement somptueuse. Arsenuis Theorbe, dans le guide précité, affirme que certains d'entre eux sont ceux des visiteurs qui ont eu la malchance de s'égarer seuls dans les profondeurs du Muséum ».

Le cabinet de curiosités a toujours son petit succès en science-fiction. Tout juste les monstruosités sont-elles un peu plus extraterrestres, permettant au sensationnalisme de l'emporter un temps sur la préservation des espèces disparues. Le musée se fait un peu plus parc d'attractions.

Le Muséum de Rascanges semble avoir résolu la dichotomie entre culture et loisir. Son attrait historique indéniable se voit doublé d'une dimension ludique qui en fait un lieu de sensations fortes, un cabinet de curiosités de l'extrême qui, nul doute, attirera le public ; mais à quel prix ? Par exemple, « une immense table présente une série de squelettes de mains simiennes ou humaines couplées à d'étonnants mécanismes évoquant l'époque de la Reine Victoria ». Nous nageons en plein courant *Steampunk*. Et le narrateur de poursuivre : « Il arrive que l'une d'entre elles saute à la gorge du visiteur qui vient imprudemment de la mettre en branle ». Un peu plus loin, dans une galerie appelée « la Forêt des Squelettes », le visiteur passe au milieu d'un :

« incroyable amoncellement d'ossatures, aussi bien humaines qu'animales, [qui] composent une foule compacte dans laquelle le visiteur s'immisce à travers un étroit passage bordé des très traditionnelles cordelettes bordeaux. Fasciné par la densité, la profusion, les perspectives, et les mille et un regards de cette invraisemblable forêt osseuse, le visiteur ne remarque pas la disparition de ces repères et ne réalise qu'une fois perdu que les limites ont été abolies : il n'est plus de l'autre côté mais fait partie désormais de la foule blanchâtre et figée (…). De salle en salle, à la recherche désespérée d'une issue, le visiteur se fraye à grand-peine un chemin à travers une multitude nivéenne à chaque pas plus dense. C'est alors une déambulation cauchemardesque et qui semble ne jamais devoir finir, une errance dans un dédale plus effrayant que tout labyrinthe ».

À l'avenir, l'œuvre d'art sera une expérience unique et dangereuse, à l'image de ce pénétrable décrit dans Red Genesis de S. C. Sykes, répondant à la douce appellation de Man o' War, qui est le nom d'un navire de guerre, mais surtout celui d'une méduse mortelle. L'objet à taille humaine est fait de fils inoffensifs qui chatouillent, d'autres qui envoient de légers picotements, et d'autres enfin qui peuvent causer des électrocutions mortelles. Profiter de ces œuvres d'art, au gré du hasard, devient un péril. Chaque expérience de cette œuvre restera unique.

Aux étrangetés terrestres, la science-fiction n'hésite pas à accoler, dans la salle adjacente, des curiosités rapportées des mondes explorés, et les civilisations « alien » remplacent les peuples premiers. L'éloignement dans l'espace offre un inconnu que notre histoire n'a plus. Dans cette salle à la scénographie désuète, vous verrez donc :

« (...) treize grands cubes aux parois de verre [qui] se dressaient sur leur socle de marbre : six à droite, six à gauche, et le treizième au centre de la salle. Hauts d'environ quatre mètres, ils étaient emplis d'une sorte de plasma liquide ou gaz trouble et verdâtre comme de l'eau croupie. Des veilleuses disposées à l'intérieur des socles révélaient dans un halo les silhouettes immobiles de corps monstrueux, suspendus au milieu de ce plasma comme en apesanteur, leur partie supérieure fondue dans les ténèbres. (...) Le plasma qui les remplissait n'avait pas partout le même aspect. Dans certains cubes, presque complètement opaques, la lumière des veilleuses ne réussissait à révéler que le contour d'épaisses jambes écailleuses aux articulations bizarrement inversées. Dans d'autres, plus translucides, se dessinaient de profonds torses en forme de proue de navire munis de deux paires de bras qui se terminaient par des serres griffues ».

Ce musée est un incubateur, une matrice qui annonce bien souvent la (re)naissance libératrice de ses œuvres, généralement pour le pire de l'humanité.

3) Musée de l'homme

Passons dans la troisième aile. Le musée de l'homme du futur est celui où l'on voit l'homme changer, puis s'éteindre. Dans la nouvelle *Autoportrait* de J. -C. Dunyach, un artiste nommé Dorian (Dunyach offre ici une version originale du mythe de Dorian Gray) programme sa mort en faisant don, petit à petit, de chaque partie de son corps qui se retrouve greffée sur un mannequin placé dans une salle dédiée. Ses membres amputés sont parfois remplacés par des prothèses. Il commence par se faire distant avec son entourage, se réifie. À l'inverse, au fil du temps, le mannequin perd de sa (et de son) plastique et devient chair. C'est là, métonymiquement, la fin de l'humanité qui se joue plus que la description d'une œuvre d'art radicale. Une fois que Dorian a donné ses yeux au mannequin, sa mort est scellée. La salle se referme à jamais sur lui, lui octroyant une immortalité que plus personne ne pourra voir, le seul y ayant encore accès étant un conservateur aveugle.

Passons dans une salle adjacente. Dans *Le Sourire du dodo*, un conservateur passe l'essentiel de la nouvelle à présenter ses travaux, qui consistent à décrypter le carnet de notes d'un vieux professeur pour tenter de séquencer le génome d'animaux disparus. Il est vaguement gêné par le bruit des machineries du musée, trop affairé pour quitter son bureau. En reprenant la technique de renversement classique de la chute de la nouvelle *The Outsider* (« Je suis d'ailleurs » en français) de Lovecraft, on comprend finalement que c'est lui le spécimen préservé, dernier représentant de son espèce, que le public peut venir voir « travailler » dans la vitrine où il est exposé.

Réserves

Les plus chanceux d'entre vous accéderont peut-être à la réserve et aux merveilles qu'elle recèle. Là, ce sont les bas-fonds, le sous-sol. Comme l'expliquait Bachelard dans *La Poétique de l'espace*, c'est le lieu du refoulé. Et c'est de cet endroit, de ses caisses mystérieuses qui sont encore à inventorier, qu'émergent les pires menaces. Les réserves des musées du futur n'abritent guère de trésor bénéfique.

L'autre face cachée du musée, ce sont les restaurations qui se passent en son sein. La nouvelle *[VITA PER MARIA]* allie cette thématique au questionnement postmoderne de la disparition des originaux au profit de la dissémination d'innombrables copies tel qu'a pu le formuler Jean Baudrillard dans *Simulacre et Simulation*.

« C'est écrit pourtant. Inscrit dans l'objet comme dans l'être humain. La mort. La fin de toute chose. À n'en pas douter, la belle idée de l'héritage, du patrimoine, avait prospéré ainsi, sur cette menace, sur la prescience de la disparition des œuvres, dans l'intuition et la peur de myriades de catastrophes possibles. Et cette hantise de la destruction, de l'effacement, des traces, légitimait, si l'on s'en souvient, les décisions inhérentes à sa sauvegarde, à sa restauration. Sa restauration. On n'entendait plus ce terme que dans les cours désertées de protohistoire de la conservation. Songez qu'à un moment de sa Grande Histoire, l'humanité restaurait les plus belles pièces de son patrimoine artistique ! (...) C'était impensable et beau, comme une légende oubliée. Comme une terre engloutie ».

L'art, ou plutôt les musées, se nourrissent de la mort, de la décrépitude et de la finitude de toute chose, comme des charognards. Et dans l'avenir que présente cette nouvelle, les originaux sont scellés dans des sarcophages, et ne s'exposent que des copies. La raison, et la nouvelle mission des musées, sont expliquées ainsi : à la suite de catastrophes climatiques,

« [l]es composants atmosphériques s'étaient altérés sans retour : la pierre était malade, l'air irrespirable à force d'être dangereux. Les statues se délitaient à vue d'œil. Les pigments des tableaux abandonnaient leurs supports, pulvérulents.

Assez vite fut créée une direction des Musées de la Fédération. Mais les musées n'étaient plus des musées. Exposer une œuvre équivalait à la ruiner, à moyen terme. On ne savait pas même stopper le processus de leur infection. Les protéger de la lumière, et c'était tout. Elles pouvaient demeurer intactes, bien que rongées par la maladie, à l'abri de la lumière. Alors les missions avaient changé. Comme il n'était pas pensable de soustraire à la vue du monde ces antiques joyaux, qu'il fallait pourtant bien sauver, on se souvint de Lascaux. On mit les œuvres sous clef, en s'assurant de la possibilité de leur duplication à l'identique. Et lorsqu'au contact de l'air les copies achevaient de se consumer, on les dupliquait à nouveau.

La fonction des musées s'est réduite à un emmagasinage des Originaux, et au contrôle de la production de leurs parfaits fac-similés. On ne pouvait rien faire d'autre ».

La nouvelle illustre donc poétiquement ce problème de la pérennité des œuvres en se concentrant sur le récit de la vie de l'une de ces multiples copies, humaine, vivante, qui est à la recherche de son original auquel elle s'unira dans une mort commune.

Avant de quitter les lieux, prenons un peu de perspective et revenons sur les expériences offertes, car le musée de l'avenir est un monde en soi et son idéal est celui du musée total ou universel.

Vers le musée total

Vivre les œuvres / L'œuvre-monde

Le musée de demain cherche à atteindre un idéal qui consisterait à faire l'expérience des œuvres au plus près, à les vivre, et c'est la science-fiction qui lui donnera cette dimension supplémentaire. Le virtuel, à l'avenir, permettra enfin d'entrer dans l'œuvre d'art, non pas pour la comprendre, mais pour la vivre. Passons donc dans la prochaine salle.

« Cette salle était unique. (…) les œuvres qui s'y trouvaient (…) avaient toutes quelque chose de particulier qui (…) attirait irrésistiblement. Comme si elles étaient vivantes. Comme si elles contenaient entièrement le monde. (…)

[A]près tout, qu'était-ce qu'un tableau sinon la représentation d'un morceau de la Création vu au travers d'un tempérament ? Juste un point de vue. Un indice. Un regard. Et derrière cette partie qui occultait le tout, il y avait le monde ».

Dans cette petite salle, vous trouverez L'Enlèvement des Sabines. Et si vous posez la main sur le tableau, vous vous « sentirez aspir[é], happ[é] par une force à laquelle [vous ne pourrez] résister. Une lumière aveuglante frappera vos yeux, un bruit infernal emprisonnera vos oreilles et un mélange d'odeurs âcres entrera dans vos narines », préludant à l'expérience totale qui vous attend.

« Une main solide se refermera alors sur votre bras avant de le tirer avec violence.

[Et vous ouvrirez] les yeux sur Rome et sur Romulus, le bras tendu vers le ciel. Derrière (...) se dresse un immense palais et le ciel va en s'assombrissant. Un homme de haute stature, armé d'une épée, la tient serrée contre lui et tente de vous entraîner vers une grande bâtisse (…). [Vous êtes passé] dans le tableau. [Vous auriez] peut-être préféré rester anonyme, apparaître sur un balcon, à l'arrière-plan, [vous trouver] hors de danger, pouvoir garder un regard extérieur afin d'admirer ».

À l'avenir, le visiteur n'est plus un spectateur, c'est un acteur de l'œuvre.

Passage entre les mondes

« Le musée est une porte de communication entre les deux réalités : il sert de sas, de zone franche. Que pourrait-on rêver de mieux comme lien entre le monde des âmes et le monde des vivants que l'endroit même où l'on donne vie aux choses du passé, où l'on conserve, entière, l'empreinte de ceux qui ont changé la réalité ? ». Robert Darvel en apporte, encore une fois, une interprétation littérale. Son idée, ce n'est plus d'entrer dans les œuvres, mais d'entrer dans les époques, mythiques, fantasmées, ou réelles. Suivons le parcours d'un visiteur :

« J'eus à choisir entre deux directions. D'un côté, on promettait au visiteur une thématique sur la route empruntée par les Norvégiens entre Bergen et la Bretagne pour le commerce d'un appât appelé rogue, et de l'autre, Londres. Je choisis d'emprunter la branche gauche d'un large couloir qui se scindait en deux (…). [T]andis que j'avançais vélocement, je dépassai des personnes qui déambulaient dans un sens et dans l'autre. Je dus bientôt faire attention car je croisai d'impressionnants groupes de piétons, puis des chevaux tirant des cabs et growlers, puis des automobiles et enfin je pus voir Londres dans son ensemble, car le couloir débouchait sur une colline d'où on surplombait la capitale. Étourdissant tour de force. De nouveau, je saluais la hardiesse des responsables de l'exposition. (…) Il m'était malaisé d'avancer : Londres n'était que pavés mal ajustés, chausse-trappes, crottin, heurts et foule, et parmi cette foule bon nombre de vauriens, sales types, fripouilles, ribauds, rossards, frappes et scélérats (…). Je (…) réussis sans désagrément majeur à me frayer un chemin jusqu'au 221b Baker Street. J'arrivai alors qu'on tirait les rideaux pour une séance de spiritisme ».

On retrouve ici la thématique de l'original et de la copie que nous avons évoquée, déplacée sur le caractère réaliste mais fictionnel de cette œuvre d'immersion dans un XIXe siècle trouble.

La planète-musée

Œuvre à vivre, passage vers une autre réalité... En toute logique, le musée finira par se faire monde. Dans la nouvelle *Notre-Dame des Marrons* on peut lire : « (…) peut-être qu'un jour, la Terre, à cause de la folie des hommes, ne serait plus qu'un muséum immense veillé par des gardiens à l'âme compatissante ». C'est la conclusion de Dan Simmons dans le cycle d'Hypérion et celle aussi à laquelle Isaac Asimov était arrivé cinquante ans plus tôt dans le cycle de Fondation, puisqu'une fois que l'homme a eu essaimé de par la galaxie, n'est plus resté qu'un robot pour prendre soin de Gaïa, la Terre originelle que les héros ne retrouveront qu'à la toute fin. Le musée, quelle que soit son appellation, reste un havre face aux temps difficiles qui s'annoncent. Le projet même de l'ouvrage éponyme est de constituer une fondation regroupant tous les savoirs et connaissances humains avant une phase de régression prononcée qui s'annonce. Pour plus de sûreté, une copie se trouvera dans un lieu secret, au cas où l'original viendrait à être détruit. La planète-musée ne garde donc des missions initiales du musée que celle de conservation et de protection de l'art et des savoirs.

À l'inverse du monde se faisant œuvres, des œuvres peuvent se faire monde ou univers. Avec *Casse au musée*, nous pénétrons dans la salle du « Cosmo-Art ».

« Le Cosmo-Art était la représentation ultime de l'art. Avant, on disait d'un artiste qu'il avait son univers que les amateurs pouvaient reconnaître au premier coup d'œil, mais ce n'était qu'une manière de parler. Maintenant, les artistes créaient véritablement des mondes, avec leurs lois propres, des mondes dans lesquels un et un ne faisaient pas forcément deux, où le plus court chemin pouvait être la spirale. Des univers à la Dalí prenaient vie, des planètes où le temps devenait limpide et où les planètes-océans pouvaient être bleues comme des oranges ».

On dit parfois que la science-fiction est une forme de littéralisation des métaphores. C'est bien le cas ici avec cet exemple de musée universel. Attardons-nous quelque peu devant son œuvre phare, « La Joconde du Cosmo-Art » :

« Personne n'aurait su dire pourquoi, mais cette pièce fascinait les gens, qui enduraient parfois des heures de queue pour l'admirer. De la fascination, oui, c'était ça. Quand on la regardait on avait l'impression de se voir soi-même, globalement en quelque sorte, mais sans toutefois se reconnaître... une impression difficile à analyser. Ce n'était pas une création à la manière de Joan Filipus, où les galaxies sans cesse tourbillonnantes se réorganisaient devant les yeux du spectateur dans une imitation grotesque de son visage, non, c'était plus subtil. Ce monde ignorait les spectateurs, et pourtant ceux-ci ne pouvaient y rester indifférents, concernés sans avoir pu dire en quoi ».

L'œuvre réelle revisitée par la science-fiction, au-delà du clin d'œil amusé, tente de la rendre autre tout en donnant une perspective nouvelle à sa réception. On notera au passage la stratégie d'évitement de description d'une œuvre dont l'auteur ne dit jamais rien d'autre qu'un effet de réception chez celui qui la contemple. Inutile de lui donner corps, l'œuvre de science-fiction n'est bien souvent qu'un effet.

Le non-lieu du musée virtuel

En dernière analyse, revenons à une question qui préoccupe, celle du musée virtuel. En la matière, les rares auteurs à en envisager l'avenir semblent à la fois frileux et consensuels. Poursuivons avec la même nouvelle, dans laquelle les œuvres sont accessibles sur un mode virtuel :

« On peut visiter le « Cyber-Web du musée national en visio-mode. Des lunettes spéciales sur les yeux, [on] naviguait dans le cybermonde. Des chefs-d'œuvre défilaient devant [vous] : statuettes égyptiennes, masques olmèques, tableaux de primitifs flamands, d'impressionnistes, d'expressionnistes... [On] visitait un grand nombre de salles virtuelles. Une option permettait de se mouvoir parmi les visiteurs artificiels destinés à recréer une humanité absente des salles froides du cybermusée. Malgré ce que prévoyaient certains, l'existence de musées virtuels n'avait pas empêché de très nombreux visiteurs de continuer à se rendre physiquement dans les musées. [On] comprenait pourquoi. [On] sentait presque le froid du cybermonde [nous] envahir ».

On sent tout de même le vœu pieux derrière cet imaginaire assez peu convaincant.

L'étape ultime serait celle de la dématérialisation de l'art. Dans *Derrière l'éléphant, la plaine*, Christophe Varlet a créé le département de sculpture holographique. L'œuvre est une projection et se dote d'une nouvelle dimension lorsqu'on s'y connecte. L'auteur donne l'exemple de cet hologramme d'éléphant qui flotte à quelques centimètres du sol. L'animal est figé dans sa course. « Une œuvre d'un réalisme frappant », commente le narrateur, en évitant une fois de plus d'avoir à la décrire avec précision. Il suffit de s'y connecter, et le voyage commence :

« Devant eux, des paysages changeants évoluent, noyant tout de leur marée de pixels. [Le visiteur et l'IA qui le guide] plongent vers le cœur du système informatique de l'hologramme. Derrière le miroir, le code inconnu les attend.

Ils se posent sur la modélisation d'une plaine. L'herbe se balance à perte de vue, au gré d'un vent inexistant. Découpant l'horizon, une hutte en rondins se dresse non loin d'eux. Ils s'y dirigent. (…) la hutte est vide. (…)

[L]es murs de la hutte se rapprochent. L'espace où ils sont confinés se resserre.

Ils cherchent une issue sans succès ».

Mais la technologie futuriste typique du genre est bien souvent mal maîtrisée, ce qui favorise les péripéties. Il suffit d'un virus, et voilà les protagonistes pris à jamais au piège de l'illusion virtuelle. Avec ce type d'œuvre, ce n'est plus l'art qui est dématérialisé, mais c'est aussi le monde de référence lui-même. Le musée de demain pourrait alors bien être un non-lieu.

Mettons à présent un terme à cette visite en faisant un point sur les problématiques qui ont pu être soulevées et sur la façon dont la science-fiction les traite.

Le musée de demain est un lieu dangereux pour le visiteur, l'artiste (*Autoportrait*) et même la muse. La figure du labyrinthe est récurrente. On peut sans doute y voir la traduction spatiale de la nature insaisissable et difficile à concevoir de l'institution dans la fiction futuriste.

Presque unanimement, les œuvres de science-fiction reviennent sur la dimension inclusive et immersive de l'expérience du musée, qui devient généralement source de périls en raison des nécessités diégétiques du genre. On glisse vers la notion d'expérience totale qu'offre une œuvre, ce qui peut modifier l'échelle du lieu pour en faire un écosystème/un monde/une planète entiers.

Le musée de demain sera de façon moindre une banque de savoirs et un lieu de conservation en prévision de temps difficiles, car, quand elle évoque l'art ou les ressources historiques à protéger, la science-fiction est plutôt pessimiste.

Des trois activités dédiées au musée, celle de la recherche est bien moins matière à fiction que celles de la conservation et de la transmission.

Le genre reprend la notion de visiteur comme acteur et producteur de savoir. Mais il est là moins question de lui donner une forme d'autorité que de voir l'art le changer concrètement au travers d'une expérience unique. Il reste un être général, non défini ni catégorisé. Les auteurs tendent à en dire peu pour favoriser l'identification et permettre au lecteur de vivre, même de loin, son expérience de l'œuvre.

Le concept de musée universel et la récurrence du topos de la planète-musée semblent cultiver la nostalgie et, par leur décalage temporel, placent le lecteur dans la position d'être déjà nostalgique de ce qu'il vit ou est sur le point de vivre. Il est bien connu que la science-fiction ne nous parle que du présent, nous portant à la fois à l'apprécier et à déjà le regretter.

S'intéresser au musée nous en dit donc peut-être plus sur la science-fiction que l'inverse. Cette propension à décrire des œuvres qui se vivent plus qu'elles ne se regardent porte la trace d'un fantasme d'immersion tout littéraire du lecteur de science-fiction dans un univers futuriste, proche de la notion de *sense of wonder* que certains mettent au cœur de la définition du genre. Peut-être est-il alors temps d'enjoindre les acteurs du musée d'aujourd'hui à lire de la science-fiction, et pourquoi pas, à la faire davantage entrer au musée.

Aurélie Villers

Bibliographie

BACHELARD Gaston, *Poétique de l'espace*, Paris, PUF, 1957.

BAUDRILLARD Jean, *Simulacre et simulation*, Paris, Éditions Galilée, 1981.

CLUTE John et NICHOLLS Peter, *The Encyclopedia of Science Fiction*, Second Edition, London, Orbit, 1993, 1999.

Coll., *Musées, des mondes énigmatiques*, Paris, Denoël, coll. « Présence du Futur », 1999.

THILL Christophre dir., Coll., *Muséums*, Paris, Malpertuis, 2011.

DUNYACH Jean-Claude, « Autoportrait » in *Autoportrait*, Paris, Denoël, coll. « Présence du Futur », 1986.

DUNYACH Jean-Claude & AYERDHAL, *Étoiles mourantes*, Paris, J'ai lu, 1999.

MIEVILLE China, *Perdido Street Station,* 2000, Paris, Fleuve noir, trad. 2003.

SYKES S. C., *Red Genesis*, Spectra, 1991 (ouvrage non traduit en français).

VANCE Jack, *City of the Chasch (Le Cash),* 1968, trad. Deutsch, Michel, Le Casch, Paris, J'ai Lu, 1971.

TH.2058. Le musée du futur selon Dominique Gonzalez-Foerster

Résumé

En 2008, Dominique Gonzalez-Foerster présente dans le Turbine Hall de la Tate Modern, à Londres, une exposition d'anticipation intitulée *TH.2058*. Dans ce récit plastique qui livre sa vision du musée cinquante années plus tard, l'artiste imagine la ville subissant des pluies diluviennes et la Tate Modern transformée en abri qui recueille les habitants et les arts en péril. Pour cette exposition, conçue dans une institution et un site architectural exceptionnels, l'artiste développe une vision prospective du musée et de l'art nourrie de sa culture science-fictive, une œuvre en forme d'écofiction.

Mots-clés : Dominique Gonzalez-Foerster, art contemporain, science-fiction, anticipation, refugiés, abri, Déluge, Tate Modern

« Une culture de la citation dans un contexte de catastrophe »,
Dominique Gonzalez-Foerster

En 2007, la Tate Modern de Londres proposa à Dominique Gonzalez-Foerster de réaliser un projet destiné au Turbine Hall. Ce gigantesque espace vide, non exploité pour la présentation des collections permanentes, est chaque année confié à un artiste pour la réalisation d'une exposition sur mesure. En 2008, pour la neuvième de ces commandes, Dominique Gonzalez-Foerster livra *TH.2058*[99], sa vision du musée cinquante années plus tard.

La jeune artiste appartient à la génération qui s'affirma sur la scène internationale durant les années 1990 à la suite de celle de Daniel Buren, Sophie Calle, Annette Messager et Christian Boltanski. Formée à l'École des Beaux-Arts et au Magasin de Grenoble, puis à l'École des Hautes Études en Arts Plastiques à Paris, Dominique Gonzalez-Foerster a conçu, dès ses débuts, un art qui puise ses références moins dans l'histoire de l'art que dans la littérature, le cinéma, l'architecture et un genre encore peu considéré, la science-fiction.

Sa première série, celle des *Chambres*[100], rompit avec l'esthétique radicale du *white cube* et présenta des compositions de mobilier et d'objets dans des environnements colorés qui suggèrent l'univers d'un être absent. Ces espaces intimes et désertés forment en creux des biographies spatiales.

---

[99] Du 14 octobre 2008 au 13 avril 2009.

[100] Dominique Gonzalez-Foerster conçoit cinquante-six chambres entre 1988 et 1996.

Son intérêt pour les espaces domestiques, par analogie avec les espaces d'exposition, s'élargit au cours des années 1990 et l'artiste commença d'extérioriser son espace de création au paysage et à l'échelle urbaine en même temps qu'elle adopta un nouveau *medium*, le film. Les villes découvertes au fil de ses nombreux voyages, en particulier en Asie et en Amérique du Sud, devinrent ses sujets de prédilection. L'artiste s'intéressa alors aux espaces de sociabilité que sont les parcs, les plages ou encore les quais, et enregistra les brindilles éphémères de l'instant : les ambiances, les lumières, les bribes de conversation, etc. Les villes de Chandigarh et de Brasilia, modèles expérimentaux de l'architecture internationale des années 1950, lui inspirèrent le concept de « modernité tropicale » qui synthétise la rencontre entre la rationalité du bâti et l'exubérance de la végétation sous ces latitudes, entre immobilisme de la construction humaine et tonicité de la vie organique. Au tournant des années 2000, en parallèle de ses films, Dominique Gonzalez-Foerster revint à l'installation et employa la lumière, la couleur, le son, le film et les décors pour immerger le visiteur dans une atmosphère, dans une ambiance, autrement dit dans un « environnement », pour reprendre sa terminologie.

Avec *TH.2058*, l'artiste imagina une fiction : en 2058, une pluie diluvienne s'abat sur Londres. Les sculptures monumentales qui ponctuent l'espace public commencent de croître jusqu'à devenir gigantesques et menaçantes. Pour stopper leur développement, elles sont mises au sec dans le Turbine Hall, transformé en abri de fortune. Là, des dortoirs ont été installés pour loger d'éventuels réfugiés, des livres posés sur les lits tandis que des extraits de films de science-fiction ou expérimentaux sont projetés et qu'une bande sonore se fait entendre.

Le musée, avec l'affirmation de son pouvoir en tant qu'institution, est devenu après-guerre une véritable source d'inspiration et le sujet d'une belle mise en abyme. Dans une relation fructueuse autant qu'antagoniste, nombre d'artistes contemporains se sont intéressés à son architecture, à ses modalités de gestion et de présentation des œuvres, à son public, à son histoire, etc.[101]… mais, à ma connaissance, pas à son futur. C'est pourtant cette vision prospective que livre Dominique Gonzalez-Foerster avec l'exposition *TH.2058* au Turbine Hall. Si le musée nous fait le plus souvent voyager dans le passé, Dominique Gonzalez-Foerster, reprenant le trope science-fictif du voyage dans le temps, projette les visiteurs cinquante ans plus tard. Le musée et son futur sont devenus le sujet de l'exposition.

Quelle est la vision du musée développée par l'artiste dans cette exposition ? Quelles sont les références de Dominique Gonzalez-Foerster en

[101] Consulter à ce sujet *Art and Artifact as Medium* de James Putnam, 2009, Thames and Hudson et *The Museum as Muse: Artists reflect*, catalogue d'exposition publié sous la direction de Kynaston McShine, 1999, The Museum of Modern Art, New York City.

matière de science-fiction et les œuvres pour lesquelles l'influence de ce genre est la plus manifeste ; quelle est, pour finir, la vision prospective de l'art, de l'expérience visuelle et de l'institution muséale proposée par l'artiste dans cette exposition en forme d'écofiction ?

Une exposition d'anticipation

En réponse à l'invitation reçue, Dominique Gonzalez-Foerster écrivit d'abord un texte intitulé *OCTOBRE 2058 – TATE MODERN – LONDRES* [102], une brève fiction qui ressemble à l'ébauche d'une nouvelle de science-fiction, et plus précisément d'anticipation :

« Il tombe une pluie battante sur Londres ; pas une journée, pas une heure sans pluie, un déluge qui dure à présent depuis des années et qui a changé la façon dont les gens voyagent, leurs vêtements, leurs loisirs, leur imagination et leurs désirs. Ils rêvent de déserts infiniment secs.

Cet arrosage continuel a un effet étrange sur les sculptures urbaines. Tout comme l'érosion et la rouille, elles se sont mises à grandir comme des géants, des plantes tropicales assoiffées, pour devenir encore plus monumentales. Afin de garder le contrôle sur cette pousse organique, il a été décidé de les stocker dans le « Turbine Hall », entouré de centaines de lits qui abritent, de jour comme de nuit, les réfugiés de la pluie.

Un écran géant montre un film étrange, qui semble autant relever du cinéma expérimental que de la science-fiction. Des fragments de Solaris, Fahrenheit 451, *et de* La Planète des Singes *sont mélangés à des séquences plus abstraites telles que* L'Œil Sauvage *de Johanna Vaude, mais aussi à des images de* La Jetée *de Chris Marker. Serait-il possible que ce soit le dernier film ?*

Sur les lits, il y a des livres sauvés de l'humidité et traités afin d'empêcher que les pages ne moisissent et ne se désintègrent. Sur chaque couchette se trouve au moins un livre, tel que Le Monde Englouti *de J. G. Ballard,* Vurt *de Jeff Noon,* Le Maître du Haut Château *de Philip K. Dick, mais aussi* Fictions *de Jorge Luis Borges et* 2666 *de Roberto Bolaño.*

Sur l'un des lits, caché parmi les sculptures géantes, une petite radio diffuse ce qui ressemble à une bossa nova de 1958 en souffrance. Le dortoir, les livres, les images, les œuvres d'art et la musique produisent un étrange effet, réminiscence d'un film de Jean-Luc Godard, une culture de la citation dans un contexte de catastrophe.

Dans l'abri, les silhouettes couchées sur le ventre évoquent les « Shelter Drawings » de Henry Moore, tandis que sa sculpture de mouton se trouve près d'une pomme géante réalisée par Claes Oldenburg et Coosje van

---

[102] http://www.tate.org.uk/whats-on/tate-modern/exhibition/unilever-series-dominique-gonzalez-foerster/dominique-gonzalez-0. Page consultée le 25 mai 2016.

Bruggen. Les musées sont fermés depuis des années à cause des fuites d'eau et du taux d'humidité élevé. Dans cet énorme abri collectif qu'est devenu le « Turbine Hall », un montage dangereux et hétérogène se construit, comprenant sculpture, littérature, musique, cinéma, silhouettes endormies et gouttes de pluie[103]».

Dans ce texte, l'artiste prit le soin de décrire le contexte général de sa création, celui d'un déluge qui s'abat sur Londres, comme la place des arts, sculpture, cinéma, littérature et musique qui s'inscrivent dans son projet.

Les sculptures sont des répliques d'œuvres de : Louise Bourgeois, *Maman* (1999, Tate collection) ; Alexander Calder, *Flamand rose* (1973, Federal Plaza de Chicago) ; Maurizio Cattelan, *Felix* (2001) ; Henry Moore, *Sheep Piece* (1971-72, Henry Moore Foundation) ; Bruce Nauman, *Untitled (Three large Animals)* (1989, Tate collection) ; Claes Oldenbourg et Coosje van Bruggen, *Trognon de pomme* (1992, Oldenburg van Bruggen Foundation). Ces fac-similés réalisés à l'échelle un quart ont été fabriqués par les ateliers de Pinewoods, studios de cinéma situés près de Londres. Présentés dans l'espace public (Calder), ou ayant un lien avec l'institution (Bourgeois, Nauman), leurs originaux marquent toute l'histoire récente de la sculpture contemporaine. Pour cette exposition, leurs répliques composent le décor d'un film dont le visiteur devient acteur dans le Turbine Hall.

Auprès de ces œuvres qui mobilisent d'abord toute l'attention, est projeté un film, montage d'extraits de 25 films[104], majoritairement de science-fiction, dont le titre bref et définitif place le projet de l'artiste dans une perspective ultime, si ce n'est apocalyptique : *The Last film*. Environ 400 livres sont aussi posés sur les 200 lits superposés. Les 20 romans choisis par l'artiste relèvent tous eux aussi du genre de la science-fiction[105]. *L'ensemble*

---

[103] Traduction d'Aurélie Villers.

[104] *Alphaville,* Jean-Luc Godard ; *Carnival of Souls,* Herk Harvey ; *Le Chant du styrène,* Alain Resnais ; *Electronic Labyrinth THX 1138 4EB,* George Lucas ; *Fahrenheit 451,* François Truffaut ; *Gerry,* Gus Van Sant ; *Un homme qui dort,* Georges Perec ; *Invasion of the Body Snatchers,* Philip Kaufman ; *La Jetée,* Chris Marker ; *The Last Wave,* Peter Weir ; *The Man Who Fell to Earth,* Nicolas Roeg ; *Mission to Mars,* Brian De Palma ; *L'Oeil Sauvage,* Johanna Vaude ; *Outerspace,* Peter Tscherkassky ; *Planet of the Apes,* Franklin J Schaffner ; *Region Centrale,* Michael Snow ; *Répulsion,* Roman Polanski ; *Solaris,* Andrei Tarkovsky ; *Soylent Green,* Richard Fleischer ; *Spiral Jetty,* Robert Smithson ; *Stalker,* Andrei Tarkovsky ; *Teorema, Pier* Paolo Pasolini ; *Toute la mémoire du monde,* Alain Resnais ; *The War Game,* Peter Watkins ; *Zabriskie Point,* Michelangelo Antonioni.

[105] *Dead Cities,* Mike Davis ; *The Drowned World,* J.G. Ballard ; *Fahrenheit 451,* Ray Bradbury ; *Ficciones, Jorge* Luis Borges ; *Le Goût de l'immortalité,* Catherine Dufour ; *Hiroshima mon amour,* Marguerite Duras ; *Un homme qui dort,* Georges Perec ; *La Jetée. Ciné-roman,* Chris Marker ; *The Lathe of Heaven,* Ursula Le Guin ; *Luftkrieg und Literatur,* W.G. Sebald ; *Make Room! Make Room!,* Harry Harrison ; *El mal de Montano,* Enrique Vila-Matas ; *The Man in the High Castle,* Philip K. Dick ; *Pattern Recognition,* William Gibson ; *The Purple Cloud,* MP Shiel ; *2666,* Roberto Bolaño ; *V for Vendetta,*

baigne dans une ambiance lumineuse créée par Benoit Lalloz, light designer qui a précédemment collaboré à ses environnements ; une grille qui réagit aux images et suggère une surveillance invisible. *L'ambiance musicale, qui a une importance particulière dans l'œuvre de Dominique Gonzalez-Foerster et accompagne le mouvement de ses films et environnements, est due à un modeste poste radio qui diffuse – dans un grésillement – de la bossa nova. Cette esthétique interlope, portée par le crépitement sonore, réactive et anéantit dans le même mouvement les références narratives et philosophiques sous-jacentes déjà mentionnées.*

Dans le catalogue de cette exposition, n'est publié qu'un seul texte dit « scientifique », un entretien de Jessica Morgan, commissaire de l'exposition, avec l'artiste invitée. Les six autres contributions sont celles d'auteurs invités par l'artiste, soit six fictions signées de Jeff Noon et Catherine Dufour, auteurs de science-fiction, Luc Lagier, spécialiste de cinéma, Philippe Parreno, artiste, Enrique Vila-Matas, auteur, et Lisette Lagnado, universitaire brésilienne. Une même consigne leur a été donnée, celle de s'inspirer du texte de Dominique Gonzalez-Foerster déjà mentionné[106].

Syd Mead a par ailleurs dessiné la couverture de cet ouvrage. Designer industriel américain, il a donné les dessins de véhicules et d'architectures futuristes dans les années 1960-1980, mais est surtout connu pour sa contribution aux décors de films de science-fiction que sont *Star Treck, Blade Runner, Tron, 2010 : l'année du premier contact, Short Circuit* ou *Aliens, le retour.* Le brillant arc-en-ciel du dos et la quatrième de couverture, dans la ligne esthétique de la collection science-fiction « Ailleurs et demain » publiée chez Robert Laffont, renforcent encore l'assimilation de cet ouvrage à celle d'un roman de science-fiction.

Comme il y a des romans, des nouvelles ou des films d'anticipation, *TH.2058* pourrait être considéré comme une exposition d'anticipation. Dominique Gonzalez-Foerster, en imaginant le futur de cette institution, s'est placée dans la position des ouvriers qui, un siècle plus tôt, n'avaient certainement pas envisagé que l'usine de production d'électricité dans laquelle ils travaillaient deviendrait à la fin du XXe siècle un lieu d'exposition pour l'art moderne et contemporain. L'anticipation, si elle est le plus souvent comprise comme une extrapolation des temps présents, est aussi un discours sur le passé, comme l'évoque l'artiste :

« Eh bien, anticiper était un point de départ, essayer d'imaginer cet espace avec un autre changement, de la cathédrale industrielle haute époque

---

David Lloyd / Alan Moore ; *Vurt,* Jeff Noon ; *The War of the Worlds,* H.G. Wells ; *We,* Yevgeny Zamyatin.

106 Pendant la durée de l'exposition, sur le site de l'institution, les internautes furent par ailleurs invités à proposer une fiction inspirée du concept de l'exposition. Sur un total de vingt-six reçues, six ont été retenues par un jury pour figurer dans un audiobook.

au musée à succès et à ce qu'il pourrait devenir ensuite... Ce titre est d'abord venu très naturellement comme un titre de travail et est resté. Mais ce que j'ai découvert en travaillant sur cette situation d'abri projetée est que je bougeais en permanence entre 2058 et 1958 : au moment de Hiroshima mon amour, *et* Vertigo, *l'invention de la bossa nova, l'*Atomium *de Bruxelles, la création de l'Europe en tant qu'institution, la construction de Brasilia et Chandigarh, le premier Spoutnik en orbite. D'une certaine manière,* 1984 *est 1948 pour Orwell, 2058 est lié à 1958 et* TH.2058 *se déplace sur une ligne temporelle entre deux »*[107].

L'inspiration science-fiction

La science-fiction, genre populaire, est une source de réflexion et d'inspiration majeure pour Dominique Gonzalez-Foerster : « Mes plus anciens souvenirs sont les images des premiers pas sur la Lune ; j'appartiens à une génération dont l'obsession est de partir dans l'espace » [108]. L'artiste raconte qu'enfant, elle lisait beaucoup et avait ressenti peu à peu le besoin de soutenir son intérêt par des lectures de plus en plus intenses. La bibliothèque de son père, riche en ouvrages de science-fiction, a alimenté son besoin en expériences fortes. Le jeune imaginaire en construction aurait alors subi, selon ses propres mots, « une distorsion de son sens esthétique par la science-fiction[109] ». Son intérêt s'est d'abord porté vers les livres et la bande dessinée, notamment la revue *Métal hurlant*, puis vers le cinéma.

L'artiste est généreuse en références. Dans ses œuvres comme dans ses entretiens, elle cite nombre de fictions littéraires et de films, d'auteurs ou de cinéastes. Reviennent les films ou les auteurs, déjà présents pour la plupart dans *TH.2058* : *Fahrenheit 451* de Truffaut, *Alphaville* de Godard, *La Jetée* de Chris Marker, *THX 1138* de Georges Lucas, *Soleil Vert* de Richard Fleischer, *Solaris* d'Andréï Tarkovski, *Le Désert rouge* d'Antonioni, *The Dead Man* de John Huston, *Westworld* de Mickael Crichton, *2001: L'Odyssée de l'espace* de Stanley Kubrick ainsi que les noms d'Adolfo Bioy Casarès, Jorge Luis Borges, Julien Gracq, William Gibson, Philip K. Dick, J. G. Ballard. Lors de ses expositions, l'artiste met à la disposition des visiteurs de petites bibliothèques constituées de leurs romans, qui sont autant de clés de lecture favorisant la réception de son œuvre. Pour *Expodrome,* exposition présentée au Musée d'Art moderne de la ville de Paris en 2007, *Le Tapis de*

---

[107] Jessica (Morgan), *Dominique Gonzalez-Foerster, TH.2058*, Londres, Tate Modern, « The Unilever Series », 2008, pp.187-188 (traduction de l'auteur).
[108] Catalogue de l'exposition *Expodrome*, Musée d'Art moderne de la ville de Paris / ARC, Paris-Musées, Paris, 2007, p.25.
[109] Entretien avec l'artiste, le 12 juillet 2009.

lecture[110] invitait par exemple à s'asseoir et lire une quinzaine d'ouvrages offerts à la curiosité des visiteurs. Posée sur un tapis à proximité du *Cosmodrome*, cette anthologie de lecture d'évasion était une invitation à l'envolée imaginaire.

« Tout texte est un *intertexte*[111] » écrivait Roland Barthes. Si nous élargissons le champ de la littérature aux réseaux complexes de la création, toute œuvre d'art l'est aussi. Pour celle de Dominique Gonzalez-Foerster, une part de cette intertextualité relève d'une science-fiction aujourd'hui classique. Elle est même l'un des ferments de son esthétique, identifiable dès ses premières œuvres : il s'agit d'une intertextualité explicite et démultipliée créant un effet de distanciation. Cette « culture de la citation » se situe au carrefour d'une invitation au partage d'un patrimoine artistique, et d'un signal ironique de vacuité. Autodérision ou signature de fin du monde ?

Les œuvres à la référence science-fictive abondent.

Sans titre (1985)[112] : un lys blanc présenté dans un vase bleu est posé sur un radio réveil plat à affichage digital, soit la rencontre de la symbolique mariale et d'une technologie domestique à l'esthétique futuriste.

Ada en Ada (1989)[113] : la Britannique Ada Lovelace, fille de Lord Byron et d'une mathématicienne, est connue dans les pays anglo-saxons pour avoir rédigé la première programmation informatique destinée à un ancêtre mécanique de l'ordinateur, la machine de Charles Babbage. En hommage, son nom a été donné à un langage de programmation conçu pour le ministère de la Défense américain entre 1977 et 1983 et à des personnages de science-fiction ; comme le souligne son titre faussement tautologique, l'œuvre vidéo a été réalisée à partir du langage qui porte le nom d'Ada.

Hommage à Alan Turing (1989)[114] : cette œuvre, qui peut être présentée avec la précédente, rend hommage à une autre figure majeure de l'informatique, Alan Turing. Le mathématicien, lui aussi Britannique, a inventé la machine de Turin, premier calculateur universel programmable, ainsi que les concepts de programmation et de programme.

Home Cinema Mars (2000), Xn00, Chalon-sur-Saône : cet environnement en forme de *home cinéma* diffusa des images de la planète Mars.

---

[110] Œuvre présentée pour la première fois lors de l'exposition *Voilà. Le monde dans la tête*, Musée d'Art moderne de la Ville de Paris / ARC, 15 juin - 23 octobre 2000.

[111] En 1974, Roland Barthes précise dans l'article « Texte (théorie du) » de l'*Encyclopædia universalis* que « Tout texte est un *intertexte* ; d'autres textes sont présents en lui à des niveaux variables, sous des formes plus ou moins reconnaissables : les textes de la culture antérieure et ceux de la culture environnante ; tout texte est un tissu nouveau de citations révolues ».

[112] Œuvre présentée à l'École des Beaux-Arts de Grenoble.

[113] Vidéo de 8 mn, 52 sec, Fonds national d'art contemporain, inv. 89.522.

[114] Installation photographique, Fonds national d'art contemporain, inv. 90.234 (1) à (35).

Ann Lee in Anzen Zone (2000)[115] : Pierre Huyghe et Philippe Parreno acquirent les droits d'un personnage de manga, Ann Lee, auprès d'une agence japonaise de création et entamèrent un projet collaboratif intitulé en clin d'œil à *Ghost in the shell, No Ghost, Just a Shell.* La jeune femme devint l'objet d'une œuvre exécutée par une « subjectivité collective[116] », pour reprendre le concept de Gérard Klein, dont *Ann Lee in Anzen Zone* est le troisième volet.

L'exposition *Quelle architecture pour Mars ?*[117] : pendant cette manifestation organisée à Dijon, le *Cosmodrome* fut installé à l'Usine tandis qu'au Consortium, furent présentés des projets de terraformation pour Mars. De nouveau, sont associés deux centres d'intérêt majeurs de Dominique Gonzalez-Foerster : la science-fiction et l'architecture.

Gold (2001)[118] : ce film réalisé avec Ange Leccia est une exploration des territoires désertiques de Californie qui suscite le trouble en mêlant la séduction visuelle d'images dorées, comme le souligne le titre, à celles de formes abstraites. Dominique Gonzalez-Foerster livre de ce film une interprétation science-fictive : « Pour nous, c'était le premier *road-movie* interplanétaire où deux personnages, qu'on ne voit jamais, se déplacent d'un environnement à l'autre, d'une planète à l'autre »[119].

En parallèle de ses films, l'artiste conçoit des installations qu'elle appelle des « environnements » : *Cosmodrome* (2001), *Exotourisme* (2002)[120], *Trous noirs* (2004), *Panorama* (2007) et *Nocturama* (2008) sont les éléments d'une « suite en cinq tomes », selon la métaphore littéraire employée par l'artiste. Ces œuvres proposent l'expérience de voyages cosmiques, à moins qu'il ne s'agisse de cosmogonies en images. Au croisement de deux histoires imaginaires et formelles, littéraires et artistiques, ces environnements matérialisent la rencontre d'un trope science-fictif, celui du voyage dans l'espace, avec le genre classique du paysage rénové.

Pour *Espace odyssée. Les musiques spatiales depuis 1950* au musée de la musique (2004)[121], Dominique Gonzalez-Foerster conçut la scénographie de cette exposition au titre éloquent, de nouveau en collaboration avec Christophe Van Huffel.

---

[115] Vidéo animation de 3 mn 25 sec, Les Abattoirs, inv. 2001.2.18.

[116] « Trames et moirés. À la recherche d'autres sujets, les subjectivités collectives », In *Science-fiction et psychanalyse*, Inconscient et culture, Dunod, 1986, pp.47-151.

[117] 19 mai – 28 juillet 2001.

[118] Film 35mn, son dolby stéréo, durée de 45mn, 1/1, Fonds national d'art contemporain, inv. 01.348.

[119] *Entretien avec Dominique Gonzalez-Foerster*, Le Consortium, 15 mai 2001.

[120] Ces deux installations ont fait l'objet d'une intervention, « Les Autres mondes de Dominique Gonzalez-Foerster », dans le cadre du colloque dirigé à Cerisy en 2009 par Danièle André, Daniel Tron et Aurélie Villers, *Comment rêver la science-fiction aujourd'hui ?* (actes à paraître).

[121] Cité de la musique, 15 janvier 2004 - 4 juillet 2004.

En créant l'exposition *Alphavilles ?* (2004)[122], Dominique Gonzalez-Foerster avait à l'esprit le film de Jean-Luc Godard qui porte ce titre et dans lequel une ville est dirigée par un ordinateur anxiogène. Ce film a inspiré au Brésil un projet immobilier de résidences surveillées. Dans l'exposition, l'artiste présenta les photographies de villes idéales bâties sur ce modèle dans le monde entier. Elles sont devenues les exemples tragiques de dystopies contemporaines.

Pour présenter, lors de l'exposition *Balenciaga* (2006-2007)[123], des vêtements dessinés par Nicolas Ghesquière, alors couturier et directeur artistique de la maison de mode, des mannequins noirs ou transparents furent conçus avec des yeux électroniques à LED qui s'animaient d'une lumière vive de pierre précieuse. Ils ont été réalisés par l'artiste en collaboration avec Benoît Lalloz.

Au vu de cette esthétique avant-gardiste, dans quelle mesure peut-on alors affirmer que les références littéraires prédominent *in fine* ? Dans le film institutionnel réalisé par la Tate Modern au sujet de cette exposition[124], l'auteur dit s'inspirer de ses lectures de science-fiction et précise que son unité visuelle est le livre, les 400 livres qui l'ont inspirée, en langue originale, disposés sur les lits. L'artiste évoque d'ailleurs dans un entretien l'écriture d'un roman de science-fiction avec Philippe Parreno[125]. Elle a effectivement débuté le scénario de l'exposition comme le ferait un auteur de science-fiction, en inventant un futur diluvien, peut-être à partir de sa vie de voyageuse sous la pluie.

Mais elle considère également que son exposition tient davantage du musée d'histoire naturelle, de la Galerie de l'Évolution à Paris par exemple, plutôt que du musée d'art. Comment comprendre cette revendication scientifique, alors que Dominique Foerster-Gonzalez est artiste ? Pour le spectateur, le temps est circonscrit entre le premier enregistrement de bossa nova et *The Last Film.* Il y a de la vie et du mouvement, borné entre un début, 1958, et une fin, 2058. Son refus de l'analyse artistique nous laisse aux prises avec des sources d'inspiration ostentatoires, à savoir les références littéraires.

---

[122] DeSingel Internationaal Kunstcentrum, Anvers, 14 octobre - 19 décembre 2004.

[123] Musée de la mode et du textile, 6 juillet 2006 - 28 janvier 2007.

[124] http://www.tate.org.uk/whats-on/tate-modern/exhibition/unilever-series-dominique-gonzalez-foerster-th2058. Page consultée le 25 mai 2016.

[125] Obrist (Hans Ulrich), *Dominique Gonzalez-Foerster,* "The Conversation Series", e-mail interview 2006 : « HUO: What's your next project? Dominique Gonzalez-Foerster: Writing a science fiction novel together with Philippe Parreno », p.78.

Le musée acteur d'une écofiction

Dans la fiction d'anticipation programmatique de son exposition, Dominique Gonzalez-Foerster résume ainsi son œuvre : « une culture de la citation dans un contexte de catastrophe ». C'est que l'institution a changé d'horizon temporel et regarde non plus seulement le passé, même récent, mais aussi l'avenir, le sien en particulier. Elle y trouve son rôle traditionnel de conservatoire exacerbé de manière sélective : elle est devenue un refuge pour les hommes et les arts au temps des dérèglements climatiques. Le Turbine Hall, devenu musée de la catastrophe, est le lieu d'une écofiction. Ce concept fondamental, forgé par Christian Chelebourg, est pour la compréhension de l'imaginaire d'aujourd'hui et qualifie les très abondants récits de fin du monde contemporains, conséquences des dérèglements écologiques en cours : « J'appelle *écofictions* les produits de ce nouveau régime de médiatisation des thèses environnementales. Leur champ ne se limite donc pas aux seules œuvres de fiction : il englobe l'ensemble des discours qui font appel à l'invention narrative pour diffuser un message écologique »[126].

Comme attendu, dans ce récit écofictif pré-apocalyptique, abondent les références à la science-fiction, ce qu'explicite l'artiste elle-même lorsqu'elle retrace la genèse de son concept d'exposition :

« La première idée était un abri, l'abri de Soleil Vert*, juste des écrans et des lits. La deuxième idée était une réserve pour sculptures géantes. La troisième idée était la pluie tombant par intermittence sur les gens dans l'espace et des gens se comportant comme des livres, étant des livres, comme dans* Fahrenheit 451*...»*[127].

Les trois idées semblent avoir convergé et l'exposition fonctionne sur la réminiscence d'images et de sons. Que le visiteur amateur de science-fiction croit identifier sous la forme de clins d'œil au film *Starship troopers* pour l'agencement de l'espace, ou à *Blade runner* et *Solaris* pour l'importance déterminante de la pluie dans la narration. Quoi qu'il en soit, l'exposition fait entrer la science-fiction, genre peu considéré et pourtant source d'inspiration majeure pour l'art contemporain, au musée.

Au-delà de cette source première et fondamentale dans son œuvre et pour cette œuvre, l'exposition *TH.2058* est, dans une dynamique postmoderne, très riche en citations. La ville de Londres contribue grandement à ce terreau car elle a souvent été associée dans la littérature anglaise de la révolution industrielle à deux sujets récurrents : la dystopie et, l'une de ses conséquences, le déluge, métaphore d'un processus de destruction du mal par l'eau. En témoignent les romans de Richard Jeffries, *After London, Wild*

---

[126] Chelebourg (Christian), *Les Écofictions*, Les Impressions Nouvelles, « Réflexions faites », 2012, p.10.

[127] Morgan (Jessica), *op. cit.*, p.167 (traduction de l'auteur).

England (1885), Sidney Fowler Wright, *Deluge* (1927), et plus récemment de J.G. Ballard, *The Drowned World* (1962), Kim Stanley Robinson, *Blue Mars* (1997), Stephen Baxter, *Flood* (2008). La fiction rencontrant parfois la réalité : la ville a été véritablement inondée en 1953.

Ce projet londonien est par ailleurs un nouvel exemple d'un phénomène auquel Dominique Gonzalez-Foerster s'intéresse particulièrement, celui de la tropicalisation, c'est-à-dire la capacité organique de la nature à croître au-delà des normes et des proportions habituelles. Dans *TH.2058*, des sculptures monumentales exposées dans l'espace public, objets inorganiques, se mettent à croître comme des « plantes tropicales assoiffées », pour reprendre la comparaison de l'artiste. La vie se développe là où elle n'existait pas. Dans *The Drowned world* de Ballard, où, après la fonte des pôles, Londres devient une ville tropicale qui revient à un passé « archéopsychique » quand ses habitants régressent à une mentalité préhistorique.

Installation, vidéo, film, dessin animé, architecture, scénographie, exposition et peut-être fiction littéraire, Dominique Gonzalez-Foerster convoque tous les médias pour son ambitieux projet et explore l'ensemble des potentialités expressives de la science-fiction afin de créer aujourd'hui l'art du futur. Pour documenter ce sujet, l'artiste a collecté les mentions relatives à l'art dans les œuvres de science-fiction, qu'il s'agisse de portraits d'artistes, de descriptions d'œuvres ou d'architectures futuristes. Dominique Gonzalez-Foerster précise : « L'art du futur est souvent décrit comme un art d'ambiance, un art dématérialisé »[128]. Pour ce faire, l'œuvre entre plus avant dans le réel par la création d'un environnement. Si le terme d'installation qualifie ce type d'œuvre, l'artiste lui préfère celui d'environnement car il affiche littéralement l'ambition d'envelopper comme le ferait un espace naturel ou architectural. L'emploi de cette terminologie extrait par ailleurs son art de la sphère purement artistique pour affirmer l'espace comme sa matière et son sujet. Environner pour capter. Lorsque l'artiste relate son expérience en tant que surveillante au musée de Grenoble, elle mentionne la déception qu'elle avait eue à observer les visiteurs qui passaient devant les œuvres en les regardant à peine. Devenue créatrice, elle réalise un art qui, comme le cinéma ou la littérature, favorise une attention exclusive, enfermant les visiteurs dans ce qu'elle appelle des « pièges à spectateur »[129].

Dominique Gonzalez-Foerster, artiste au paradigme littéraire, insiste sur son destin frustré d'auteur :

« Mon obsession, mon rêve est d'être auteur. Je ne peux pas, mais avec le temps j'ai réalisé que mon obsession pour la littérature et peut-être ma place en littérature est de transscience-fictionner quelques aspects de la littérature dans l'espace, il y a une possibilité de littérature qui est au-delà

---

[128] Entretien avec l'artiste, le 12 juillet 2009.

[129] Entretien avec l'artiste, le 12 juillet 2009.

de l'impression et du papier, et c'est probablement l'endroit où j'espère être. Je pense que c'est un conflit important, pas seulement un conflit mais aussi une zone productive entre le texte et l'image. Parce que le texte est si dominant. Quand j'ai travaillé sur les Chambres, je voulais produire un nouveau type de texte qui n'était pas fondé sur les mots et l'alphabet. Le texte créant l'espace, l'espace créant le texte. L'ensemble est une zone formidable à explorer. » [130]

Son art, plus que plastique, est véritablement narratif.

Cette usine, espace industriel, est devenu un musée et son futur pourrait être celui d'un refuge contre la pluie qui ne cesse de s'abattre sur Londres. Cette référence biblique au Déluge figure d'ailleurs dans le texte programmatique écrit par l'artiste et fait du Turbine Hall, après le grand nettoyage effectué par l'eau purificatrice, une nouvelle arche de Noé et le lieu du prochain renouveau. Variation contemporaine, le refuge est aussi une obsession de notre époque dont l'œuvre de Dominique Gonzalez-Foerster se fait l'écho. Dans la série des *Chambres*, une partie d'entre elles sont des *Chambres atomiques* (1984) et l'artiste relate bien volontiers sa fascination pour les abris antiatomiques construits en grand nombre en Suisse[131]. Dans l'exposition, une sélection de dessins réalisés par Henri Moore durant les bombardements de Londres, pendant la Seconde Guerre mondiale, a été ajoutée par l'artiste. L'artiste, alors réfugié, a dessiné pendant de longues heures les Londoniens qui se protégeaient dans les tunnels du métro. Si l'on doutait encore de la puissance de l'art face à la menace de destruction, il est une dernière œuvre, qui n'apparaît pas dans le projet de l'artiste mais pourrait finalement être considérée comme sa matrice, une photographie d'inspiration magrittéenne, celle de la bibliothèque de Holland House détruite en septembre 1940 pendant le Blitz… « Entre culture et désastre »[132]. Refuge pour les hommes et les arts, la Tate Modern est devenue « une sorte de post-museum » [133].

L'art du futur serait-il la somme des arts et des créations sauvés, un art global, voire ultime ? La projection de ce que sera l'art semble être l'une des limites, déjà soulignée au cours de ce colloque, de la puissance de l'imaginaire. Ou faut-il entendre que l'œuvre d'art est tout entière cette exposition d'anticipation ? Alors qu'Olafur Eliasson illuminait le Turbine Hall d'un soleil crépusculaire en 2003 avec *The Weather Project*, *TH.2058* est cinq ans plus tard une œuvre conçue pour le musée, qui en propose une vision futuriste.

---

[130] Morgan (Jessica), *op. cit.*, p.168 (traduction de l'auteur).
[131] *Ibid.*, pp.169-170 (traduction de l'auteur).
[132] *Ibid.*, p.167 (traduction de l'auteur).
[133] *Ibid.*, p.165 (traduction de l'auteur).

Cette nouvelle arche de Noé préserve l'homme et l'art, mais d'une manière sélective : quelques œuvres d'art moderne et contemporain uniquement, quelques hommes, ceux qui visitent les musées, sont sauvés. Les autres sont-ils voués à la disparition ? Le vivant et l'artistique sont certes unis dans le même destin, mais qu'advient-il du reste de notre civilisation ? Que trouve le visiteur lorsqu'il sort du musée ? Comme le musée de l'Ermitage, à Saint-Pétersbourg, à la fin du film d'Alexandre Sokourov, *L'Arche russe* (2002), la Tate Modern flotte-t-elle sur un océan apocalyptique?

Isabelle Limousin

Bibliographie

CHELEBOURG Christian, *Les Écofictions,* Clamecy, Les Impressions Nouvelles, « Réflexions faites », 2012.

GONZALEZ-FOERSTER Dominique, 88:88, Krefeld, Krefelder Kunstmuseen, 1998.

GONZALEZ-FOERSTER Dominique, Films, Dijon, Les Presses du réel, 2003.

GONZALEZ-FOERSTER Dominique, Alphavilles ?, cat.exp. Zürich, JPR Ringier, 2003.

Entretien avec Dominique Gonzalez-Foerster, *Le Consortium*, 15 mai 2001 [consulté le 28 juin 2009], URL <http://leconsortium.fr/expositions-exhibitions/dominique-gonzalez-foerster-cosmodrome/>

GONZALEZ-FOERSTER Dominique, *Nocturama*, cat.exp.,* Leon, MUSAC, 2008.

HUYGHE Pierre, PARRENO Philippe, *No Ghost just a shell, cat. exp.,* Eindhoven, Van Abbemuseum, 2003.

KLEIN Gérard « Trames et moirés. À la recherche d'autres sujets, les subjectivités collectives », *Science-fiction et psychanalyse*, « Inconscient et culture », Paris, Dunod, 1986.

LIMOUSIN Isabelle, « Ann Lee et les subjectivités collectives », Les Subjectivités collectives, « Sciences et Fictions à Peyresq », Villefranche-sur-mer, Éditions du Somnium, 2012.

LIMOUSIN Isabelle, « Environnement et science-fiction. Les autres mondes de Dominique Gonzalez-Foerster », (actes du colloque dirigé à Cerisy en 2009 par Danièle André, Daniel Tron et Aurélie Villers, Comment rêver la science-fiction aujourd'hui ?, à paraître)

MOISDON-TREMBLAY Stéphanie, *Dominique Gonzalez-Foerster,* Paris, Hazan, 2002.

MORGAN Jessica, *Dominique Gonzalez-Foerster, TH.2058*, Londres, Tate Modern, « The Unilever Series », 2008.

OBRIST Hans Ulrich, *Dominique Gonzalez-Foerster,* Cologne, Verlag der Buchhandlung Walther König, , « The Conversation Series », 2008.

SCHERF Angeline, *Expodrome. Dominique Gonzalez-Foerster et Cie*, cat. exp., Paris, Paris-Musées, 2007.

Les directrices

Emmanuelle AMSELLEM, spécialiste de la vie culturelle et de ses institutions en Normandie

Diplômée de l'Université de Caen-Normandie et de l'Université de Paris-Sorbonne, son parcours professionnel l'a amenée à exercer ses compétences auprès de la DRAC de Basse-Normandie, de l'Université de Caen, du Centre Culturel International de CERISY, de bibliothèques municipales, de Pays d'art et d'histoire, de musées et aujourd'hui des Archives départementales du Calvados.

Responsable du musée de Vieux-la-Romaine de 2006 à 2013, elle a conçu et mis en œuvre la politique de conservation, de gestion et d'informatisation des collections, ainsi que la programmation culturelle et pédagogique de l'établissement, en collaboration avec le service Archéologie du Département du Calvados. Elle a assuré en outre le commissariat des expositions *Sans chemise et sans pantalon. Histoires de costumes antiques* (2010), *Géographie d'un multivers. Autour de l'œuvre d'Hervé Péchoux* (2012). Convaincue de la nécessité de développer l'offre de services numériques, tant documentaire que pédagogique, elle s'est engagée dans la réalisation d'un catalogue informatisé des collections, d'une visite virtuelle de l'exposition permanente, d'un web-documentaire sur l'alimentation au temps des Viducasses et dans le développement du site Internet du musée.

Actuellement chargée des nouveaux usages et des ressources pédagogiques aux Archives départementales du Calvados, elle met en œuvre les projets de communication et de médiation virtuelle via les ressources numériques, les réseaux sociaux, les services multimédias et l'offre web de l'établissement.

Isabelle LIMOUSIN, conservateur du patrimoine

Diplômée de la Sorbonne nouvelle, de l'École du Louvre et de l'Institut national du patrimoine, elle a rejoint en 2001 l'équipe de préfiguration du MAC/VAL. Chargée de la collection, elle a participé à la création de ce nouveau musée d'art contemporain en Île-de-France et a assuré le commissariat de deux expositions, *Voies d'eaux et +* de Fabrice Hyber (Maison d'art Bernard-Anthonioz - Fondation nationale des arts graphiques et plastiques) et *The Hand* de Melik Ohanian (Musée national de Lettonie, Riga).

Conservateur au musée national Picasso – Paris de 2009 à 2014, elle a assuré les missions de conservation, d'étude et de mise en valeur de la collection des peintures et a contribué à son exposition itinérante en Europe, en Asie et en Amérique du Nord, lors de la rénovation de l'établissement.

Spécialiste d'art moderne et contemporain, elle est l'auteur de nombreux articles et interventions lors de colloques portant sur les travaux de Dominique Gonzalez-Foerster, Laurent Grasso, Børre Saethre, Gilles Barbier, Robert Smithson, Bertrand Lavier, James Turrell, Philippe Parreno et Pierre Huyghe, dans leurs relations avec l'imaginaire de la science-fiction notamment.

Lauréate de la bourse de la Fondation Carnot en 2011 pour un projet de recherche mené aux États-Unis sur Paul Rosenberg, marchand de Picasso, elle conduit des recherches sur l'œuvre de cet artiste publiées dans les *Cahiers du musée national d'art moderne,* « Signé Picasso. L'artiste, l'œuvre et la marque » (2013), et présentées aux colloques du Cerli et du musée national Picasso : « Picasso fantastique. L'artiste en personnage de fiction » (2013) et « Paul Rosenberg, marchand de Picasso aux États-Unis » (2015). Elle est co-commissaire de l'exposition consacrée à *Picasso et la guerre* (2019).

Les auteurs

Alejandro ABBUD TORRES TORIJA, directeur général du CENLAT France-Europe, Centre latino-américain d'études et d'échanges

Depuis 2007, il organise des séminaires en Europe (Paris, Berlin, Copenhague, Rotterdam et Amsterdam) pour des universités (l'Instituto Tecnologico de Estudios Superiores de Monterrey notamment) et des délégations d'élus municipaux du Mexique et du Chili sur l'architecture et le développement urbains, la mobilité et les transports publics, la gestion de l'eau et des déchets, l'intercommunalité, la participation citoyenne et la démocratie locale ou encore le développement durable. Par ailleurs, il enseigne au Collège universitaire de Sciences Po Campus Poitiers depuis 2014 et assure le cours « Musique et Pouvoir ».

Christian BERNARD, directeur du MAMCO, musée d'art moderne et contemporain de Genève

Né à Strasbourg en 1950, il a enseigné les lettres et la philosophie en Alsace (1971-1981), travaillé à Lyon pour le ministère de la Culture et de la Communication (1982-1985), dirigé la Villa Arson à Nice (1986-1993) et conçu le Mamco (Musée d'art moderne et contemporain de Genève) qu'il dirige depuis 1994.

Jean-François CHARNIER, directeur scientifique de l'Agence France-Muséums

Conservateur du patrimoine, il rejoint l'Agence France-Muséums en janvier 2008, en tant que conservateur chargé de l'archéologie. Il est le directeur scientifique de l'Agence France-Muséums depuis 2013. Après une formation en archéologie pré et protohistorique à l'École du Louvre, poursuivie à l'Université de Paris X-Nanterre dans le domaine de l'ethnoarchéologie, il intègre l'École nationale du patrimoine, dans la promotion Arcimboldo (1994). À la sortie de l'ENP, il prend en charge les activités liées à l'archéologie préventive dans la région des Pays-de-la-Loire, où il développe des programmes de recherche et dirige des fouilles archéologiques en archéologie préhistorique. En 2000, il rejoint le musée national des Arts et Traditions populaires (MNATP) où il prend en charge le département d'Agriculture, Chasse et Pêche, pour l'adapter au projet muséographique du musée des Civilisations de l'Europe et de la Méditerranée (MuCEM). Il organisera, dans ce cadre, des recherches collectives autour de la Méditerranée et assurera le commissariat de plusieurs expositions. En 2006, il occupe le poste de chargé de la politique des dépôts archéologiques et des relations avec la Direction des musées de France (DMF) à la Direction de l'architecture et du patrimoine (DAPA). Il conçoit et met en œuvre dans ce cadre le projet de réseau de centres de conservation et d'étude pour trouver une solution à la gestion des mobiliers archéologiques et leur rapport aux musées sur le territoire national. Jean-François Charnier a publié de nombreux articles dans le domaine de l'archéologie européenne et de l'ethnologie méditerranéenne, et réalisé plusieurs films documentaires dans le domaine ethnographique. Il a enseigné l'ethnologie générale et était chargé de travaux dirigés à la Classe préparatoire au concours de conservateur de l'École du Louvre.

Emmanuel COQUERY, Directeur du Patrimoine de la Maison CHANEL

Conservateur en chef du patrimoine, Emmanuel Coquery est titulaire d'un doctorat d'histoire de l'art (Université de Paris-IV) consacré à Charles Errard (1603-1689), thèse publiée en 2013 aux éditions Arthéna. Conservateur au musée des Beaux-Arts de Nantes, il a travaillé sur le portrait français au XVIIe siècle (*Visages du Grand siècle*, 1997), puis conservateur au département des Objets d'art du musée du Louvre, sur l'art décoratif en France au XVIIe siècle (collab. *Un temps d'exubérance, les arts décoratifs sous Louis XIII et Anne d'Autriche,* Grand Palais, 2002), l'expression des passions (*Figures de la passion*, musée de la Musique, 2001) et la spiritualité française du même siècle (collab. *Le Dieu caché*, exp. Rome, Villa Médicis, 1999). Directeur des musées de Troyes, il a été commissaire de l'exposition dédiée au demi-nu et au bas (*À fleur de peau, le bas entre mode et art*, musée d'art moderne, Troyes, 2007) et de celle consacrée aux portraits dans les collections des musées de la ville (*En mémoire de moi*, 2005). De 2008 à 2011, il a été le directeur scientifique adjoint de l'Agence France-Muséums, chargée du Louvre Abu Dhabi.

Margot FRÉNÉA, coordinatrice du réseau des musées, Fabrique de patrimoines en Normandie

Après une formation en lettres classiques puis en muséologie, elle a travaillé pendant trois ans en tant que muséographe dans une agence de conception d'exposition à Paris. Depuis 2012, elle est en charge de l'animation du Réseau des musées de Basse-Normandie au sein de la Fabrique de patrimoines en Normandie. À ce titre, elle coordonne la mise en réseau des 70 musées membres en facilitant la coopération entre établissements et en pilotant les projets collectifs, de mutualisation de moyens notamment.

Gonzague GAUTHIER est chargé de projets au Centre Pompidou

Pratiquant une réflexion pluridisciplinaire issue des *Cultural Studies,* il partage ses points de vue sur le numérique à travers son blog *Véculture* et les conférences auxquelles il participe en France et à l'étranger. Actif au sein de l'ICOM et de Muzeonum, il est également intervenant dans des formations continues (CIPAC, ENSSIB...) ou initiales, dans des écoles de communication ou de management culturel (ISCPA, IESA, EAC...) ainsi qu'à l'université (Sorbonne Nouvelle). Au Centre Pompidou, il participe à la construction d'un écosystème numérique basé sur le centre de ressources du site Internet de l'institution.

Gérard KLEIN, écrivain, économiste, éditeur

Après une première carrière d'économiste dans le groupe de la Caisse des dépôts (1963-1987), il choisit d'entrer dans l'édition comme conseiller de Robert Laffont (1969-1992), renouant avec une précoce vocation d'écrivain. Après avoir co-dirigé au Livre de Poche la *Grande anthologie de la Science-Fiction* qui fit date et, de 1986 à 2013, la série spécialisée SF, il crée aux Éditions Robert Laffont la collection « Ailleurs et demain », qu'il dirige toujours. Il a publié une quinzaine de livres, romans, recueils de nouvelles, essais et un grand nombre d'articles pour la plupart consacrés à l'avenir sous toutes ses formes, prévision, prospective, science-fiction. Entre autres : *Les perles du temps, Le temps n'a pas d'odeur, Le rêve des forêts, Les voiliers du soleil, Le long voyage, La loi du talion, Histoires comme si, Les seigneurs de la guerre, Mémoire vive mémoire morte.* Certaines de ses œuvres ont été traduites en anglais, allemand, espagnol, italien, russe et roumain.

Anne KREBS, Musée du Louvre. Direction de la recherche et des collections, Centre de recherche

Anne Krebs dirige le service des études et des recherches socio-économiques au sein du centre de recherche de la Direction de la recherche et des collections du musée du Louvre. Le service conduit des programmes d'études et développe des partenariats de recherche portant sur les publics du

Louvre et leurs pratiques, sur l'analyse socio-économique du musée et son développement contemporain, et sur les transformations des musées en régime numérique. Parmi ses publications récentes ou à paraître : La nouvelle gouvernance des musées, « Économie et politiques de la culture », *Cahiers français*, n° 382, La Documentation française, septembre-octobre 2014 ; avec Sophie Rieunier et Bertrand Urien, « La culture en héritage. Entre altruisme et désir d'éternité », Paris, La Découverte (à paraître) ; avec Yves Evrard, « Une nouvelle échelle de mesure de l'expérience "réelle" et "virtuelle" des musées d'art » (à paraître).

Nathalie LELEU, chargée de mission sur les collections et le patrimoine du Musée national Picasso - Paris

Chargée des prêts et des dépôts du Musée national d'art moderne / Centre de création industrielle - Centre Georges Pompidou, Paris, entre 1993 et 2005, elle est auteur de divers textes et articles en histoire de l'art et en art contemporain, ainsi que sur la gestion des collections et les nouvelles technologies appliquées au domaine culturel et artistique. Son ouvrage *Bis repetita* est à paraître aux éditions Macula. Elle a été chargée de cours à Sciences Po Paris entre 2003 et 2008, et enseigne à l'Université de Paris-Sorbonne – Master 2 « L'art contemporain et son exposition" ainsi qu'à l'université Paris-Sorbonne Abu Dhabi – Master 2 "Histoire de l'art et métiers du musée ». Elle poursuit une activité de chercheuse indépendante et intervient à ce titre au colloque de Cerisy. www.nathalieleleu.info

Frédérick LEMARCHAND, maître de conférences, habilité à diriger des recherches, Pôle risque / MRSH de Caen

Il a dirigé le Laboratoire d'Analyse sociologique et anthropologique des risques et aujourd'hui le Pôle Risques de la MRSH de Caen. Membre du comité de rédaction de la revue Vertigo. Enseignant vacataire à l'UQAM et à l'UNIL. Attaché à la compréhension des mutations profondes de l'époque contemporaine, il a mené une réflexion depuis vingt ans conjointement sur le mouvement paysan écologiste en France et sur les dynamiques du patrimoine et de la mémoire collective. Dans l'héritage de la théorie critique, il travaille depuis quinze ans sur les aspects fondamentaux des sociétés technoscientifiques (crises du nucléaire, de la vache folle, OGM, catastrophe de Tchernobyl, etc.). Co-auteur des *Silences de Tchernobyl* (Autrement, 2006), il a publié une trentaine d'articles et chapitres d'ouvrage sur le sujet.

Jean-Paul OLLIVIER, directeur régional des affaires culturelles de Basse-Normandie

Après avoir commencé sa carrière en 1979 à la direction de la comptabilité publique de l'Économie et des Finances, il a exercé à partir de 1984 différentes fonctions au sein de la direction de la musique et de la danse au ministère de la Culture et de la Communication. Il a ensuite été directeur de production à l'Opéra Garnier, puis a eu en charge l'audit interne de l'établissement public. De 1995 à 2000, il a occupé le poste de directeur juridique et financier du Centre Pompidou avant de devenir pendant deux ans administrateur du Musée national d'art moderne. Il est ensuite parti à l'étranger, d'abord comme directeur du Centre culturel de Milan, puis comme directeur de l'Institut franco-japonais du Kansai et de la Villa Kujoyama à Kyoto. À son retour, il a été nommé directeur régional des affaires culturelles de Champagne-Ardenne.

Pierre SCHMIT, directeur du Crécet (Centre régional de culture ethnologique et technique de Basse-Normandie) aujourd'hui appelé La Fabrique de patrimoines en Normandie, et ethnologue régional à la DRAC de Basse-Normandie

François TOUMIT, directeur du patrimoine et des musées au conseil départemental de la Manche

Ingénieur de formation, il a travaillé successivement dans les domaines de l'environnement, de l'aménagement et de la gestion des territoires, puis dans la préservation et la mise en valeur des patrimoines. Il assure aujourd'hui, au sein du conseil départemental de la Manche, la gestion directe et l'animation du réseau départemental constitué de quinze sites patrimoniaux et de musées ainsi que la mise en œuvre des actions de la collectivité dans le domaine du patrimoine culturel sur les territoires (conservation des antiquités et objets d'art, soutien au patrimoine architectural, conseils, expertises auprès des acteurs du patrimoine…).

Aurélie VILLERS, chercheur en science-fiction

Aurélie Villers est docteur en littérature américaine et PRAG (Anglais) à l'Université de Picardie – Jules Verne, membre du CERLI et présidente de l'association Stella Incognita dédiée à la promotion de la recherche sur la science-fiction. Auteur d'une thèse sur la représentation de la planète Mars dans la science-fiction américaine des années 1990, elle a publié de nombreux articles et organisé des colloques sur ce genre. Elle s'intéresse par ailleurs à la narratologie et aux séries télévisées.

Wim (Willem) DE VOS, responsable du service Communication de la Politique scientifique fédérale belge, le service public qui gère des établissements muséaux fédéraux

Docteur en histoire de la littérature (Katholieke Universiteit Leuven - Belgique), il a suivi une spécialisation en sémiotique (Università dello Stato di Bologna - Italie), a été en charge des activités « grand public » de la Bibliothèque royale de Belgique et responsable de la communication du Muséum des Sciences naturelles (Bruxelles). Il est actuellement Président d'ICOM Belgique (2010-2013) et d'ICOM Belgique/Flandre (2009-2013), il est, depuis 2012, président du jury du « European Museum of the Year Award (EMYA) » et, depuis 2013, membre du Conseil exécutif de l'ICOM. Dans toutes ses activités professionnelles, Wim De Vos a consacré une attention particulière à surmonter l'écart entre le patrimoine et le (grand) public, en stimulant des activités qui visent à une grande compréhension et une large participation à des activités autour du patrimoine. Il est impliqué dans la promotion d'activités qui soulignent le rôle du patrimoine dans le développement durable des sociétés.

Lynn ZELEVANSKY, Henry J. Heinz II directrice du Carnegie Museum of Art

Lynn Zelevansky, est actuellement Henry J. Heinz II directrice du Carnegie Museum of Art depuis 2009. Elle a été Terri and Michael Smooke conservatrice et chef du département art contemporain au Los Angeles County Museum of Art (1995-2009) et attachée au département des peintures et des sculptures au Museum of Modern Art de New York (1986-1995). Parmi les expositions qu'elle a réalisées, les plus importantes sont « Paul Thek: A Retrospective » (CMOA, 2010-11), « Beyond Geometry: Experiments in Form, 1940s - 70s » (LACMA, 2004), « Love Forever: Yayoi Kusama », 1958-68 (LACMA, 1998), et « Sense and Sensibility: Women Artists and Minimalism in the Nineties » (MoMA, 1994). Lynn Zelevansky est l'auteur de nombreuses publications sur l'art moderne et contemporain.

Le Centre Culturel International de CERISY

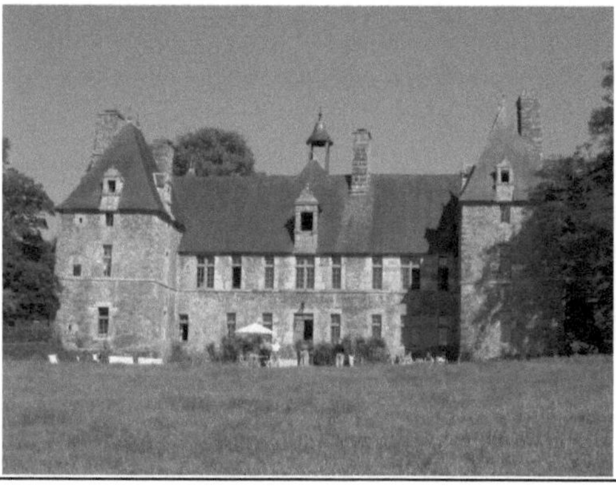

CERISY

Le Centre Culturel International de Cerisy propose, chaque année, de fin mai à début octobre, dans le cadre accueillant d'un château construit au début du XVIIe siècle, monument historique, des rencontres réunissant artistes, chercheurs, enseignants, étudiants, acteurs économiques et sociaux, mais aussi un vaste public intéressé par les échanges culturels et scientifiques.

Une longue tradition culturelle

- Entre 1910 et 1939, Paul Desjardins organise à l'abbaye de Pontigny les célèbres **décades**, qui réunissent d'éminentes personnalités pour débattre de thèmes littéraires, sociaux, politiques.

- En 1952, Anne Heurgon-Desjardins, remettant le château en état, crée le **Centre Culturel** et poursuit, en lui donnant sa marque personnelle, l'œuvre de son père.

- De 1977 à 2006, ses filles, Catherine Peyrou et Edith Heurgon, reprennent le flambeau et donnent une nouvelle ampleur aux activités.

-Aujourd'hui, après la disparition de Catherine, puis celle de Jacques Peyrou, Cerisy continue sous la direction d'Edith Heurgon et de Dominique Peyrou, avec le concours d'Anne Peyrou-Bas et de Christian Peyrou, également groupés dans la Société civile du château de Cerisy, ainsi que d'une équipe efficace et dévouée, animée par Philippe Kister.

Un même projet original

- Accueillir dans un cadre prestigieux, éloigné des agitations urbaines, pendant une période assez longue, des personnes qu'anime un même attrait pour les échanges, afin que, dans la réflexion commune, s'inventent des idées neuves et se tissent des liens durables.

- La Société civile met gracieusement les lieux à la disposition de l'**Association des Amis de Pontigny-Cerisy**, sans but lucratif et reconnue d'utilité publique, présidée actuellement par Jean-Baptiste de Foucauld, inspecteur général des finances honoraire.

Une régulière action soutenue

- Le **Centre Culturel,** principal moyen d'action de l'Association, a organisé près de **750 colloques** abordant, en toute indépendance d'esprit, les thèmes les plus divers. Ces colloques ont donné lieu, chez divers éditeurs, à la publication de près de **550 ouvrages**.

- Le **Centre National du Livre** assure une aide continue pour l'organisation et l'édition des colloques. Les **collectivités territoriales** (Région Normandie, Conseil départemental de la Manche, Coutances Mer et Bocage) et la **Direction régionale des Affaires culturelles** apportent leur soutien au Centre, qui organise, en outre, avec les **Universités de Caen** et de **Rennes 2,** des rencontres sur des thèmes concernant la Normandie et le Grand Ouest.

- Un **Cercle des Partenaires,** formé d'entreprises, de collectivités locales et d'organismes publics, soutient, voire initie, des rencontres de **prospective** sur les principaux **enjeux contemporains**.

- Depuis 2012, une nouvelle salle de conférences, moderne et accessible, propose une formule nouvelle : les **Entretiens de la Laiterie**, journées d'échanges et de débats, à l'initiative des partenaires de l'Association.

Renseignements : CCIC, Le Château, 50210 CERISY-LA-SALLE, FRANCE
Tél. 02 33 46 91 66, Fax. 02 33 46 11 39
Internet : www.ccic-cerisy.asso.fr ; Courriel : info.cerisy@ccic-cerisy.asso.fr

COLLOQUES DE CERISY
(Choix de publications)

- **L'Aménagement du territoire,** PU de Caen, 2007
- **Archives de la mise en scène. Hypermédialités du théâtre**, Septentrion, 2014
- **L'Art de très près. Détail et proximité**, PU de Rennes, 2012
- **Le Balnéaire : de la Manche au monde**, PU de Rennes, 2015
- **Barbey d'Aurevilly, bilan critique**, Classiques Garnier, 2014
- **Howard Becker et les mondes de l'art**, Ed. École polytechnique, 2013
- **Les Calendriers**, Somogy, rééd. Hermann, 2017
- **Les Chevaux, imaginaire universel et enjeux prospectifs**, PU de Caen, 2017
- **Communiquer/Transmettre (autour de Régis Debray**B, Gallimard, 2001
- **Culture et institutions culturelles**, Cercle d'Art, 1993
- **Salvador Dali : sur les traces d'Eros**, Editions Notari, 2010
- **L'Economie de la connaissance et ses territoires**, Hermann, 2010
- **L'Economie des services pour un développement durable**, L'Harmattan, 2007
- **L'Écrivain vu par la photographie**, PU de Rennes, 2017
- **Formes : supports/espaces**, Revue *Formules*, 2015
- **Gestes spéculatifs**, Les Presses du Réel, 2015
- **L'Habiter dans sa poétique première**, Donner lieu, 2008
- **Donner lieu au monde : la politique de l'Habiter**, Donner lieu, 2012

- **Histoires universelles et philosophies de l'histoire**, Presses Sciences Po, 2015
- **Imaginaire, industrie, innovation**, Manucius, 2016
- **Interculturel… enjeux et pratiques**, Artois Presses, 2015
- **Les Institutions de l'Image**, EHESS, 2001
- **Renouveau des Jardins : clés pour un monde durable?**, Hermann, 2014
- **Les Nourritures jardinières dans les sociétés urbanisées**, Hermann, 2016
- **Civiliser la jeunesse**, *Cahiers Robinson*, 2015
- **Lieux et liens, 2 tomes**, L'Harmattan, 2012
- **Logique de l'espace, esprit des lieux**, Belin, 2000
- **Manuscrits et enluminures dans le monde normand**, PU de Caen, 2005
- **Jean-François Millet (*Au-delà de l'Angélus*)**, Jean-Pierre de Monza, 2002
- **Une Normandie sensible: regards de géographes et plasticiens**, PU Caen, 2012
- **La Nuit en question(s)**, L'Aube, 2005
- **Relire Perec**, PU de Rennes, 2017
- **De Pontigny à Cerisy: des lieux pour penser avec ensemble**, Hermann 2011
- **La Région, de l'identité à la citoyenneté**, Hermann, 2016
- **Sciences en campagne : regards croisés passés et à venir**, L'Aube, 2009
- **La Sérendipité. Le hasard heureux**, Hermann, 2011
- **S.I.E.C.L.E., 100 ans de rencontres: Pontigny, Cerisy**, IMEC, 2005
- **Carrefour Stieglitz**, PU de Rennes, 2012
- **L'Empreinte de la Technique sur la société**, L'Harmattan, 2010
- **La Tapisserie de Bayeux**, PU de Caen, 2004
- **Texte/Image. Nouveaux problèmes**, PU de Rennes, 2005
- **Le voyage et la mémoire au XIXe siècle**, Créaphis, 2011

Sélection de colloques depuis 1953

1953 - **La problématique**. Colloque dirigé par Pierre Burgelin, Maurice de Gandillac, Vladimir Jankélévitch, Jean Wahl et Eric Weil, du 26 août au 3 septembre.

1955 - **Qu'est-ce que la philosophie ? Autour de Martin Heidegger**. Colloque dirigé par Jean Beaufret, du 27 août au 4 septembre.

1956 - **Théorie et Histoire**. Colloque dirigé par Raymond Aron, le Père Daniélou et Henri-Irénée Marrou, du 8 au 13 juillet.

1957 - **Philosophie et politique**. Colloque dirigé par Jacques Nantet et Paul Ricœur, du 23 août au 2 septembre.

1959 - **Genèse et structure**. Colloque dirigé par Maurice de Gandillac, Lucien Goldmann et Jean Piaget, du 24 juillet au 3 août (publié sous le titre *Entretiens sur les notions de Genèse et de Structure* aux Éditions Mouton & Co, 1965, réédition en 2011 par Hermann Éditeurs).

1963 - **Une nouvelle littérature**. Colloque dirigé par Marcelin Pleynet et Philippe Sollers, du 31 août au 10 septembre (publié sous le titre *Une littérature nouvelle ?* dans la revue *Tel Quel*, 1964).

1969 - **L'enseignement de la littérature**. Colloque dirigé par Serge Doubrovsky et Tzvetan Todorov, du 21 au 31 juillet (publié par la Librairie Plon, 1971, réédition partielle en 1981 aux Éditions Duculot, réédition en 2012 par Hermann Éditeurs).

1971 - **Nouveau Roman : hier, aujourd'hui**. Colloque dirigé par Jean Ricardou et Françoise Van Rossum-Guyon, du 20 au 30 juillet (publié en deux tomes sous les titres *Nouveau Roman : hier, aujourd'hui. Tome I : Problèmes généraux* et *Nouveau Roman : hier, aujourd'hui. Tome II : Pratiques* par Union Générale d'Éditions (10/18), 1972, réédition en 2011 par Hermann Éditeurs).

1971 - **Nietzsche aujourd'hui ?** Colloque dirigé par Maurice de Gandillac et Bernard Pautrat, du 10 au 20 juillet (publié en deux tomes sous les titres *Nietzsche aujourd'hui ? Tome I : Intensités* et *Nietzsche aujourd'hui ? Tome II : Passions* par Union Générale d'Éditions (10/18), 1973, réédition en 2011 par Hermann Éditeurs).

1974 - **Claude Simon : analyse, théorie**. Colloque dirigé par Jean Ricardou, en présence de Claude Simon, du 1er au 8 juillet (publié sous le titre *Claude Simon* par Union Générale d'Éditions (10/18), 1975, réédition en 1986 sous le titre *Lire Claude Simon* aux Éditions Les Impressions nouvelles).

1976 - **Le naturalisme**. Colloque dirigé par Pierre Cogny et Henri Mitterrand, du 30 juin au 10 juillet (publié par Union Générale d'Éditions (10/18), 1978).

1977 - **Prétexte : Roland Barthes**. Colloque dirigé par Antoine Compagnon, en présence de Roland Barthes, du 22 au 29 juin (publié par Union Générale d'Éditions (10/18), 1979, réédition en 2003 aux Éditions Christian Bourgois).

1977 - **Duchamp / Tradition de la rupture ou rupture de la tradition ?**. Colloque dirigé par Jean Clair, du 25 juillet au 1er août (publié par Union Générale d'Éditions (10/18), 1979, réédition en 2011 par Hermann Éditeurs).

1980 - **Les fins de l'homme (à partir du travail de Jacques Derrida)**. Colloque dirigé par Philippe Lacoue-Labarthe et Jean-Luc Nancy, en présence de Jacques Derrida, du 23 juillet au 2 août (publié aux Éditions Galilée, 1981, réédition en 2013 par Hermann Éditeurs).

1981 - **Karl Popper et la science d'aujourd'hui**. Colloque dirigé par Renée Bouveresse, du 1er au 11 juillet (publié aux Éditions Aubier, 1989).

1982 - **Spinoza, la science et la religion**. Colloque dirigé par Renée Bouveresse, du 20 au 27 septembre (publié par la Librairie Philosophique J. Vrin, 1988).

1985 - **Crise de l'urbain, futur de la ville**. Colloque dirigé par Louis Guieysse et Jacques Le Goff, du 14 au 20 juin (publié sous le titre *Métamorphoses de la ville* aux Éditions Economica, 1987).

1989 - **Autour de Nathalie Sarraute**. Colloque dirigé par Valérie Minogue et Sabine Raffy, en présence de Nathalie Sarraute, du 3 au 13 juillet (publié dans les Annales littéraires de l'Université de Besançon, 1995).

1991 - **Trois regards sur le Moyen Âge : histoire, théologie, cinéma**. Colloque dirigé par Jacques Le Goff et Guy Lobrichon, du 20 au 29 juillet (publié sous le titre *Le Moyen Âge aujourd'hui. Trois regards contemporains sur le Moyen Âge : Histoire, Théologie, Cinéma* aux Éditions Le Léopard d'Or, 1998).

1992 - **Le passage des frontières (autour du travail de Jacques Derrida)**. Colloque dirigé par Marie-Louise Mallet, en présence de Jacques Derrida, du 11 au 21 juillet (publié aux Éditions Galilée, 1994).

1993 - **Marguerite Duras**. Colloque dirigé par Alain Vircondelet, du 23 au 30 juillet (publié aux Éditions Ecriture, 1994).

1995 - **Une parole pour l'avenir : Elie Wiesel**. Colloque dirigé par Philippe-Michaël de Saint-Cheron, en présence d'Elie Wiesel, du 3 au 10 juillet (publié sous le titre *Autour d'Elie Wiesel. Une parole pour l'avenir* aux Éditions Odile Jacob, 1996).

1996 - **Umberto Eco : au nom du sens**. Colloque dirigé par Paolo Fabbri et Jean Petitot, en présence d'Umberto Eco, du 29 juin au 9 juillet (publié sous le *titre Au nom du sens. Autour de l'œuvre d'Umberto Eco* aux Éditions Grasset, 2000).

1998 - **Jean Paulhan**. Colloque dirigé par Claude-Pierre Pérez, du 22 au 29 août (publié sous le titre *Paulhan : le clair et l'obscur* aux Éditions Gallimard, 1999).

1999 - **Merveilleux et surréalisme**. Colloque dirigé par Claude Letellier et Nathalie Limat-Letellier, du 2 au 12 août (publié aux Éditions L'Âge d'Homme, 2000).

2000 - **L'universalité de Jean-François Millet**. Colloque dirigé par Geneviève Lacambre, du 5 au 8 octobre (publié sous le titre *Jean-François Millet (Au-delà de l'Angélus)* aux Éditions Jean-Pierre de Monza, 2002).

2002 - **Pontigny, Cerisy dans le S.I.E.C.L.E. (Sociabilités Intellectuelles Echanges Coopérations Lieux Extension)**. Colloque dirigé par François Chaubet, Edith Heurgon et Claire Paulhan, du 23 au 31 août (publié sous le titre *S.I.E.C.L.E. 100 ans de rencontres intellectuelles de Pontigny à Cerisy* aux Éditions de l'IMEC, 2005).

2004 - **Les nouveaux régimes de la conception : langages, théories, métiers**. Colloque dirigé par Armand Hatchuel et Benoît Weil, du 13 au 20 juin (publié aux Éditions Vuibert, 2008, réédition en 2014 par Hermann Éditeurs).

2005 - **Intelligence de la complexité : épistémologie et pragmatique**. Colloque dirigé par Jean-Louis Le Moigne, Edgar Morin et Magali Roux-Rouquié, du 23 au 30 juin (publié aux Éditions de L'Aube, 2007, réédition en 2013 par Hermann Éditeurs).

2006 - **Yves Bonnefoy, poésie et savoirs**. Colloque dirigé par Daniel Lançon et Patrick Née, en présence d'Yves Bonnefoy, du 23 au 30 août (publié sous le titre *Yves Bonnefoy. Poésie, recherche et savoirs* par Hermann Éditeurs, 2007).

2007 - **Dali. Sur les traces d'Éros**. Colloque dirigé par Frédérique Joseph-Lowery et Isabelle Roussel-Gillet, du 13 au 20 août (publié sous le titre *Salvador Dali : sur les traces d'Éros* aux Éditions Notari, 2010).

2009 - **Pierre Michon, écrivain**. Colloque dirigé par Pierre-Marc de Biasi, Agnès Castiglione et Dominique Viart, en présence de Pierre Michon, du 22 au 29 août (publié sous le titre *Pierre Michon. La Lettre et son ombre* aux Éditions Gallimard, 2013).

2010 - **Antoine Volodine et les voix du post-exotisme**. Colloque dirigé par Frédérik Detue et Lionel Ruffel, en présence d'Antoine Volodine, du 12 au 19 juillet (publié sous le titre *Volodine, etc. Post-exotisme, poétique, politique* aux Éditions Classiques Garnier, 2013).

2011 - **Les contre-cultures. De la révolution culturelle au dépassement de l'art (1945-2010)**. Colloque dirigé par Christophe Bourseiller et Olivier Penot-Lacassagne, du 27 juin au 4 juillet (publié sous le titre *Contre-cultures !* par CNRS Éditions, 2013).

2012 - **L'œuvre d'Annie Ernaux : le temps et la mémoire**. Colloque dirigé par Francine Best, Bruno Blanckeman et Francine Dugast-Portes, en présence d'Annie Ernaux, du 6 au 13 juillet (publié sous le titre *Annie Ernaux : le Temps et la Mémoire* aux Éditions Stock, 2014).

Remerciements

Nous adressons nos vifs remerciements au Centre Culturel International de Cerisy, et tout particulièrement à Édith Heurgon, sa directrice, pour la confiance et le constant soutien qu'elle a bien voulu apporter à ce premier colloque portant sur les musées, ainsi qu'aux intervenants et auteurs qui, par leur clairvoyance et l'acuité de leur pensée, ont contribué à la réflexion menée ensemble sur le devenir de cette institution.

Nous remercions également Aurélie Villers d'avoir assuré la traduction de l'anglais en français des interventions, actes et citations, Vanessa Kientz et Samuel Saint-Martin de leur relecture attentive des actes.

Emmanuelle Amsellem et Isabelle Limousin

Les Beaux Arts aux éditions L'Harmattan

Dernières parutions

CINÉMA ET INTERNET : REPRÉSENTATIONS, CIRCULATIONS, RÉCEPTIONS
Cahiers du CIRCAV 26
Coordonné par Delaporte Chloé
Ce vingt-sixième numéro porte sur la rencontre du cinéma avec une technologie spécifique : Internet. Parce qu'il reconfigure les espaces de production, de diffusion et d'interprétation, Internet déplace le cadre traditionnel dans lequel évoluait le cinéma, qu'on appréhende celui-ci comme système de représentation, industrie culturelle ou médiation. Pour saisir cette diversité, ce numéro regroupe des contributions aux ancrages théoriques variés, qui explorent les relations esthétiques, philosophiques, culturelles, économiques, sociologiques et sémiotiques entre «les» cinémas et «les» internets.
(18.50 euros, 174 p.)
ISBN : 978-2-343-11610-5, ISBN EBOOK : 978-2-14-003421-3

JEAN-LUC GODARD DANS LA RELÈVE DES ARCHIVES DU MAL
Chakali Saad
«L'image viendra au temps de la résurrection « : la formule est l'une des plus emblématiques des *Histoire(s) du cinéma* (1988-1998), *opus magnum* de Jean-Luc Godard. Nous croyons qu'elle énonce la vérité cryptique d'un artiste engagé dans la relève poétique des images dont les citations ont fini par former le corpus de l'archive godardienne. S'y expérimenterait la puissance dialectique d'un montage à la fois disjonctif et conjonctif, battant et rebattant plus d'une image pour débattre du sens critique de leurs démontages et remontages. L'archive godardienne reconnaît alors comme «forme qui pense» la faille commune aux images qui restent.
(Coll. Ouverture Philosophique, 27.00 euros, 264 p.)
ISBN : 978-2-343-11564-1, ISBN EBOOK : 978-2-14-003335-3

LA MUSIQUE AU CŒUR DES ENJEUX DE LA SOCIÉTÉ FRANÇAISE (1896-1956)
Histoire de la musique-société
Alten Michèle
Dans la France de la fin du XIXe siècle et du premier XXe siècle, plusieurs musiciens et intellectuels se sont mobilisés pour impliquer directement la musique dans les enjeux de société. À travers six études de cas, cet ouvrage se propose de faire revivre ces expériences musicales passées et de mettre en lumière les différentes modalités d'articulation entre vie musicale et vie sociale. Malgré la diversité de leurs positionnements et de leurs actions, une même volonté de faire et de faire face anime ces hommes et dessine un horizon qui exclut la soumission à l'ordre établi et aspire à une humanité réconciliée dans la musique.
(Coll. Musiques en question(s), 15.50 euros, 142 p.)
ISBN : 978-2-343-11487-3, ISBN EBOOK : 978-2-14-003463-3

LE PREMIER QUATUOR À CORDES HYBRIDE
L'exemple de Smaqra de Juan Arroyo
Houlès Fabien
La fusion de l'électronique et des instruments acoustiques dans Smaqra de Juan Arroyo renouvelle les questions d'homogénéité au sein du quatuor à cordes. Cet ouvrage propose

d'interroger doublement la question de la création contemporaine en mêlant les problématiques compositionnelles – liées à l'écriture pour de nouveaux instruments – à la question de l'héritage et du poids du passé d'une formation instrumentale exigeante et historiquement significative. Les différents entretiens réalisés avec le compositeur et le premier violon du quatuor à cordes Tana permettent d'enrichir l'ensemble de cette étude.
(Coll. Univers musical, 14.50 euros, 126 p.)
ISBN : 978-2-343-11327-2, ISBN EBOOK : 978-2-14-003384-1

DERRIÈRE LA SCÈNE
Les chansons de la vie
Tcherniak Gilles
Gilles Tcherniak est né à Saint-Étienne à la fin de la guerre, ses parents ayant trouvé refuge dans cette ville pour échapper aux rafles des Juifs. De retour à Paris en 1949, ses parents se lancent dans l'aventure du spectacle et son père, Léon Tcherniak, sera le directeur du réputé cabaret Le Cheval d'Or. À travers le regard d'un enfant, d'un adolescent qui a eu le privilège de vivre au milieu du monde artistique, dormant derrière la scène, l'auteur témoigne du monde de la chanson et de la vie dans le Paris des années 1960. Militant incorrigible, le propos est vif contre les injustices et ses chansons de la vie, parfois abruptes, ne sont pas de tout repos.
(Coll. Cabaret, 17.50 euros, 158 p.)
ISBN : 978-2-343-10586-4, ISBN EBOOK : 978-2-14-003553-1

LAURENCE LOUPPE, UNE PENSÉE VIVANTE
Cours au Cefedem Sud
(2 volumes)
Izquierdo Anne-Tina
Pendant plus de trente ans, Laurence Louppe a ouvert la route à de nombreux danseurs et chorégraphes. Son apport théorique à la culture chorégraphique est énorme, tout autant que l'apport sensible qu'elle a diffusé au monde chorégraphique et artistique. Cet ouvrage propose, en deux volumes, la transcription de cours donnés au Cefedem Sud d'Aubagne dans le cadre de la formation de formateurs en culture chorégraphique. Le premier volume retranscrit les cours consacrés à la problématisation des outils en histoire de la danse : image, document et reproduction. Le deuxième volume est composé de cours d'histoire de la danse consacrés à l'émergence du baroque en europe, au néoclassicisme, à la postmodernité américaine et aux différents courants d'improvisation.
(Volume 1 : Coll. Univers de la danse, 16.50 euros, 152 p.)
ISBN : 978-2-343-11349-4, ISBN EBOOK : 978-2-14-003378-0
(Volume 2 : Coll. Univers de la danse, 15.50 euros, 140 p.)
ISBN : 978-2-343-11350-0, ISBN EBOOK : 978-2-14-003379-7

EXPÉRIENCE ESTHÉTIQUE ET SAVOIRS ARTISTIQUES
Sous la direction de Gilles Boudinet et Corinne Sanchez-Iborra
Cet ouvrage interroge les notions d'expérience esthétique et de savoirs artistiques, telles qu'elles s'articulent, sans pour autant se confondre, en éducation artistique et culturelle. Entre le pôle du sensoriel et celui des savoirs en arts, différentes perspectives sont ici suivies : les fondements des enseignements de l'art, de la relation entre l'expérience sensible/esthétique et les formes artistiques ; les dispositifs de médiation artistique et les identités professionnelles qui s'y croisent ; les représentations et postures qui sous-tendent le champ de l'éducation artistique.
(Coll. Arts, transversalité, éducation, 17.50 euros, 164 p.)
ISBN : 978-2-343-11412-5, ISBN EBOOK : 978-2-14-003233-2

ACTION, ÉNACTION
L'émergence de l'œuvre d'art
Sous la direction de Xavier Lambert
Cet ouvrage se propose de s'interroger sur la façon dont les paradigmes issus des technologies contemporaines, du numérique en particulier, ont une incidence sur les processus de création artistique, dès lors que les artistes ont recours, problématiquement, à ces technologies. Les

contributions présentes traitent de trois grands thèmes : L'émergence numérique, L'acte plastique et L'action énactive.
(26.50 euros, 266 p.)
ISBN : 978-2-343-11403-3, ISBN EBOOK : 978-2-14-003074-1

ESTHÉTIQUE DE L'EXPLOITATION PHOTOGRAPHIQUE DE PHOTOS DÉJÀ EXISTANTES
Zorzal Bruno - Transition de François Soulages
Quand le faire prend l'air d'un refaire, qu'en est-il d'une œuvre photographique ? Que se passe-t-il quand est produit une image d'une image ? Face aux expériences fondées sur l'appropriation de photos déjà existantes, voire sur le vol et le piratage, nous rapportons-nous de la même manière aux oeuvres, aux procédés de création, de même qu'à la photographie et à l'art lui-même ?
(Coll. Eidos Série Photographie, 20.00 euros, 192 p.)
ISBN : 978-2-343-11295-4, ISBN EBOOK : 978-2-14-003212-7

LA PHOTOGRAPHICITÉ
Sur l'esthétique de ma photographie de François Soulages
Erbetta Alejandro - Préface de Dominique Chateau
Autour de l'artiste-théoricien argentin Alejandro Erbetta, 16 chercheurs, principalement d'Amérique latine mais aussi de France, ont voulu montrer avec des exemples précis d'œuvres et des hypothèses originales, pourquoi et comment des concepts, thèses et théories, élaborés par François Soulages dans son livre *Esthétique de la photographie* (paru en 1998) et dans bien d'autres depuis, nourrissaient la pensée et la pratique de la photographie aujourd'hui.
(Coll. Intersémiotique des arts, 27.00 euros, 270 p.)
ISBN : 978-2-343-11521-4, ISBN EBOOK : 978-2-14-003191-5

LES PHOTOS, UN MATÉRIAU POUR LA PHOTOGRAPHIE
Zorzal Bruno - Préface de Suzete Venturelli
Au moment où les artistes revendiquent la totalité des objets composant la réalité comme source matérielle pour l'art, apparaît la nécessité de réfléchir sur les usages et appropriations créatrices spécifiques des photos. Partant d'œuvres exemplaires - des premiers photomontages aux expériences artistiques face aux flux d'images numériques, en quoi les expériences de création à partir de photos déjà existantes renouvelleraient des problématiques concernant, à la fois, la conception, la diffusion et la réception des oeuvres photographiques ?
(Coll. Eidos Série Photographie, 21.50 euros, 214 p.)
ISBN : 978-2-343-11294-7, ISBN EBOOK : 978-2-14-003214-1

ENQUÊTE SUR L'IMAGINATION ARCHITECTURALE
De l'opéra au cinéma sonore
François Arnaud
Ces enquêtes inaugurent une nouvelle approche de l'art dont le champ d'investigation est l'imagination considérée à partir de la pensée des artistes. Elles abordent le cas de l'architecture, car la pensée des architectes est sûrement celle où sont le plus clairement identifiés ces échanges entre la vie physique (matérielle et pratique) et la vie de l'imagination (diaphane et spirituelle). Elles retracent le cheminement intérieur de douze grands architectes et théoriciens à la recherche d'une nouvelle innocence de l'architecture : E.L. Boullée, A.C. Quatremère de Quincy, K. F. Schinkel, J.I. Hittforff, Gottfried Semper, Eugène Viollet-le-Duc, John Ruskin, Henry Van de Velde, Frank Lloyd Wright, Le Corbusier, Ludwig Mies ven der Rohe et Louis Kahn.
(39.50 euros, 416 p.)
ISBN : 978-2-343-11660-0, ISBN EBOOK : 978-2-14-003306-3

LE CINÉFABLE ENTRE DRAME ET RÉCIT
Anti-manuel de scénario
Mercier Claire
Le cinéfable se tient à l'opposé du scénario, ce texte qui se trouve en amont du film et qui en est l'outil. Le but de cet anti-manuel vise à faire rentrer le lecteur - étudiant, scénariste, cinéaste - dans

l'état d'effervescence qui prélude à toute création dans le champ de la fiction cinématographique. Cet essai met au jour la participation contradictoire de la cinéfable au récit et au drame. Il s'attache aussi à penser les concepts opératoires sans lesquels cette fable ne peut ni se définir ni se réinventer. Les problèmes, les hypothèses sont confrontés à des pensées du scénario et du cinéma, celles de Balázs, de Bazin, de Pagnol, de Pasolini, mais aussi de Rancière ou de Deleuze.
(Coll. Le Parti pris du cinéma, 18.50 euros, 172 p.)
ISBN : 978-2-343-11393-7, ISBN EBOOK : 978-2-14-003120-5

L'ÊTRE-VU
Confrontation entre *Voyage à Tôkyô* d'Ozu Yasujirô et *Profonds désirs des dieux* d'Imamura Shôhei
Fermaud Virginie
En apparence, les films d'Ozu Yasujirô semblent aux antipodes de ceux d'Imamura Shôhei. Pourtant Imamura avoue l'influence que Ozu a eue sur son œuvre. Virginie Fermaud se propose ici de confronter deux de leurs œuvres emblématiques : *Voyage à Tôkyô* (1953) et *Profonds désirs des dieux* (1968). Il s'agit d'en étudier les divergences et les convergences , d'en mettre au jour la modernité bien sûr mais en considérant également ces deux films dans la perspective de l'art et de la culture extrême-orientaux (théorie du nô, pratique des emaki – ces peintures narratives sur rouleaux – ou encore empreinte de la pensée taoïste).
(Coll. Le Parti pris du cinéma, 15.00 euros, 132 p.)
ISBN : 978-2-343-11394-4, ISBN EBOOK : 978-2-14-003121-2

RÉVOLUTION NUMÉRIQUE ET ENSEIGNEMENT SPÉCIALISÉ DE LA MUSIQUE : Quel impact sur les pratiques professionnelles ?
Bayon Marie-Aline
À travers une enquête menée auprès de professionnels du secteur institutionnel et du e-learning musical, cet ouvrage donne un aperçu des pratiques principales de chaque secteur. Il lève le voile sur les difficultés, les limites, parfois les *a priori*, que l'usage des technologies numériques suscite et en explique les raisons. Il met aussi en lumière les initiatives et les réussites déjà à l'œuvre en soulignant le potentiel des outils numériques pour l'enseignement de la musique. L'auteur propose également un modèle d'école de musique connectée.
(Coll. Sciences de l'éducation musicale, 27.00 euros, 272 p.)
ISBN : 978-2-343-11286-2, ISBN EBOOK : 978-2-14-003069-7

FACE À L'INCONNU
Les pianistes et la musique de leurs temps – Analyse, interprétation et créations
Chueke Zélia - Préface de Jean-Yves Bosseur
Comment aborder ou construire une image sonore à partir d'un matériau tout à fait inconnu ? De quelle façon procède l'interprète pour parvenir à la découverte de cette image ? Cet ouvrage s'appuie sur une série d'entretiens menée auprès de pianistes renommés responsables de la création d'œuvres d'Elliott Carter, de Claude Debussy, d'André Riotte et de Iannis Xenakis. En mettant en parallèle les réactions et pratiques des XXe et XXIe siècles face à l'inconnu, l'auteur révèle des constantes guidant le lecteur dans son immersion au cœur d'un vaste univers sonore encore inexploré.
(Coll. Musiques en question(s), 35.00 euros, 344 p.)
ISBN : 978-2-343-11328-9, ISBN EBOOK : 978-2-14-003081-9

L'HARMATTAN ITALIA
Via Degli Artisti 15; 10124 Torino
harmattan.italia@gmail.com

L'HARMATTAN HONGRIE
Könyvesbolt ; Kossuth L. u. 14-16
1053 Budapest

L'HARMATTAN KINSHASA
185, avenue Nyangwe
Commune de Lingwala
Kinshasa, R.D. Congo
(00243) 998697603 ou (00243) 999229662

L'HARMATTAN CONGO
67, av. E. P. Lumumba
Bât. – Congo Pharmacie (Bib. Nat.)
BP2874 Brazzaville
harmattan.congo@yahoo.fr

L'HARMATTAN GUINÉE
Almamya Rue KA 028, en face
du restaurant Le Cèdre
OKB agency BP 3470 Conakry
(00224) 657 20 85 08 / 664 28 91 96
harmattanguinee@yahoo.fr

L'HARMATTAN MALI
Rue 73, Porte 536, Niamakoro,
Cité Unicef, Bamako
Tél. 00 (223) 20205724 / +(223) 76378082
poudiougopaul@yahoo.fr
pp.harmattan@gmail.com

L'HARMATTAN CAMEROUN
TSINGA/FECAFOOT
BP 11486 Yaoundé
699198028/675441949
harmattancam@yahoo.com

L'HARMATTAN CÔTE D'IVOIRE
Résidence Karl / cité des arts
Abidjan-Cocody 03 BP 1588 Abidjan 03
(00225) 05 77 87 31
etien_nda@yahoo.fr

L'HARMATTAN BURKINA
Penou Achille Some
Ouagadougou
(+226) 70 26 88 27

L'HARMATTAN SÉNÉGAL
10 VDN en face Mermoz, après le pont de Fann
BP 45034 Dakar Fann
33 825 98 58 / 33 860 9858
senharmattan@gmail.com / senlibraire@gmail.com
www.harmattansenegal.com